21世纪应用型本科管理系列规划教材

Case Study on Compensation Design and Management

薪酬设计与薪酬管理案例教程

张霞 胡建元 王一帆 编著

东北财经大学出版社 大连
Dongbei University of Finance & Economics Press

图书在版编目（CIP）数据

薪酬设计与薪酬管理案例教程 / 张霞，胡建元，王一帆编著.
—大连：东北财经大学出版社，2017.12
（21世纪应用型本科管理系列规划教材）
ISBN 978-7-5654-3032-9

Ⅰ．薪…　Ⅱ．①张…②胡…③王…　Ⅲ．企业管理-劳动
工资管理-高等学校-教材　Ⅳ．F272.92

中国版本图书馆CIP数据核字（2017）第325291号

东北财经大学出版社出版
（大连市黑石礁尖山街217号　邮政编码　116025）
网　　　址：http://www.dufep.cn
读者信箱：dufep@dufe.edu.cn
大连力佳印务有限公司印刷　　东北财经大学出版社发行
幅面尺寸：185mm×260mm　字数：300千字　印张：15　插页：1
2017年12月第1版　　　　　　　2017年12月第1次印刷
责任编辑：石真珍　王芃南　　　　　　责任校对：惠恩乐
　　　　　王　玲　吴　焕
封面设计：冀贵收　　　　　　　　　　版式设计：钟福建

定价：35.00元

教学支持　售后服务　　联系电话：（0411）84710309
版权所有　侵权必究　　举报电话：（0411）84710523
如有印装质量问题，请联系营销部：（0411）84710711

前　言

薪酬设计与薪酬管理是人力资源管理的一项最基本、最重要的职能，既是企业激励机制的核心部分，也是员工最为关心的问题。企业薪酬体系设计是否科学合理，不仅关系到员工个人的切身利益，还将直接影响企业的稳定和生产经营效率。编者在多年的"人力资源管理"和"薪酬管理"课程的教学中，除进行理论教学外，还积极进行薪酬管理案例研究和资料的积累工作，并且经常与企业人力资源管理工作者和薪酬管理人员交流，掌握企业薪酬管理实施现状，以期对本土企业在薪酬管理方面的问题进行深入诊断。编者基于对案例教学资料的积累、整理，编写了这本《薪酬设计与薪酬管理案例教程》。

本书在内容编排上既介绍了薪酬管理的基本知识，又介绍了具体明确的薪酬案例，内容全面、系统、翔实，表单丰富、简明、清晰，内容和体系切合实际，充分反映了当代薪酬管理理论研究与实践应用的最新成果，同时注重培养学生解决问题与分析问题的能力以及薪酬方案的设计能力，对学生来说极具参考和实用价值。

本书呈现的最大特点是薪酬模块化设计与管理案例，包括基本薪酬设计与管理案例、奖金设计与管理案例、福利设计与管理案例。其中，基本薪酬设计与管理案例具体又包括职位薪酬等级、技能薪酬等级和宽带薪酬设计与管理案例。案例涉及不同性质、不同行业和不同规模的企业，同时也体现了区域化和本土化的特点。编者力求从不同的侧面和领域反映薪酬设计的不同方案，并对各方案的优缺点进行分析评价。通过编者的示例和分析，读者可以了解不同环境下企业采取不同的薪酬方案所产生的迥异结果，并能找到打开企业薪酬方案设计之门的钥匙。

本书既可以作为普通高等院校人力资源管理相关专业的本科生、研究生、MBA学员的专业课教材，也可作为各类企业的领导和人力资源管理工作者的学习读物或培训教材。全书内容有助于企业建立完善的薪酬体系和激励机制，帮助企业经营者和人力资源管理人员提升管理水平。

在本书的编写过程中，编者参阅了国内外人力资源管理领域许多专家、学者的宝贵资料，并在相关学术会议中收集了国内相关专家学者的建议，受篇幅所限，未及一一列出，在此谨向人力资源管理学界的师友及文献作者致敬。编者还得到了石河子大学相关部门与同事的大力支持与协助，东北财经大学出版社的领导和编辑做了积极的组织工作，在此一并致以衷心的感谢。由于编者水平有限，不妥之处敬请批评指正。

编　者

2017年11月

目　录

第一篇　基本薪酬设计与管理案例

　　基本薪酬指一个组织根据员工所承担或完成的工作本身或者是员工所具备的完成工作的技能或能力而向员工支付的稳定性报酬。在员工方面，薪酬发挥社会信号功能、心理激励功能、经济保障功能；在企业方面，薪酬发挥控制经营成本、支持企业改革、塑造和强化企业文化的作用。

　　按照基本薪酬支付的依据划分，基本薪酬的支付类型包括：（1）基于职位的薪酬支付体系；（2）基于技能的薪酬支付体系。在实际运行过程中，职位薪酬等级结构因为具有适应企业的组织结构、较为明确和管理成本低等优点，运用非常普遍，而技能薪酬等级结构也因为其灵活性和有效应对外界变化的优势得到越来越普遍的应用。宽带薪酬实际上是对传统职位等级薪酬结构的优化设计。这种新的薪酬管理系统及操作流程，能够更好地适应当代新的竞争环境和业务发展的需要。

一、职位等级薪酬

　　从管理的复杂性分析，有着较好稳定性的职位薪酬体系是目前运用最广泛的方案。基于职位的薪酬体系的设计步骤如图1所示：

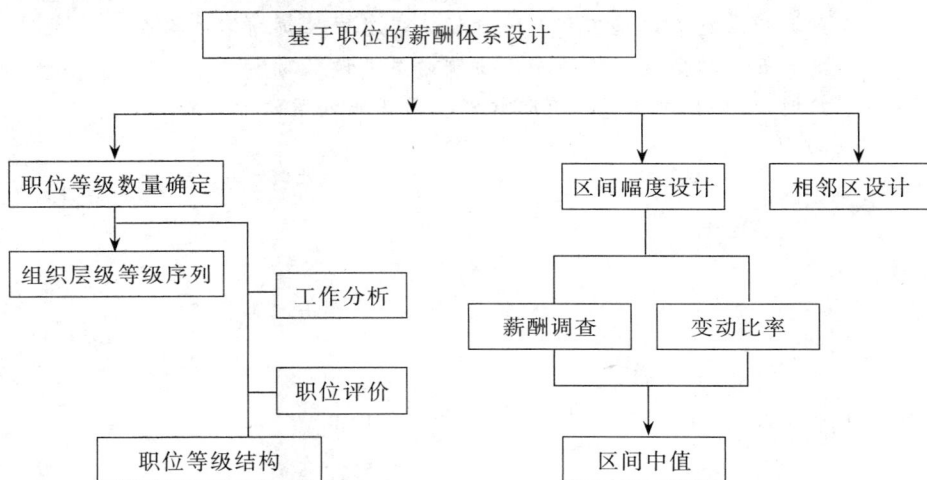

图1　基于职位的薪酬体系设计步骤

　　职位薪酬体系设计的核心环节包括三个部分，即职位等级数量的确定、区间幅度的设计和相邻区间的设计。

　　在确定职位等级数量之前，需要进行职位评价的工作。职位评价就是指对企业所设职位的责任大小，所需解决问题的能力、知识和技能的程度等进行评价，系统地确定职位之间的相对价值，从而为企业建立一个职位结构的过程，它是以工作内容、技能要求、对组织的贡献、组织文化以及外部市场等为综合依据的。职位评价要符合以下原则：职位评价的对象是岗位而不是岗位的任职者；让员工积极参与到职位评价工作中来；职位评价的结果应该公开。职位评价的方法有非量化评价法和量化评价法两种。非量化评价法是指仅从总体上来确定不同职位之间的相对价值排序的职位评价方法。非量化评价法有排序法和分类法两种。量化评价法是指通过一套数量化的等级衡量尺度评价系统来确定不同职位价值之间差异程度的职位评价方法。量化评价法主要有要素计点法和要素比较法等两种。

在选择评价方法时应考虑以下因素：①组织规模。规模大的组织宜选择相对复杂的评价方法；规模小的组织宜选择相对简单的评价方法。②职位的数量与差异。若职位多、职位间的差异大，宜选择相对复杂的评价方法。③组织构架。结构扁平、灵活、松散的组织，宜选择相对简单、具有灵活性的评价方法。④商业周期阶段。商业周期处于不景气、萧条阶段，宜选择具有灵活性的评价方法。⑤行业特点。高科技企业（如IT业）宜选择相对简单、具有灵活性的评价方法。⑥战略计划。主要对要素选择产生影响。⑦价值和文化。价值观倾向于拉开收入差距的企业，宜选择相对复杂的评价方法。

薪酬等级的薪酬区间主要取决于薪酬区间的中值和变动比率两个数值。首先确定每一薪酬等级的区间中值。在确定岗位薪酬等级的区间中值时，依据企业支付能力、外部劳动力市场劳动力供求程度和企业内岗位重要性来确定采用外部薪酬数据的水平。薪酬变动比率通常是指同一薪酬等级内部的最高值与最低值之间的比率，但实际上变动比率是首先应该确定的数值。变动比率的影响因素是：职位价值；职位层级；基本称职与非常娴熟之间的能力差距；是否实行宽带薪酬。

在同一组织中，相邻的薪酬等级可以设计成有交叉重叠的，也可以设计成无交叉重叠的。有交叉重叠的设计是指除了最高薪酬等级的区间最高值和最低薪酬等级的区间最低值之外，相邻薪酬等级的最高值和最低值之间往往会有一段交叉和重叠的区域。无交叉重叠的设计可以分为衔接式和非衔接式两种。前者是指上一个薪酬等级的薪酬区间下限与下一个薪酬等级的区间上限在同一条水平线上；后者是指上一个薪酬等级的薪酬区间下限高于下一个薪酬等级的区间上限。

二、技能等级薪酬

技能薪酬体系是一种以人为基础的基本薪酬决定体系，其含义有狭义和广义之分。狭义的技能薪酬体系通常指所从事的工作比较具体，所需技能能够被清晰界定的操作人员、技术人员以及专业职能人员的一种报酬制度。狭义的技能薪酬体系通常又可以分为深度技能薪酬体系和广度技能薪酬体系两种类型。广义技能薪酬体系是指组织根据员工所掌握的与工作有关的技能、能力以及知识的深度和广度支付基本薪酬的一种报酬制度，包括狭义的技能薪酬体系和能力薪酬体系。

近年来，技能薪酬体系被广泛应用于电信、金融、制造及其他一些服务性行业，在全球范围内已经成为一种重要的薪酬体系。具体来说，技能薪酬体系比较适合以下行业：运用连续流程生产技术的行业，如石油、化工、冶金、造纸等行业；运用大规模生产技术的行业，如汽车及其零部件生产、电子与计算机生产等行业；服务行业，如金融、餐饮等行业；运用单位或小批量生产计划的行业，如服装加工业、食品加工业等行业。

技能薪酬体系的优缺点：

（1）优点：激励员工不断掌握新的知识和技能，从而有利于员工和组织适应日益加快的技术变革和组织变革；为员工提供更多的薪酬增长机会，并有利于塑造企业的竞争优势；有利于鼓励优秀专业人才安心本职工作，而不是去谋求报酬尽管很高却并不擅长的管理类职位；在员工配置方面为组织提供更大的灵活性，有助于高度参与型管理风格的形成。

（2）缺点：增加劳动力成本；在多位员工在同一岗位任职且不能同时接受技能培训的情况下，有可能导致技能的浪费或同工不同酬的现象；需要更加公平的管理环境；员工所学技能未能及时应用，从而削减学习的激励效应，并导致技能薪酬的设计成本较高。

基于技能的薪酬体系设计步骤：建立属于企业的能力词典；重点提炼关键岗位的能力模型；给能力定价；建立工资结构；建立基于能力的人力资源管理体系。

三、宽带薪酬

宽带薪酬实际上是一种新型的薪酬结构设计方式，它将多层次、多等级、较窄幅度的薪酬结构压缩成等级相对较少、同一等级薪酬幅度较宽的薪酬结构，使工作业绩较好的员工有较大的薪酬上升空间。这种新的薪酬管理系统及操作流程，能够更好地适应当代新的竞争环境和业务发展需要。

与企业传统的薪酬结构相比，宽带薪酬具有以下几个方面的特点：

（1）支持扁平化组织结构。宽带薪酬打破了传统薪酬结构所维护和强化的严格的等级制，有利于企业提高效率以及创造参与型和学习型的企业文化，同时有助于企业保持自身组织结构的灵活性以及有效适应外部环境的能力。

（2）引导员工重视个人技能的增长和能力的提高。在传统薪酬结构中，员工的薪酬水平是与其所担任的职务严格挂钩的，而宽带薪酬是对个人能力和业绩的尊重和重视，员工只要具备了企业所需要的那些技术和能力，并能运用在工作中，就能获得较高的薪酬。

（3）有利于职位的轮换。由于宽带薪酬体系减少了薪酬等级数量，将过去处于不同薪酬等级之中的大量职位纳入到现在的同一薪酬等级当中，提高了企业进行员工岗位轮换的弹性，员工从一个岗位调到另一个岗位也变得比较容易。

（4）有利于推动良好的工作绩效。宽带薪酬通过将薪酬与员工的能力和绩效紧密结合起来，更为灵活地对员工进行激励。

本篇通过介绍职位薪酬等级结构、技能薪酬等级结构、宽带薪酬等基本薪酬的设计案例，使大家对不同的基本薪酬设计方案的流程、适用性等有所了解并应用于实际。

案例一 基于职位评价法的新源 药业有限公司薪酬体系设计

一、企业背景

新源药业有限公司（以下简称新源公司）是以销售、配送、连锁管理为主的物流有限公司，并已初步形成产业链发展模式，经营中药材、中成药、中药饮片、化学药制剂、抗生素、生化药品、生物制品、诊断药品、二类普通诊察、基础外科、普通器具、卫材敷料、医用X线等。公司总部设有办公室、财务科等行政管理机构，有医疗器械分公司、业务科、新特药科、事业发展部、新产品开发部、市场部、营销部、物流中心等业务部门。该公司是所在省药品流通领域的龙头企业之一，具有经营品种齐全、配送网络覆盖面大、质量价格竞争力强、服务达标的特点。

新源公司现拥有员工1 000多名（含零售药店人员，公司总部人员120多名），公司在人才运用上注重年轻化、知识化、专业化。公司的药学及药学相关专业人才比例达到40%以上，仅具有从业药师资格的人员就达30多人。近年来，公司不拘一格地广招人才。现有员工中，有从外单位、外省区招聘的专业人才、业务骨干，有从全国各大专院校中接收的应届毕业生，从而使公司的人力资源更加丰富，人才配备逐渐合理化。新源公司的员工年龄比例和学历比例分别见图1-1和图1-2。

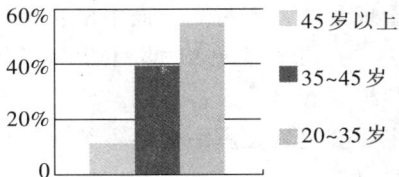

图1-1 员工年龄比例

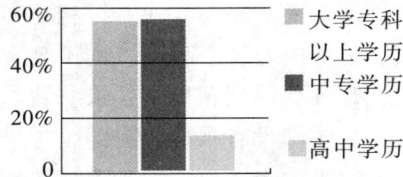

图1-2 员工学历比例

二、企业薪酬管理问题诊断

1.公司的薪酬制度问题

新源公司是民营中小型企业，采用传统的管理模式，虽然建立了一定的人力资源管理制度，但是不完善。管理者缺乏对薪酬体系和职位评价的系统认识。新源公司没有统一的薪酬制度，每一个部门员工的最终工资都是由部门的负责人制定的，不同部门同一级别的员工工资差距也很大。内部薪酬的不公平问题比较严重，主要是指不同级别的员工之间薪酬的差距过大。新源公司对高层管理者很重视，给高层管理者的工资远远高于中层管理者，同时又给予他们很多职务消费的权力。收入水平的悬殊差距严重地挫伤了广大员工的工作积极性和对企业的责任感，导致了企业中层管理人员的流失。

2.公司薪酬体系存在的问题

（1）缺乏专业的人员

新源公司的高层管理者以前不是很重视人力资源管理工作，公司虽然有人力资源部，但是办公室主任兼任人力资源部主任，人力资源部其实与办公室合二为一，工作比较烦琐，没有体现专业性。部门内只有两名员工从事人力资源管理工作，专业知识和工作经验有限。

（2）缺乏职位评价工作，薪酬等级评价标准模糊

新源公司现在还没有把组织结构和工作分析运用到薪酬体系的设计工作中去，没有进行职位评价工作。员工薪酬等级的确定没有标准，而是由人力资源部首先根据员工所在的职位确定大概的薪酬范围，然后由各部门经理再根据自己的感受确定其最终薪酬等级。这样的薪资等级根本不能解决员工薪酬的内部一致性问题。

三、重构薪酬体系的必要性和设计思路分析

1.必要性分析

（1）从组织方面来看

新源公司的管理者比较重视员工的薪酬，每年员工的薪酬占企业支出的比重很大，员工的总体薪酬水平略高于当地的平均水平。新源公司本希望给员工支付高于市场水平的薪酬，让他们为企业创造更多的价值，但是现在发现员工对公司的这种做法不认同，尤其是与普通员工相比，高层管理者的薪酬过高，而中层管理者的薪酬一般，他们内心有一种强烈的不公平感。这样公司虽然为人力资本支付了相当高的费用，却没有得到预期的效果。薪酬问题归根到底是由于公司的经营规模在不断变化，而公司却没有采取相应的跟进措施。主要表现就是薪酬体系不统一，员工的薪酬不能体现内部一致性，新源公司现在需要对员工的基本工资制定统一的标准。

（2）从员工方面来看

新源公司员工的工资水平虽然高于当地的平均工资，但是他们与内部员工比就会觉得很不公平。尤其是不同部门同等级别的人员相比，所做的工作虽然不同，但是在公司处于一个相同的位置，得到的工资不同，他们会觉得公司没有公平地对待员工。因为新源公司员工的工资高于市场平均工资，员工不愿意离开公司，但是工作也缺乏积极性。

2.薪酬体系设计的思路

（1）选用职位薪资评价的基本思路

新源公司现在规模比较大，员工人数众多，部门设置比较齐全，而且有一定的管理基础，人力资源管理工作有部门来负责，工作比较规范。新源公司有较多的职位，可以为员工提供随着个人能力的提升而向高的职位晋升的机会。新源公司的薪酬水平比当地的平均水平高，可以保证每一位员工得到可以满足基本生活需要的薪酬。新源公司对职位的内容进行明确化和规范化，开展具体的职位分析，并且编制了职位说明书。表1-1为办公室主任的职位说明书。

表1-1　　　　　　　　　　办公室主任的职位说明书

职位名称	办公室主任	职位代码	
所在部门	办公室	职位定员	
直接上级	副总经理	所辖人数	4人
绩效工资等级	3级	制定时间	2017年11月
职位概述			
全面负责公司办公室的日常管理工作，履行草拟文件、组织会议等办公事务及监督、协调、保密等职责，保证各项工作有序开展			
主要工作职责			
1.处理外来文件，签署分发、拟定意见 2.负责行政办公会议和各种综合性会议的组织工作，并监督会议决议、决定的落实、执行情况 3.审核文件、组织信息，为领导决策提供服务 4.负责外事来访的接待工作 5.负责公司内部印章的使用与管理 6.负责员工申请开具公司证明的批准工作 7.搞好公司的对外宣传、信息上报及外事管理工作 8.组织档案管理、保密工作制度的建立并监督实施 9.负责所管辖人员的业务指导 10.负责公司行政人员的招聘和培训方案的制订 11.完成领导交办的其他工作			
任职资格			
年龄要求	30～50岁	性别要求	不限
最低学历要求	大专以上学历	专业要求	行政管理、企业管理等相关专业
计算要求	熟练应用办公自动化软件	工作经验	5年以上相关工作经验
知识要求	熟悉医药企业的经营特点、行业相关政策 掌握企业的各项政策及经营情况		
能力要求	1.具有较强的语言表达能力、文字处理能力 2.具有较强的组织能力和人际交往能力		
工作环境			
以室内办公为主，工作环境比较舒适			
工作时间			
基本上是固定的工作时间，每天8小时			

新源公司的薪酬具有一定的外部竞争性，但是缺乏内部的一致性，最重要的是公司员工的基本工资不一致，没有统一的衡量标准。现在急需对公司做职位等级的评定，以便确定基本的工资等级。根据以上分析，可以按照职位薪酬体系的设计程序确定薪资等级，如图1-3所示。

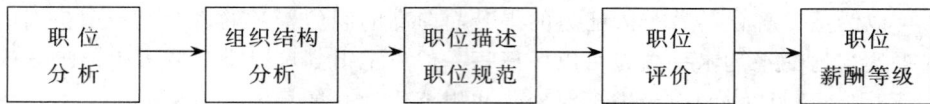

| 职位
分析 | → | 组织结构
分析 | → | 职位描述
职位规范 | → | 职位
评价 | → | 职位
薪酬等级 |

图1-3 职位薪酬体系设计的程序

（2）选用职位评价方法中的要素计点法的基本思路

新源公司的现状是在同行业中稳步发展，企业规模基本不会变化，现有职位要求都比较明确，有详细的工作职责，所以结合新源公司的现状来看，它适合采用职位薪酬体系设计。而且，新源公司的职位比较多，有一定的人力资源管理基础，可以采用职位评价方法中的要素计点法。针对新源公司的具体情况，我们选择一些基准职位和评价的报酬要素来确定相关职位的薪酬等级，建立职位薪酬体系的最基本、最重要的框架。

四、基于职位评价的薪酬体系设计

新源公司有完善的组织结构，职位分工明确，而且已经进行了工作分析，编制了详细的职位说明书，确定了每个职位的职责、任职资格条件、工作环境和工作时间特征以及上下级之间的关系。在设计职位薪酬体系时，在职位评价之前要做的准备工作正是对企业进行组织结构分析、职位分析与职位描述。新源公司已经完成这些工作，因此可以借鉴公司现有的文件，直接进入职位评价这个环节。

1.选取标杆职位和报酬要素

（1）选取标杆职位

在新源公司的职位结构中，有四大职群：管理类、销售类、后勤类、技术类。由于新源公司的职位过多，在进行职位评价的时候，不可能针对所有的职位，只能从四个职群中选择标杆职位作为评价对象，这是进行职位评价的前提。

标杆职位是指那些可以作为统一"标准"的职位，这些职位在每一个职群中有一定的代表性。标杆职位存在于大多数组织中，因而可以在组织内部以及组织之间进行薪资比较。根据新源公司的职位特点，选择表1-2中的标杆职位。

（2）选取报酬要素

报酬要素是一个组织认为职位所包括的一些对其有价值的特征，这些特征有助于组织战略的实现以及组织目标的达成。确定报酬要素是整个职位评价过程中最为重要的一步。

表1-2　　　　　　　　　　　新源公司的标杆职位选择

管理类	销售类	后勤类	技术类
文员 办公室主任 财务科主任 物流中心主任 副总经理 总经理	店内营业员 市场业务员 营销经理	保安 汽车司机 维修人员	助理药剂师 药剂师

根据新源公司的特征，首先选择一级报酬要素进行评价：知识技术/能力因素、责任因素、努力程度因素和工作环境因素。然后选择二级报酬要素：知识技术/能力因素有7个二级报酬要素，责任因素有6个二级报酬要素，努力程度因素有3个二级报酬要素，工作环境因素有3个二级报酬要素（见表1-3）。

表1-3　　　　　　　　　　　　　选取报酬要素

一级要素	二级要素	一级要素	二级要素
知识技术/能力因素	1.最低学历要求 2.工作经验 3.沟通能力 4.计算机知识 5.专业知识能力 6.管理知识技术 7.创新与开拓能力	责任因素	1.风险控制责任 2.经济效益责任 3.指导监督责任 4.协调责任 5.工作结果的责任 6.决策的影响范围
努力程度因素	1.工作压力 2.脑力辛苦程度 3.工作量大小	工作环境因素	1.工作时间特征 2.工作地点的稳定性 3.工作环境的舒适性

2.对各报酬要素定义并分不同层次，确定报酬要素的权重和所对应的点值

在进行职位评价时，要对所选取的一级要素和二级要素进行定义。由于新源公司职位比较多，且价值差异比较大，为了便于进行职位评价，并且使评价结果更加直观，定义一级要素的权重总分为1 000分。一级要素的权重分布为：知识技术/能力因素占总分的25%，为250分；责任因素占总分的40%，为400分；努力程度因素占总分的20%，为200分；工作环境因素占总分的15%，为150分。对二级要素定义时，要对其进行等级划分，并且要明确每一等级所对应的点值，见表1-4。

表1-4 报酬要素的界定与各等级的权重和点值

一级要素	二级要素	等级	分数	定义
知识技术/能力因素（25%，250分）	最低学历要求（20分）			指顺利履行工作职责所要求的最低学历，按正规教育水平判断
		1	5	小学、初中毕业
		2	10	高中、中专毕业
		3	15	大学专科学历
		4	20	大学本科及以上学历
	工作经验（20分）			指达到工作所需基本要求后，还必须运用某种必须随经验不断积累才能掌握的技巧，依据掌握这种技巧已花费的实际工作时间和经历判断
		1	5	1年以内
		2	10	1～3年
		3	15	3～5年
		4	20	5年以上
	沟通能力（30分）			指履行职位职责的过程中所需要的运用口头交流和表达的能力
		1	10	工作中偶尔需要与工作对象进行交流，对语言表达能力要求一般
		2	20	工作时经常需要与工作对象进行交流，对语言表达能力要求较高
		3	30	工作时频繁与工作对象进行交流，对语言表达能力要求高
	计算机知识（30分）			指工作中所要求的实际计算机知识水平，以经常使用的最高程度为标准
		1	10	可以使用电脑进行文字、数据录入
		2	20	熟练使用电脑办公自动化软件
		3	30	会对计算机硬件设备及办公网络进行维护
	专业知识能力（30分）			指为顺利履行工作职责所需要具备的专业技术知识和技能
		1	10	基本不需要专业知识
		2	20	只需要常识性的专业知识和技能，该知识和技能很容易被掌握
		3	30	所需的专业知识和技能要求高，该知识和技能很难被掌握
	管理知识技术（60分）			指为顺利、高效率履行工作职责所应具备的管理知识、管理素质和能力
		1	15	基本不需要管理知识
		2	30	需要基本的管理知识
		3	45	需要较强的管理知识和管理能力来协调各方面关系
		4	60	需要非常强的管理能力和决断能力，没有该知识技能将会影响公司正常运行
	创新与开拓能力（60分）			指为顺利履行工作职责所必需的创新与开拓的精神和能力
		1	20	全部工作为程序化、规范化，无须开拓创新
		2	40	工作基本规范化，偶尔需要开拓创新
		3	60	工作性质本身即要求开拓和创新

续表

一级要素	二级要素	等级	分数	定义
责任因素（40%，400分）	风险控制责任（60分）			指在不确定的条件下，为保证组织经营、发展的顺利进行所担负的责任，依据失败后遭受损失的影响大小来判断
		1	15	仅有一些小风险，失败不会给组织造成多大的影响
		2	30	有一定的风险，失败会给组织造成的影响可以明显地感觉到
		3	45	有较大的风险，失败会给组织带来较严重的影响
		4	60	有极大的风险，失败给组织造成的影响不可挽回
	经济效益责任（75分）			在任职职位上发生工作失误，或者工作没有达到标准，对公司经济效益所造成的直接和间接经济损失，依据经济效益损失的大小来衡量
		1	15	不会造成经济损失
		2	30	造成较小的经济损失
		3	45	造成较大的经济损失
		4	60	造成严重的经济损失
		5	75	造成不可估量的经济损失
	指导监督责任（75分）			指在正常权力范围内所拥有的正式指导监督职责，由本职位管理的人数多少和被管理人员的权限决定
		1	15	不管理任何人
		2	30	管理的人数小于或等于4人
		3	45	管理的人数为4~10人，被管理的人员中有1~2名管理者
		4	60	管理的人数为10~30人，被管理的人员中有3~5名管理者
		5	75	管理的人数在30人以上，被管理的人员中有5名以上的管理者
	协调责任（40分）			指在工作的过程中，需要与系统内外的单位和个人协调关系，以共同顺利开展业务工作，依据协调对象所在的层次、人员数量及频繁程度判断
		1	10	仅与本部门的人员协调工作，偶尔与其他部门或外部人员接触
		2	20	与公司大多数部门密切协调工作，与外界固定部门或个人接触
		3	30	需要与公司所有部门随时联系和沟通，与外界有具体业务往来的部门和个人保持密切联系
		4	40	与整个公司所有的部门有密切的工作联系，与外界的有可能业务关联的单位和个人有密切联系并频繁沟通
	工作结果的责任（75分）			指本职位对工作结果承担多大的责任，以本职位承担责任的范围作为标准
		1	15	只对自己的工作结果负责
		2	30	对所在部门的工作结果负责
		3	45	对多个所管部门的工作结果负责
		4	60	对整个部门的工作结果负责
		5	75	对整个公司的工作结果负责

一级要素	二级要素	等级	分数	定义
责任因素 （40%， 400分）	决策的影 响范围 （75分）			指在正常工作中需要参与的决策，其责任的大小根据该决策影响的范围和程度作为标准
		1	15	常做一些小的决定，影响与自己有工作关系的部分员工
		2	30	需要做一些对所属人员有影响的决策
		3	45	需要做一些大的决策，但须与其他部门负责人共同协商方可执行
		4	60	需要参加最高层次决策，但必须得到高层领导认可方可执行
		5	75	需要制定高层决策并监督决策执行
努力程度 因素 （20%， 200分）	工作压力 （60分）			指工作本身给任职者带来的压力，根据工作常规性、任务多样性、工作艰巨性和重要性、工作内容跨度进行判断
		1	20	很少需要迅速做出决定，工作常规化
		2	40	有时需要迅速做出决定，工作任务较艰巨，内容有一定的跨度
		3	60	经常需要迅速做出决定，任务多样化，经常觉得任务艰巨，工作时间紧张，工作内容跨度大
	脑力辛苦 程度 （60分）			指在工作时对精力集中程度的要求
		1	20	只从事简单脑力劳动，不需高度集中精力
		2	40	部分时间必须高度集中精力、从事较高强度脑力劳动
		3	60	大部分时间必须高度集中精力、从事高强度的脑力劳动
	工作量 大小 （80分）			指每天工作的繁重程度，依据完成每天的工作需要持续忙的时间长短和工作量的大小判断
		1	20	工作较清闲
		2	40	工作有时忙，但忙的时间短且有规律，工作量一般
		3	60	工作比较忙，且忙的时间持续长，工作量较大
		4	80	工作很忙，且忙的时间持续长甚至加班加点，工作量大
工作环境 因素 （15%， 150分）	工作时间 特征 （50分）			指对工作要求的特定起止时间的控制程度
		1	12	按正常时间上下班
		2	25	基本按正常时间上下班，偶尔需要晚到或早退
		3	37	上下班时间视工作具体情况而定，但有一定规律
		4	50	上下班时间视工作具体情况而定，没有规律可循
	工作地点 的稳定性 （50分）			指工作时是否经常变换工作地点，依据工作地点的变化频率和外出时间长短判断
		1	12	工作地点基本固定，偶尔外出且有规律
		2	25	工作地点基本固定，要少量外出，没有规律
		3	37	工作地点不固定，需要大量外出，但是有规律
		4	50	工作地点不固定，需要大量外出，没有规律
	工作环境 的舒适性 （50分）			指工作环境硬件、软件设施的好坏，环境的舒适程度
		1	12	以室内工作为主，工作条件较好，环境舒适
		2	25	以室内工作为主，兼有室外工作，工作条件环境一般
		3	37	兼有室内外工作，工作条件、环境较差
		4	50	以室外工作为主，工作条件、环境很差

完成上述工作后，就可以用这些报酬要素对所选择的标杆职位进行评价。

3.运用报酬要素对所选职位进行评价

运用所确定的报酬要素对所选的标杆职位进行评价，计算出这些职位的点值，见表1-5和表1-6。

表1-5　　　　　　　　　　用报酬要素对职位进行评价（1）

一级报酬要素	二级报酬要素	总经理 等级	总经理 点值	副总经理 等级	副总经理 点值	营销经理 等级	营销经理 点值	物流中心主任 等级	物流中心主任 点值	财务科主任 等级	财务科主任 点值	办公室主任 等级	办公室主任 点值	文员 等级	文员 点值
知识技术/能力因素	1.最低学历要求	4	20	4	20	4	20	3	20	4	20	3	20	2	10
	2.工作经验	4	20	4	20	3	15	3	15	3	15	3	15	2	10
	3.沟通能力	3	30	3	30	3	30	3	30	2	20	3	30	2	20
	4.计算机知识	2	20	2	20	2	20	2	20	2	20	2	20	2	20
	5.专业知识能力	3	30	3	30	3	30	2	20	3	30	2	20	2	20
	6.管理知识技术	4	60	4	60	3	45	3	45	3	45	2	30	1	15
	7.创新与开拓能力	3	40	2	40	3	60	2	40	1	20	2	40	1	20
责任因素	1.风险控制责任	4	60	3	45	3	45	3	45	3	45	2	30	1	15
	2.经济效益责任	5	75	4	60	4	60	4	60	5	75	3	45	1	15
	3.指导监督责任	5	75	5	75	4	60	3	45	2	30	2	30	1	15
	4.协调责任	4	40	4	40	4	40	3	30	2	20	2	20	2	20
	5.工作结果的责任	5	75	4	60	4	60	4	60	3	45	2	30	1	15
	6.决策的影响范围	5	75	4	60	4	60	3	45	3	45	3	45	1	15
努力程度因素	1.工作压力	3	60	3	60	3	60	3	60	2	40	2	40	1	20
	2.脑力辛苦程度	3	60	3	60	3	60	3	60	3	60	2	40	2	40
	3.工作量大小	3	60	3	60	4	80	3	60	3	60	2	40	1	20
工作环境因素	1.工作时间特征	3	37	3	37	4	50	3	37	2	25	2	25	1	12
	2.工作地点的稳定性	3	37	3	37	4	50	3	37	1	12	1	12	1	12
	3.工作环境的舒适性	1	12	1	12	2	25	2	25	2	25	1	12	1	12
总　分		886分		826分		870分		754分		652分		544分		326分	

表1-6　　　　　　　　　　　　　用报酬要素对职位进行评价（2）

一级报酬要素	二级报酬要素	店内营业员 等级	店内营业员 点值	市场业务员 等级	市场业务员 点值	维修人员 等级	维修人员 点值	保安 等级	保安 点值	汽车司机 等级	汽车司机 点值	助理药剂师 等级	助理药剂师 点值	药剂师 等级	药剂师 点值
知识技术/能力因素	1.最低学历要求	1	5	2	10	3	15	1	5	2	10	3	5	4	20
	2.工作经验	2	10	3	15	3	15	2	10	4	20	2	10	4	20
	3.沟通能力	3	30	3	30	1	10	1	10	1	10	1	10	1	10
	4.计算机知识	1	10	1	10	3	30	1	10	1	10	1	10	2	20
	5.专业知识能力	1	10	1	10	3	30	1	10	2	20	2	20	3	30
	6.管理知识技术	1	15	1	15	1	15	1	15	1	15	1	15	2	30
	7.创新与开拓能力	2	40	3	60	1	20	1	20	1	20	1	20	1	20
责任因素	1.风险控制责任	1	15	1	15	1	15	1	15	2	30	2	30	3	45
	2.经济效益责任	2	30	1	15	2	30	1	15	2	30	2	30	3	45
	3.指导监督责任	1	15	1	15	1	15	1	15	1	15	1	15	2	30
	4.协调责任	1	10	3	30	2	20	1	10	1	15	1	15	2	20
	5.工作结果的责任	1	15	1	15	1	15	1	15	1	15	1	15	2	30
	6.决策的影响范围	1	15	1	15	1	15	1	15	1	15	1	15	2	30
努力程度因素	1.工作压力	1	20	2	40	2	40	1	20	1	20	1	20	2	40
	2.脑力辛苦程度	2	40	3	60	2	40	1	20	2	40	2	40	3	60
	3.工作量大小	2	40	4	80	3	60	2	40	2	40	1	10	2	40
工作环境因素	1.工作时间特征	1	20	4	50	2	37	3	37	3	37	1	12	1	12
	2.工作地点的稳定性	1	12	4	50	3	37	2	25	4	50	1	12	1	12
	3.工作环境的舒适性	1	12	4	50	4	50	3	37	4	50	1	12	1	12
总分		364分		600分		509分		344分		457分		311分		526分	

4.根据总点值高低对所评价职位排序，并划分出点值范围，确定职位薪酬等级

对所选择的职位运用报酬要素进行评价之后，每一个所选的职位就有了一个评价总值，应根据这些职位的总点值进行排序，来初步确定等级，见表1-7。

表1-7 根据职位总点值排序

职位	总经理	副总经理	营销经理	物流中心主任	财务科主任	办公室主任	文员	市场业务员	店内营业员	保安	维修人员	汽车司机	助理药剂师	药剂师
总分	886	826	870	754	652	544	326	600	364	344	509	457	311	526
排序	1	3	2	4	5	7	13	6	11	12	9	10	14	8

如果发现排序的等级较多，可以划分点值的范围，进行归等，这样更加直观，而且容易与其他职位进行比较。这里将点值划分为8个等级，以80分为区间值，然后根据评价的总点值确定上述职位相应的等级，见表1-8。

表1-8 划分点值范围确定职位等级

职级	点值范围	管理类	销售类	后勤类	技术类
8	881～920	总经理			
	841～880		营销经理		
7	801～840	副总经理			
	761～800				
6	721～760	物流中心主任			
	681～720				
5	641-680	财务科主任			
	601～640				
4	561～600		市场业务员		
	521～560	办公室主任			药剂师
3	481～520			维修人员	
	441～480			汽车司机	
2	401～440				
	361～400		店内营业员		
1	321～360	文员		保安	
	281～320				助理药剂师

以上是对新源公司所选取的标杆职位进行的职位评价，可以以此为基础来确定新源公司的职位薪酬等级。

进行标杆职位评价之后，应对新源公司的所有职位进行评价，为此要建立一个评价专家组。为体现其客观性和公正性，评价小组成员可在公司各个层次的员工中选择，如高层管理者3～5人，中层管理者15～18人，基层员工5～7人，共25人左右。给每一位评价人员准备职位说明书、报酬要素定义分级表、评分表等，并进行一些必要的讲解或培训，然后对所有职位进行评价，确定所有职位的薪酬等级。职位薪酬等级确定之后，新源公司基本工资体系的确定就有章可循，从而为公司建立职位薪酬体系。

五、评价分析

新的职位薪酬体系是否适应企业的发展是其能否发挥效能的关键因素。新的职位薪酬体系不仅要能够适应和支持新源公司经营战略的变化，还应该与公司现有的人力资源状况相结合。在实施新的职位薪酬体系时，还必须对公司的人力资源现状和人力资源部进行评估，看其是否与新的体系相匹配，是否能够保证新体系的顺利实施。

如何确定职位的相对价值是影响新体系实施成败的关键因素。对职位价值的确定实际上反映了不同职位对公司的贡献程度和公司对不同职位的重视程度。职位的价值在很大程度上影响员工对自身价值和职业发展的认识，进而影响员工的职业生涯规划及他们在工作中的表现。

由于时间和条件的限制，上面的设计只是薪酬体系设计中最重要的一部分，即确定公司标杆职位的等级，没有对公司所有职位进行等级的划分。此外，只确定了薪资等级，没有确定每一点值对应的工资，因此没有将薪点所对应的工资设计出来。

案例二　基于能力的A药物研究所研发人员薪酬体系设计

一、A药物研究所概况

A药物研究所（以下简称A所）成立20多年以来已研究开发出多种新药，是所在省的新药研发龙头企业，获得国家级和省级科技进步大奖多项。该所研发的新药有国家二类新药3种、国家四类新药12种、七类八类药总计20多种。

A所属于中等规模的国有企业，设有制剂工艺室、药物毒理室、分析室、微生物检验室、动物室、免疫系统科室。它的内部组织结构比较规范，设有所长、副所长、办公室主任、财务部经理、人力资源部经理和药物研究员等职位。

1.员工的学历分布

A所现拥有员工近250名。其中，具有硕士研究生及以上学历的人数占总人数的15%，具有本科学历的人数占60%，具有大专学历的人数占20%，具有高中学历的人数占5%（如图2-1所示）。可见，A所的员工学历普遍较高，其发展依托的是高素质的人力资源。

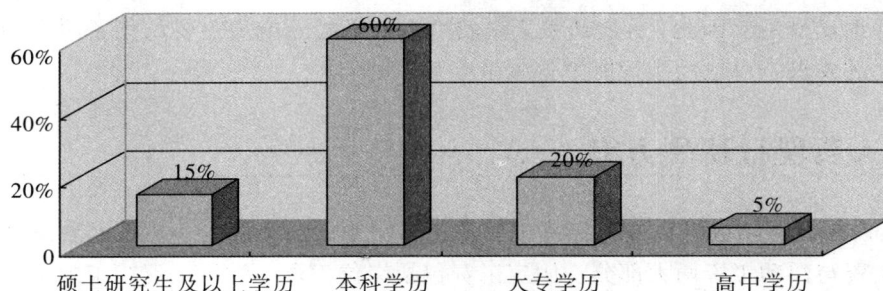

图2-1　学历分布图

注：图中人数统计截止到2017年10月31日。

2.员工的年龄分布

45岁以上员工占总人数的20%，36～45岁员工占25%，20～35岁员工占55%。各个年龄段人数分布基本合理，20～35岁员工占了大部分，他们的学习能力和创新能力是很强的。

3.员工的职位结构分布

A所的所有职位可以分为三类：管理类、专业技术类、后勤类。管理类职位占到17%，专业技术类职位占到75%，后勤类职位占到8%（如图2-2所示）。这反映出A所专业技术类人员占大多数。因此，A所要想健康快速地发展，提升专业技术类人员的专业技术能力、留住核心研发技术人员是必须要考虑的事情。

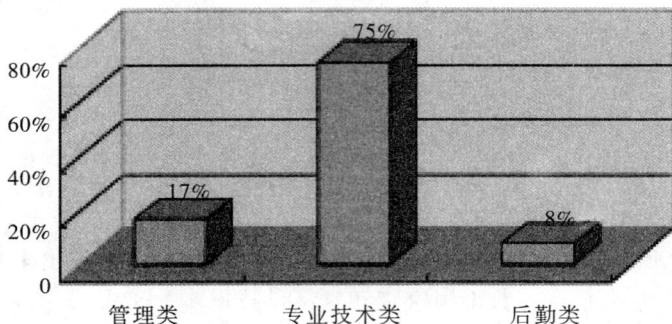

图2-2 职位结构分布图

注：图中人数统计截止到2017年10月31日。

能力薪酬的推行要求技术、创新等能力要素对于企业的发展具有支撑作用，员工的创造性、主动性、分析思维能力与企业绩效成明显的正相关关系。从以上数据可以看出，A所不仅从事新药研发工作，而且，在其人力资源构成中，有75%以上的员工是本科及以上学历，是一个知识化程度非常高的企业。同时，该所有75%的专业技术类员工，专门从事药品的研发工作。这是一项对知识、技能要求很高的工作，研发人员的专业技能、创新能力等要素对于开发出优质、高效的新药品具有非常大的影响作用，他们在工作中所表现出来的创造性和积极主动性对企业绩效有很大的推动作用。因此，A所研发人员符合推行能力薪酬所需要的创新因素和工作积极性的要求，对他们推行能力薪酬是有知识基础的。

二、A所现行薪酬方案

A所现在采用的是以岗位标准工资为主体结构的薪酬制度。员工的薪酬划分为固定工资与浮动工资两大部分。固定工资包括岗位工资、学历工资、工龄工资以及福利津贴；浮动工资包括绩效工资和年终奖金（见表2-1）。

表2-1　　　　　　　　　　　　**薪资结构表**

月薪资总额					
固定工资（65%）				浮动工资（35%）	
岗位工资	学历工资	工龄工资	福利津贴	绩效工资	年终奖金

1.固定工资

（1）岗位工资

岗位工资根据对岗位职责内容的评价结果制定，分为 5 个等级。如果岗位职责内容没有发生变化或变化不大，岗位对应的标准工资就会保持不变。

（2）学历工资

学历以国家承认的学历为准，一个人同时拥有多个学历时，只取其中最高的一个学历，按规定发放学历工资（见表 2-2）。

表 2-2　　　　　　　　　　　　　　　学历工资等级表

学历	博士研究生	硕士研究生	本科	大专
工资（元）	300	200	150	50

（3）工龄工资

工龄指进入本企业连续工作的年限。工龄工资每两年为一个幅度，每一幅度标准为 30 元，工龄工资最高年限为 20 年（见表 2-3）。

表 2-3　　　　　　　　　　　　　　　工龄工资等级表

企业工龄	转正日～2年	3～4年	5～6年	…	19～20年
工资（元）	30	60	90	…	300

（4）福利津贴

福利由法定福利（社会保险、住房公积金）和集体福利（带薪年假、员工培训）组成；津贴由每月 300 元伙食补贴和每月 200 元交通补贴组成。

2.浮动工资

（1）绩效工资

绩效工资是在某一段时间内考核员工所做出的工作成绩，以员工考核评估确定的等级结果为依据，确定绩效工资额。考核评估结果以及考核得分按照规定的等级比例确定（见表 2-4）；绩效工资分五等，绩效工资等级计算标准见表 2-5。

表 2-4　　　　　　　　　　　　　　　绩效等级比例表

绩效工资等级	1等	2等	3等	4等	5等
人数分布比例	5%	20%	50%	20%	5%

表 2-5　　　　　　　　　　　　　　　绩效工资等级计算标准表

绩效工资等级	E等	D等	C等	B等	A等
计算比例	0	N×70%	N	N×130%	N×160%

注：设绩效工资基准为 N。

（2）年终奖金

通过企业专业人员的推举及评定，对实现年度盈利目标或对完善企业管理制度做出突出贡献的人员，企业在年底以货币形式给予奖励。

三、A所研发人员薪酬管理问题诊断

1.现行的岗位薪酬体系不合理

A所采用的是以岗位标准工资为主要结构的薪酬制度，很多员工的薪酬都是由他们进入企业的时候所签订的劳动合同决定，而数额的多少在很大程度上取决于员工的职位高低和工作年限而并非工作能力和工作表现。然而，A所大部分研发人员希望自己的薪酬主要由工作能力决定，基于能力的薪酬制度能够体现出企业对研发人员个人能力的肯定，员工的薪酬能够随着个人能力的提高而提高，这样也能刺激他们不断进步，提高个人业绩。

2.薪酬内部公平性不足

内部公平主要是指员工相互之间的比较衡量。员工很难判断个人的绩效是否与所获得的报酬成正比，这时他们就会与身边的员工进行比较。A所的薪酬结构中，岗位工资占到岗位标准工资中的70%，员工的薪酬直接取决于工作岗位和职务，而与个人的能力没有关系，这时处在同一层级岗位上的研发人员会认为自己的付出与所获得的报酬不成正比，导致内部不公平现象产生。

3.薪酬缺乏动态调整机制

薪酬结构并不是一成不变的，它需要结合员工业绩、技能的变化及所在区域的经济状况等情况定期或不定期地进行调整，但是目前A所的薪酬结构刚性较强，岗位工资占了研发人员薪资的大部分，除了通过岗位晋升调薪外，就没有别的调薪空间，这大大降低了薪酬体系的激励作用，同时也不利于研发人员自身的成长。

四、基于能力的A所研发人员薪酬体系设计的原则及步骤

1.划分职位，确定研究类别

尽管基于能力的薪酬体系将重心从员工所需完成的工作任务转移到了员工的能力水平，但是如果没有准确理解所要完成的工作，没有准确描述和深入分析具体的工作任务，就无法划分能力水平，能力薪酬体系也就无法操作。

能力薪酬是对员工在工作中显示出来的并与绩效有关的能力所支付的报酬，因此需要对员工的能力进行定义和分级，并给出相应的能力标准。由于A所现存的职位体系中有很多职位，每个职位都有自己的特定要求和规范，对每个职位都进行能力分级并编写标准，显然是不现实的，也会使标准体系过于复杂而不具备可操作性。因此，首先将所有职位按一定方式分成不同的职类、职种、职层，再为不同职类、职种、职层编写能力标准（见表2-6）。

表 2-6　　　　　　　　　　　　　　　职位划分表

用语	定义	层级
职类	职类是依据相似性原则划分的一组职位的集合，即把具有相似职责与管理范围，工作模块相同，从业所需知识、技能、素质和行为标准相似的职位归为同一类别，形成职类	管理类、专业技术类
职种	职种是对同职类职位进行细分归并而成，这些职位在同一业务系统内承担相同业务板块功能与责任。它们在工作中所投入的知识、技能等具有相似性，它们的业务活动性质与过程具有相似性，其产出结果（绩效标准）具有一致性	管理类可以分为财务管理、人力资源管理、研发部门管理、后勤管理；专业技术类包括药物研发人员
职层/职等	职层/职等是依据同一职种的从业人员承担责任的大小，所需知识的深度、广度，掌握技能的程度，素质和行为标准的高低划分的，强调的是同一职种中从业人员的胜任能力的差异性	药物研发人员可以划分为高级、中级、初级、助理研究员；管理人员可以划分为高层管理人员、中层管理人员、基层管理人员

A 所现拥有员工近 250 名，其中药物研发人员超过 75%，大专及以上学历员工占到 95%，由于其行业的特殊性，研发人员在企业中占据核心地位，所以选取药物研发人员作为标杆职种进行能力薪酬体系的设计。

2.确定最低资格要求，初步划分职等

根据对药物研发行业的调查与企业专家的讨论，对于从事药物研发的专业技术人员来讲，不同的岗位在岗位职责、能力、水平方面对员工的要求不同，因此有必要对研发人员按照一定的标准进行初步划分，确定同一类型研发人员的能力素质模型。学历、从业经验和知识技能在很大程度上决定了员工的能力水平，另外是否取得行业证书也是评定员工能力的一个重要标准，而且这些能力的外显资料比较容易获得。因此，我们就把学历、从业年限、证书、知识技能水平作为划分依据，设置任职资格要求，将研发人员初步划分为高级研究员、中级研究员、初级研究员和助理研究员。其中，知识技能水平主要由知识考试、专家评价和工作表现决定。其划分标准见表 2-7。

通过划分，企业研发人员中初步达到高级研究员级别的有 26 人，达到中级研究员级别的有 40 人，达到初级研究员级别的有 54 人，达到助理研究员级别的有 67 人。

3.构建各等级能力模型

在设定任职资格，初步确定员工能力等级后，就需要对每一等级的人员确定能力模型。能力要素主要采用关键事件访谈法和专家小组法确定。同时，对每一个能力要素划分等级和层级，并按照能力要素出现的频率，确定各项能力在能力模型中所占的权重。各等级专业人员对应能力要素及其权重见表 2-8。

表2-7　　　　　　　　　　　　　**任职资格要求表**

资格等级　　　　因素	学历	专业工作年限	知识技能水平	证书
高级研究员	药剂类专业硕士研究生及以上学历	博士研究生：6年以上药物研发工作经验，参加过省级以上药学科研项目的研究工作 硕士研究生：8年以上药物研发工作经验，参加过省级以上药学科研项目的研究工作	90分以上	新药证书 执业药师证
中级研究员	药剂类专业本科及以上学历	研究生：5年以上药物研发工作经验 本科生：6年以上药物研发工作经验	80分以上	新药证书 执业药师证
初级研究员	药剂类专业大专及以上学历	本科生：3年以上药物研发工作经验 大专生：4年以上药物研发工作经验	70分以上	执业药师证
助理研究员	大专及以上学历	1年以上相关工作经验	60分以上	不需要

表2-8　　　　　　　　　　**各等级专业人员对应能力要素及其权重**

等级分类	能力要素及其权重
高级研究员	创新能力（40%）、分析性思维能力（25%）、积极主动性（15%）、激励团队能力（10%）、文字表达能力（5%）、知识技能水平（5%）
中级研究员	创新能力（40%）、分析性思维能力（20%）、积极主动性（20%）、激励团队能力（5%）、文字表达能力（5%）、知识技能水平（10%）
初级研究员	创新能力（30%）、分析性思维能力（20%）、积极主动性（25%）、激励团队能力（5%）、文字表达能力（5%）、知识技能水平（15%）
助理研究员	创新能力（20%）、分析性思维能力（15%）、积极主动性（30%）、激励团队能力（5%）、文字表达能力（5%）、知识技能水平（25%）

　　根据能力模型，我们设定出每个能力等级所对应的能力评价表。表2-9为高级研究员能力评价表。

表2-9 高级研究员能力评价表

能力要素	权重	要素解释	层次划分及分数分布			
			一等（100分）	二等（75分）	三等（50分）	四等（25分）
创新能力	40%	为了履行工作职责所必须具备的创新与开发精神和能力	具有很强的创新能力，用自己独特的创新能力开发新产品，并具有培育他人创新的理念及能力	具备创新能力，能顺利完成本职工作，能强化流程或创新产品	能做好本职工作，但创新能力有所欠缺	创新能力不足，难以完成本职工作
分析性思维能力	25%	把复杂问题、过程或成果分解为组成部分并系统加以考虑	做出非常复杂的计划或分析。系统分析多维度的问题或过程，运用多种分析方法鉴定多种解决办法，并评价每种办法的结果	制订复杂的计划，把一个复杂问题或过程系统地分成几个组成部分，利用多种技术分析复杂问题，使问题得以解决	能够分析一个问题的几个部分之间的联系，并识别问题出现的原因	发现基本关系，把任务分解
积极主动性	15%	在工作中，自己要求或自愿去做更多工作的程度	工作积极性很高，能出色地履行岗位职责，提前准备在别人眼里不明显的工作任务	有较高的工作积极性，能较好地履行岗位职责，出现问题时，能在一两天内予以解决	有一定的工作积极性，能够履行岗位职责，工作遇到困难时，不轻易放弃	工作积极性一般，基本能处理好自己分内的事，但有时需要领导督促才能完成工作任务
激励团队能力	10%	激励下属，充分调动员工积极性与创造性的能力	了解下属需要，采用多种方式对他们进行有效激励，团队士气高涨，工作积极性高	对下属提出的合理要求予以满足，注重激励在团队中的效果，并尽量采取各种激励手段，团队成员比较满意	知道激励对于团队的重要性，并且在工作中也力图做到，取得了一定效果，团队成员基本满意	没有采取激励手段，对下属的合理要求没有满足，团队成员的积极性与主动性不高
文字表达能力	5%	用文字来表达观点的能力	书面表达能力很好，结构严谨、逻辑严密、文字流畅、言简意赅	书面表达能力较强，能够用较为准确、简洁的文字表达自己的观点	书面表达能力一般，能够用文字表述出自己的观点	书面表达能力较差，基本或勉强能够用文字表达自己的观点
知识技能水平	5%	对于所从事专业的知识掌握和实务能力	90分以上	80分以上	70分以上	60分以上

4.评价员工能力，划分能力层级

在实行基于能力的薪酬体系时，很重要的一点就是对员工能力进行正确的评价。本次薪酬设计采用360度评价方法——上级、同级、下级对员工进行评价，并根据专家小组的意见确定各评价方所占的权重和能力层级数。经过最终讨论决定，在这次薪酬体系设计中，上级评价权重为50%，同级评价权重为30%，下级评价权重为20%。高级研究员划分为3个能力层级，中级研究员划分为3个能力层级，初级研究员划分为3个能力层级，助理研究员划分为2个能力层级。

评价程序：

首先，上级、同级、下级根据被评价员工所对应的能力等级评价表进行评价。例如，对于高级研究员，参与评价的人员包括所长、副所长、办公室主任、其他高级研究员、下属。

其次，收集资料，并由人力资源部进行整理、计算，按照各评价者的权重计算各类别员工能力评价分数。

最后，根据层级分数对应表确定员工能力层级。对于未达到相应等级中最低层级最低分数者，进入下一等级重新评定。

在实际评价过程中，参与高级研究员评价的有26人，其中5人达到高级一级、8人达到高级二级、12人达到高级三级，有1人由于未达到高级三级的最低分数，进入中级研究员的评定；参与中级研究员评定的有41人，其中8人达到中级一级、14人达到中级二级、17人达到中级三级，有2人未达到中级三级的最低分数，进入初级研究员的评定；参与初级研究员评定的有56人，其中24人达到初级一级、20人达到初级二级、12人达到初级三级；参与助理研究员评定的有67人，其中26人达到助理一级、41人达到助理二级。

5.能力与薪酬挂钩

根据各地区比较知名的药物研究开发所的薪酬调查（此项调查结果由权威机构劳工部门提供），结合A所所在城市在岗职工平均工资水平和工资等级划分标准，了解该地区与药物研究行业有关的劳动力的价格。调查结果显示，高级研究员的基本工资为3 000～5 400元，中级研究员的基本工资为2 000～3 500元，初级研究员的基本工资为1 300～2 300元，助理研究员的工资较低，为800～1 400元（见表2-10）。A所研发人员的基本工资与调查结果基本一致，但同等级研究员之间几乎没有太大差距。参照薪酬调查结果，通过专家和薪酬设计专员的讨论，初步设定出每一能力等级和层级所对应的工资水平。各层级能力工资的计算过程简单介绍如下：首先，根据外部市场薪资调查数据和对各级研究员的能力评价点数确定中值。然后，确定薪资变动比率（通常是指同一薪酬等级内部的最高值与最低值之间的比率，但实际上变动比率是首先应该确定的数值），其大小主要取决于该职位所需的技能水平等综合因素的分析（见表2-11）。高级研究员、中级研究员、初级研究员薪酬等级的变动比率分别为61%、40%、32%，在30%～70%之间。最后，每一个层级的最高值和最低值是通过中值和变动比率计算得出的：最低薪酬水平＝中值/

[1+（1/2×变动比率）]，最高薪酬水平=最低薪酬水平×（1+变动比率）。那么，我们就可以得出各等级、层级所对应的工资水平（见表2-12）。

表2-10　　　　　所在地区药物研究行业中药物研究员工资水平调查表

职位	市场薪酬水平（元）		
	高位值	中位值	低位值
高级研究员	5 400	4 200	3 000
中级研究员	3 500	2 750	2 000
初级研究员	2 300	2 000	1 300
助理研究员	1 400	1 100	800

表2-11　　　　　　不同职位类型对薪酬变动比率设计的影响

薪酬变动比率	职位层级
60%以上	高层管理者、技术人员
35%～60%	中层管理者、技术人员
10%～25%	办公室文员和一般生产、技术人员

资料来源　文跃然. 薪酬管理原理［M］. 2版. 上海：复旦大学出版社，2013.

表2-12　　　　　层级、层级分数、层级人数、能力工资表

等级分类	层级	层级分数	层级人数	能力工资（元）
高级研究员	1	90分以上	5	5 800
	2	89～90	8	4 700
	3	70～79	12	3 600
中级研究员	1	90分以上	8	3 500
	2	80～89	14	3 000
	3	70～79	17	2 500
初级研究员	1	90分以上	24	2 400
	2	80～89	20	2 100
	3	70～79	12	1 800
助理研究员	1	80分以上	26	1 500
	2	80分以下	41	1 000

这样，我们就可以把每个研发人员的能力等级和对应的能力工资对应起来。通过基本工资=80%能力工资+20%岗位工资，便可以确定他们个人的基本工资。

6.建立与能力匹配的培训计划

企业必须建立与能力相匹配的综合性培训。第一，正式员工需在单位工作两年以上才能报考相关的学历教育，如期完成学业的，企业将承担70%的学习费用，没有取得证书的，企业不承担学习费用；第二，企业每年都要为员工提供培训机会，确实需要进行考评前培训的，本人提出申请，由企业统一安排，对同一专业同一层次的报考和培训，取得相应专业技术职称的，企业承担所有费用；第三，针对不同职种员工所应具备的工作能力，分别进行针对性培训，使他们不断提高自身能力，扩展知识面。培训结束后，根据年度考核结果，培训人员确实能力有所提高，达到所在层级中上一级的能力水平，级别比原来所在的层级上升一级，基本薪资也就做出相应的调整。

五、总结评价

首先，薪酬体系是一个动态过程，在实施过程中，要不断对薪酬制度进行修改和完善，对于在实施过程中出现的问题要及时加以修正。同时，要注意研发人员对薪酬制度的反馈，了解他们的意见，及时对薪酬制度做出调整。其次，要做好员工工作。新的薪酬制度要想顺利地推行下去，必须要得到员工的支持。因此，必须要让研发人员了解薪酬制度设计的原理和目的以及将会取得的理想效果，对于员工提出的疑问要加以解释和说明，最终保证薪酬制度顺利实施。最后，实施基于能力的薪酬体系要做好对员工能力的定期评价。定期（一般是一年）开展能力评价工作，及时对员工的个人能力做出准确评价，不仅能够体现出企业对员工个人能力的肯定，使薪酬随着个人能力的提高而提高，也能激励员工不断进步，提高个人业绩。

案例三 华新建筑工程有限责任公司宽带薪酬设计

一、企业背景

华新建筑工程有限责任公司（以下简称华新公司）是全国建筑企业500强之一，是国家建筑安装施工一级资质企业，年承揽建筑工程任务的施工能力为120万平方米，涉及的施工对象有工矿企业、学校、医院、通信、国防、民航、高层住宅、科研院所、酒店、水利、公寓、市政公共建筑等。目前，华新公司的各项管理已逐步进入制度化、规范化、程序化和科学化的轨道，公司的发展呈现出生机和活力。华新公司有一整套质量、安全、技术、设备、资金保证体系，有一流的施工技术、高素质的施工队伍、科学的管理手段，公司立志在新的发展时期与时俱进，改革创新，开拓进取。

1.人员性别结构

目前，华新公司包括男职工1 543人，女职工787人，女职工所占比例约为34%，如图3-1所示。

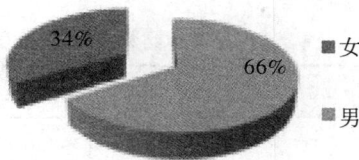

图3-1 员工性别构成

2.人员文化结构

华新公司现有人员共2 330人，本科及以上学历人员652人，占总人数的28%；大专学历人员1 142人，占总人数的63%；中专学历人员536人，占总人数的23%，如图3-2和图3-3所示。

3.人员年龄结构

在2 330人中，30岁以下人员有631人，31~40岁人员有871人，41~50岁人员有658人，50岁以上人员有179人，如图3-4所示。

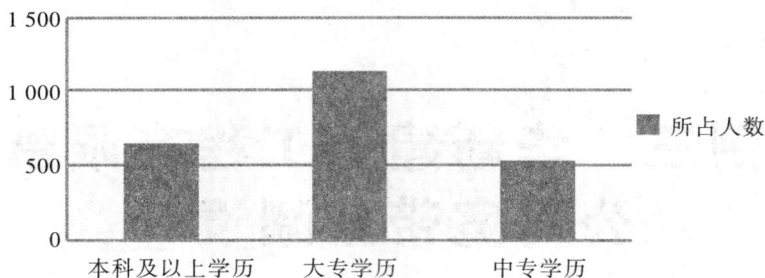

图 3-2 人员教育水平数据图

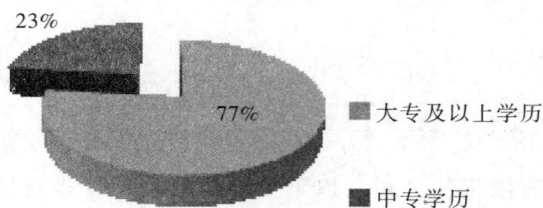

图 3-3 人员教育水平结构图

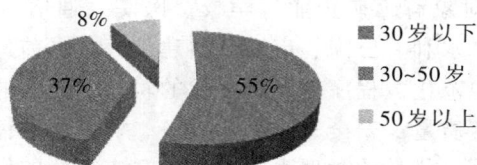

图 3-4 人员年龄结构分布图

4. 人员职称结构

华新公司管理人员（其中工程技术人员有 548 人）为 1 149 人，占总数的 49.3%，其中有职称人员为 873 人；技术工人为 1 181 人，占总人数的 50.7%，其中有职称人员为 210 人，见表 3-1。

表 3-1   人员职称结构

类别	高级职称	中级职称	初级职称
工程系列共 758 人	61 人	250 人	447 人
会计系列共 126 人	3 人	53 人	90 人
经济系列共 189 人	17 人	48 人	124 人
统计系列共 10 人	1 人	2 人	7 人

华新公司在人才运用上注重年轻化、知识化、专业化。在不断扩大生产规模和经营领域，承担众多重点工程项目的设计、施工、安装的同时，培养和造就了一大批高素质专业技术人员和经营管理人才。华新公司的岗位分为三类，分别为技术工人、工程技术人员及专业管理人员。高、中、初级各类人员专业齐全，比例协调。华新公司现有专业管理人员中，具有大专及以上学历者占员工总数的 77%，他们已

成为公司实现可持续发展的不竭资源。

二、华新公司薪酬管理现状

华新公司实行的是岗位效益工资制。公司下属各分公司领导班子成员、公司机关正副部门岗位和分公司高层管理人员薪酬由基本薪酬和绩效薪酬构成。其中，基本薪酬是根据岗位的责任大小、职责范围确定的薪酬，包括岗位技能工资（基本月薪）和岗位津贴，约占全部薪酬的60%。绩效薪酬是员工在年度内创造价值而获得的激励性薪酬，包括完成经济目标的效益薪酬和超利润奖励薪酬，约占全部薪酬的40%。

华新公司中基层管理人员的薪酬由岗位工资、工龄津贴和职称津贴构成。施工项目管理人员薪酬由岗位责任工资和承包兑现（不含质量奖、安全奖、文明现场奖等专项奖励）构成。操作层（不执行计件工资的员工）薪酬由岗位工资、工龄津贴和技能等级津贴构成（见表3-2）。

表3-2　　　　　　　　　　华新公司薪酬构成

职位类别	薪酬构成
中层管理人员	薪酬=基本薪酬+绩效薪酬+工龄津贴+职称津贴
基层管理人员	薪酬=岗位工资+工龄津贴+职称津贴
施工项目管理人员	薪酬=岗位责任工资+承包兑现
操作层	薪酬=岗位工资+工龄津贴+技能等级津贴

三、华新公司薪酬管理问题评析

通过对华新公司人力资源部和员工进行访谈以及对公司薪酬制度资料进行分析发现，华新公司的薪酬管理主要存在下述问题：

1.薪酬主要以岗位为基础，与员工个人技能的增长和能力的提高脱钩

华新公司实行的是岗位效益工资制，主要是以岗位为基础，也就是说岗位级别越高，薪酬水平越高。因此，在当前这种体制下，员工基本只有升值才有提薪的机会。这种以岗位为基础的薪酬制度导致的结果之一就是员工对于个人能力和业绩提升没有积极性。由于加薪的途径只有一条，大家都往一条通道上挤，而组织可以提供的职位又有限，势必会造成内部不公平现象。在现行的薪酬体系下，员工的薪酬水平在聘任时就已确定，除非员工的职务得到提升，否则其薪酬水平很少会因员工个人技能的增长和能力的提高而进行调整，即使员工能力达到了较高水平。这种机制挫伤了员工努力提高自身素质的积极性，易于形成不思进取、安于现状的工作态度。

2.员工晋升通道狭窄

华新公司组织结构扁平化，员工的晋升通道狭窄，高层职位数量有限，不可能每位表现出色的员工都能够晋升到上一层级。当前，华新公司实行的是岗位工资，员工在无法获得晋升时，薪酬水平保持固定不变。员工的需要得不到满足，必然会影响员工的工作积极性，也势必会影响公司能否留住技术骨干和关键岗位员工。因此，本案例通过宽带薪酬设计，对华新公司员工实行宽带薪酬制度，通过增加薪幅、提薪不提职的方式，尽可能地满足员工在物质上的需求。

3.薪酬级别过多，级差小，级幅小

华新公司的岗位工资一共划分为43个层级，最高为1 625元，最低为201元，二者相差1 424元，每层级的平均级差为33元。华新公司将所有职位划分为18个薪酬等级，根据岗位贡献大小划分各个类别的薪酬区间。管理人员的薪酬层级见表3-3。

表3-3　　　　　　　　　　　　管理人员薪酬层级表

薪酬层级	薪酬标准（元）	正厅级	副厅级	正处级	副处级	科级	副科级
43	1 625	■					
42	1 571	■					
41	1 517	■					
40	1 463	■					
39	1 409		■				
38	1 356		■				
37	1 303		■				
36	1 251			■			
35	1 199			■			
34	1 147			■			
33	1 096				■		
32	1 044				■		
31	992				■		
30	946					■	
29	900					■	
28	854					■	
27	814						■
26	774						■
25	734						■

通过表3-3可以看出，首先，过多的薪酬级别将会导致大量的行政工作，并导致员工将注意力集中在调整薪酬级别上，而非自身技能和绩效的提高上。其次，由于相邻的两个岗位工资的差异很小，员工晋升一级，所获得的激励作用并不大，高级别职位的薪酬与基层职位的薪酬拉不开差距。再次，级幅小，员工的薪酬只与所

任职级相关，只能通过职位逐级提升而提升，在相同职位上，业绩并不从根本上影响薪酬，员工即使业绩出色也只能通过今后按部就班的提升而得到滞后的薪酬调整。最后，企业薪酬结构中相邻级别的工资没有重叠的部分（如图3-5所示），这就意味着员工不管工作多少年，表现多么优秀，如未能获得级别的晋升，工资都是不变的，这就不利于鼓励员工追求优秀的工作表现以及培养多技能。

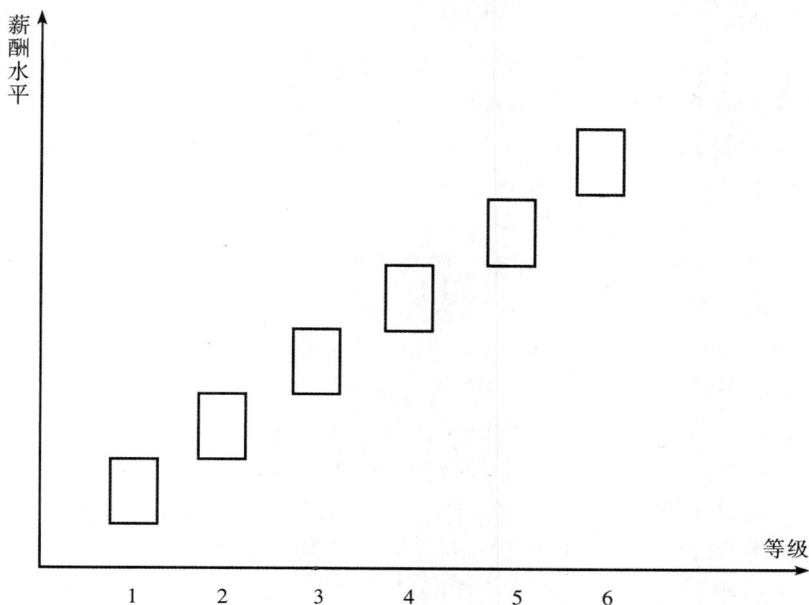

图3-5　管理人员薪酬结构图

四、华新公司实施宽带薪酬的可行性分析

1.发展战略

薪酬制度与企业发展战略的匹配程度与企业的绩效正相关。宽带薪酬体系具有较高灵活性，适合成长中的技术型和创新型企业。华新公司近期的产业目标是实现经营总产值10亿元，力争达到12亿元，完成建筑面积60万平方米以上，保持当地市场，开拓外省区市场，以质量取胜，以信誉加大市场范围，继续保持公司在所在地区建筑施工企业中的领先水平。为此，华新公司必须选择比传统薪酬制度更具灵活性的薪酬制度来配合公司的战略。

2.公司组织结构

华新公司组织结构基本采取直线-职能制框架，三级管理，三级核算，设置9个职能部室，下辖多个建筑施工单位、生产单位和控股子公司。近年来，华新公司先后对职能部室及下属公司、项目部实行扁平化改革，并按照横向结构一贯管理、主业纵向结构集中管理的思路，进行了二级单位、机关扁平化改革试点，人力资源一级管理等多项组织结构改革试点工作，组织扁平化的改造初见成效。

3.公司管理基础与人力资源管理体系

公司有完善的生产经营管理体系，有完备的管理工作标准和规章制度，如全面计划管理标准、质量管理标准、技术管理标准、项目承包实施条例、安全生产责任制、工程回访维修管理标准。

推行宽带薪酬需要企业内部建立健全的人力资源管理体系。华新公司在多年的发展过程中，已经摸索出一整套规章制度，建立了相对健全的管理体系。华新公司有一整套管理规章制度，有完善的行政管理组织条例，对人力资源管理、行政管理、财务、审计等相关工作进行了细致的规定。所以，从华新公司的管理基础和人力资源管理体系来看，它具有推行宽带薪酬的条件。

4.公司人员素质结构

推行宽带薪酬要求技术、创新、管理等智力因素对于企业的发展具有支撑作用，员工的创造性、主动性与企业绩效存在明显的正相关关系。由前文介绍的华新公司人力资源现状可知，公司员工中具有大专及以上学历的员工占总人数的77%，高、中、初级各类人员齐全，比例协调，是一家知识化程度非常高的企业。同时，华新公司拥有一批较高素质的管理技术人员，能为客户提供优质、高效的产品，具有非常大的影响力。以上这些情况都完全符合推行宽带薪酬所需要的智力因素和工作创造性、主动性的要求，因此在华新公司推行宽带薪酬是有理论基础的。

经过上述分析得出结论：华新公司具有实行宽带薪酬体系的基础。根据宽带薪酬的特点及适用范围，考虑薪酬设计的变迁成本，加上公司的高层实行的是年薪制，不适宜划入宽带薪酬的范畴，因此，此次薪酬设计主要针对公司中层和基层的管理、行政、技术和操作人员。

五、华新公司宽带薪酬设计

薪酬是衡量员工价值的最直接的指标，而员工的价值是通过其所从事的岗位的价值来体现的，所以薪酬结构设计的过程应该以工作分析和岗位设计为起点，通过工作分析，对各个岗位的价值大小和员工能力大小进行科学合理的评价，形成薪酬计算的基础，设计相应的对应关系，使得不同的岗位和工作都能得到公平合理的价值回报。由于华新公司已建立完善的人力资源管理体系，制定了详细的工作说明，并采用要素计点法对各职位进行了岗位评价，因此本案例基于宽带薪酬的设计将直接引用原有的工作成果。

1.薪酬等级设计

薪酬等级是根据岗位价值评估的结果和公司的薪酬政策，将各岗位的薪酬水平用不同的等级体现出来。薪酬等级设计需要解决两个方面的问题：一是层级数的确定，包括每个层级分几个梯级数；二是设计每个梯级的薪资幅度。这也是宽带薪酬区别于传统意义上的薪酬体制的地方。

2.薪酬带宽确定

对于不同的职位应该采取不同的薪酬等级和宽带幅度。这里根据华新公司的人力资源状况和岗位设置情况，将具有相似工作性质及任职素质要求的职位归为一类。因此，根据宽带薪酬理念以及具体工作的差异，将岗位依次划分为四个薪酬带宽（不包括高层管理类），分别为职能管理类、行政事务类、专业技术类及生产技工类，见表3-4。

表3-4　　　　　　　　　　　　　　　　宽带划分表

类别	划分标准	主要专业岗位
职能管理	负责企业经营管理的职能岗位	分公司经理、副经理，部门部长等（如生产管理、规划投资、人力资源等）
行政事务	负责行政、党务、工会等管理	党群、工会、团委、办公室等科员
专业技术	负责工程、项目的管理和技术开发	工程施工部工程师、项目技术负责人、工程施工部技术管理员等
生产技工	负责操作机械、现场施工	维修电工、机修工、钳工、动力工等

（1）薪酬等级划分

一般来说，层级的划分应与企业的组织结构相一致。在四个薪酬带宽的基础上，依据企业原来的组织结构，再配合当前组织结构扁平化的趋势，华新公司可将员工划分为三个层级，即核心层A、中间骨干层B和基层C。

参考薪酬管理相关文献，结合华新公司各岗位的评价分数分布在78分与902分之间的情况，确定华新公司的最低和最高岗位评估分数分别为50分和1 000分。因此，将华新公司原有的岗位评价结果代入上述分级中，并将其归入10个薪酬等级，分别用G1，G2，…，G10表示，见表3-5和表3-6。

表3-5　　　　　　　　　　　　　　　　薪酬层级表

职类		职能管理类	行政事务类	专业技术类	生产技工类
职层	职等				
核心层A	G10				
	G9				
	G8				
中间骨干层B	G7				
	G6				
	G5				
	G4				
基层C	G3				
	G2				
	G1				

表3-6　　　　　　　　　　　　公司部分代表性岗位分层表

职类 职层	职等	职能管理类	行政事务类	专业技术类	生产技工类
核心层A	G10	总经理	党委书记		
核心层A	G9			总工程师	
核心层A	G8	人力资源部部长			
中间骨干层B	G7	项目部经理			
中间骨干层B	G6			分公司主任工程师	
中间骨干层B	G5	劳务站站长、材料管理处处长	分公司生产技术科科长		
中间骨干层B	G4				作业队长
基层C	G3		行政管理员	项目材料员	
基层C	G2				服务司机
基层C	G1				技工

　　但是，有些员工岗位相同但能力存在差异，为实现内部公平性，应该使其处于不同的薪酬级别，从而可以激励优秀的员工，在保持其岗位不变的条件下，为其提供一个良好的薪酬晋升空间。因此，将每一个薪酬等级进一步划分为15级，分别用R1，R2，…，R15表示，制定"一岗十五薪"的薪酬等级制度，从而体现出宽带薪酬的基本原理。

　　为了充分体现岗位价值对企业的贡献，根据岗位评估的分值和层级的性质来看，层级越高的，岗位责任越大，能力要求越高，其相应的薪酬等级也就越大，可发展的空间也越宽广，参照华新公司原有的职位评价分数段，将最高等级（G10）的级差定为37，最低等级（G1）的级差定为2。同时，根据适度重叠原则，将较高岗位系列评估值中的中低级别与较低岗位系列评估值的中高级别重叠，使得没有晋升岗位级别的员工都有比较大的薪酬浮动空间。因此，将每一岗位系列的最小值与前一岗位系列的R5级设为相等。根据以上原则，确定了各岗位系列级差标准和起止分值，详见表3-7。

　　之所以将每一个薪酬等级又划分为15级，是由于同一职位上的两个人必然在知识构成、管理能力等方面存在差异，同一等级设置设定不同的薪酬水平，可以更加有效地激励员工，了解并弥补自身的不足，给其薪酬提供更加广阔的上升空间，充分发挥薪酬的激励作用。

表3-7　　　　　　　　　　　　　岗位评估层级表

岗位类别		基层 C			中间骨干层 B				核心层 A		
		G1	G2	G3	G4	G5	G6	G7	G8	G9	G10
岗位评估等级	R1	50	58	74	98	130	170	218	282	370	482
	R2	52	62	80	106	140	182	234	304	398	519
	R3	54	66	86	114	150	194	250	326	426	556
	R4	56	70	92	122	160	206	266	348	454	593
	R5	58	74	98	130	170	218	282	370	482	630
	R6	60	78	104	138	180	230	298	392	510	667
	R7	62	82	110	146	190	242	314	414	538	704
	R8	64	86	116	154	200	254	330	436	566	741
	R9	66	90	122	162	210	266	346	458	594	778
	R10	68	94	128	170	220	278	362	480	622	815
	R11	70	98	134	178	230	290	378	502	650	852
	R12	72	102	140	186	240	302	394	524	678	889
	R13	74	106	146	194	250	314	410	546	706	926
	R14	76	110	152	202	260	326	426	568	734	963
	R15	78	114	158	210	270	338	442	590	762	1 000
级差		2	4	6	8	10	12	16	22	28	37

（2）薪酬等级区间的设定

根据表3-8，设定G1R1的层级系数为1，用各层级评估分数除以G1R1的评估分数，计算得出各个层级的岗位评估系数。

表3-8　　　　　　　　　　　　　公司岗位薪酬区间表

岗位类别		基层 C			中间骨干层 B				核心层 A		
		G1	G2	G3	G4	G5	G6	G7	G8	G9	G10
岗位评估等级	R1	1k	1.16k	1.48k	1.96k	2.60k	3.40k	4.36k	5.64k	7.40k	9.64k
	R2	1.04k	1.24k	1.60k	2.12k	2.80k	3.64k	4.68k	6.08k	7.96k	10.38k
	R3	1.08k	1.32k	1.72k	2.28k	3.00k	3.88k	5.00k	6.52k	8.52k	11.12k
	R4	1.12k	1.40k	1.84k	2.44k	3.20k	4.12k	5.32k	6.96k	9.08k	11.86k
	R5	1.16k	1.48k	1.96k	2.60k	3.40k	4.36k	5.64k	7.40k	9.64k	12.60k
	R6	1.20k	1.56k	2.08k	2.76k	3.60k	4.60k	5.96k	7.84k	10.20k	13.34k
	R7	1.24k	1.64k	2.20k	2.92k	3.80k	4.84k	6.28k	8.28k	10.76k	14.08k
	R8	1.28k	1.72k	2.32k	3.08k	4.00k	5.08k	6.60k	8.72k	11.32k	14.82k
	R9	1.32k	1.80k	2.44k	3.24k	4.20k	5.32k	6.92k	9.16k	11.88k	15.56k
	R10	1.36k	1.88k	2.56k	3.40k	4.40k	5.56k	7.24k	9.60k	12.44k	16.30k
	R11	1.40k	1.96k	2.68k	3.56k	4.60k	5.80k	7.56k	10.04k	13.00k	17.04k
	R12	1.44k	2.04k	2.80k	3.72k	4.80k	6.04k	7.88k	10.48k	13.56k	17.78k
	R13	1.48k	2.12k	2.92k	3.88k	5.00k	6.28k	8.20k	10.92k	14.12k	18.52k
	R14	1.52k	2.20k	3.04 k	4.04k	5.20k	6.52k	8.52k	11.36k	14.68k	19.26k
	R15	1.56k	2.28k	3.16k	4.20k	5.40k	6.76k	8.84k	11.80k	15.24k	20.00k

通过表3-8可以看出，推行宽带薪酬制度以后，各个薪酬等级之间有了较大的差距，在多个薪酬区间中，薪酬等级的薪酬差距达到100%以上。k值由企业在年度总体薪酬策略的指引下，根据市场薪资水平、外部薪酬竞争性和内部薪酬的激励性来确定，因此不同层级的k值一般取不同的值。而且，在不同的年份，基于华新公司的年度薪酬预算，k值也可能是变化的。根据已经计算的薪酬总额除以公司各岗位系数之和可得出k值，即k=年度薪资标准总额/各岗位评估系数之和。同时，用求出的k值乘以各个岗位评估系数，就得出各岗位的薪酬总额，即薪酬总额=各岗位评估系数（即k值前的系数）×k值。

以上薪酬等级区间的设定，给每一个岗位系列的岗位薪酬都提供了宽松的空间，员工通过自身的不断努力，可以在本身的等级区间内获得上一岗位系列的薪酬标准。同时，如果员工在现有岗位上工作出色，但并不适合或者本人不愿意上升到管理岗位，那么完全可以通过科学的任职能力评估，设定其薪酬层级。这也正是宽带薪酬理论所提倡的提薪不提岗的原则。因此，员工只要努力工作，就不用担心由于不能够晋升至上一级管理岗，而得不到更高的薪酬待遇。员工只需在现有岗位上努力工作，积累经验，即可获得薪酬的提升。同一岗位系列具有很多的薪酬级别，能够让员工感到自己的薪酬有充裕的上升空间，有利于激励员工的工作积极性，充分发挥薪酬的激励作用。

3.任职能力评估与薪酬等级定位

宽带薪酬虽然具有很多的优点，但由于部门领导在决定员工工资时有更大的自由，因而人力成本有可能大幅度上升。为了有效地控制人力成本，克服宽带薪酬模式的缺点，在建立宽带薪酬体系的同时，就必须构建相应的任职资格体系，明确薪酬评级标准及办法，营造以绩效和能力为导向的企业文化氛围。建立任职资格体系是基于能力的人力资源管理的一项基础性工作，也是企业薪酬设计的一项基础性工作。

因此，在建立了宽带薪酬的框架之后，所要做的工作就是对员工的任职能力进行评价，并对其在宽带薪酬体系中予以定位。任职能力评估是指以任职者的知识结构与知识水平、技能水平、职业素养水平等作为任职能力的依据，将其与该岗位能力素质的具体要求进行对比，从而评估任职者的认知能力达到岗位能力素质要求的程度。在开展评估工作的过程中，为了保证评价指标客观、公平和公正，应该建立一个评价委员会进行考评，同时，在考评过程中，还应该根据薪酬职位分类，分别开展评估工作。在评估方法上，应选择以任职能力评估量化表打分的方式进行评估。

建立任职能力评估量化表，可以有效地对员工的能力进行客观评估，从而能够对宽带内的薪酬级别进行准确的定位，保证薪酬设计的内部公平性。本案例以职能管理类人员为例，建立任职能力评估量化表，详见表3-9。

表3-9 　　　　　　　　　　　职能管理类人员任职能力评估量化表

评价因素	评价内容及尺度					A	B	C	D
	项目	A	B	C	D				
工作成绩（40分）	工作质量（15分）	能提前完成工作且工作无差错，效果明显	按期完成工作，有个别问题，效果较明显	一般能完成工作，但完成效果不好，差错较多	不能完成工作，工作无效果，差错多	15分	11分	7分	3分
	工作效率（15分）	守时惜时，解决问题迅速、准确，业务处理得当	工作速度较快，解决问题较迅速、准确，业务处理较好	工作速度一般，能解决问题，业务处理一般，有时需催促	解决问题慢，工作拖拉，业务处理不当，经常需要催促	15分	11分	7分	3分
	工作协调和指导（10分）	能主动为各部门、各分公司生产经营中的问题提出指导意见，并协调各项工作	能为各部门、各分公司生产经营中的问题提出指导意见，能协调各项工作	对各部门、各分公司生产经营中的问题提出较少的指导意见，协调各项工作不力	不能为各部门、各分公司生产经营中的问题提出指导意见，不能协调各项工作	10分	7分	4分	1分
工作能力（30分）	专业能力（6分）	对本职工作具有丰富的经验，善于总结工作，专业技术水平高	对本职工作有经验，能总结工作，专业技术水平较高	本职工作经验不多，一般不总结工作，专业技术水平一般	对本职工作无经验，不总结工作，专业技术水平差	6分	4分	2分	1分
	组织能力（6分）	能承担并独立完成大型活动，归纳能力强，能全面负责活动策划，提交见解独特的活动报告	能承担并独立完成一般活动，有一定归纳能力，可以全面负责活动策划，提交活动报告较好	能承担并完成小型活动，并请教领导，归纳能力弱，策划不得当，活动报告一般	不能承担并独立完成各项活动，需上级、同事帮助才能完成，归纳和策划能力差，活动报告简单	6分	4分	2分	1分
	团队精神（6分）	具有很强的团队意识，能积极团结同事，工作协作性强	具有较强的团队意识，能够团结同事，工作协作性较强	有一定的团队意识，基本能团结同事，工作有协作性	无团队精神，不能团结同事，工作无协作性	6分	4分	2分	1分

评价因素	评价内容及尺度					A	B	C	D
	项目	A	B	C	D				
工作能力（30分）	发现、分析问题能力（6分）	能运用已有知识结合实际情况及时发现生产经营中的问题，正确解决问题并提出建议	能运用自身知识通过分析发现生产经营中的问题，能较好解决工作中问题	能运用自身知识分析并找出个别问题，解决问题的方法较得当	运用自身知识分析不出生产经营中的问题，不能解决问题	6分	4分	2分	1分
	创新能力（6分）	有新办法、新思路，给工作带来新面貌	对工作有一定见解，工作有所改变	尚能出主意、想办法，工作面貌一般	工作比较守旧，无创新	6分	4分	2分	1分
工作态度（30分）	纪律性（10分）	自觉遵守公司各项规章制度，无迟到、早退、旷工现象	能遵守公司各项规章制度，偶尔有迟到、早退、旷工现象	尚能遵守公司各项规章制度，出现多次迟到、早退、旷工现象	不能遵守公司各项制度，经常有迟到、早退、旷工现象，时间观念差	10分	7分	4分	1分
	责任心（10分）	尽心尽责、任劳任怨，勇于主动承担工作责任	工作尽责，能承担工作责任	工作较尽责，可以承担一定的工作责任	对工作不负责，经常推卸责任	10分	7分	4分	1分
	积极性（10分）	不讲条件，工作积极主动，热情高	能积极做好各项工作，工作热情高	能做好各项工作，但工作热情一般	讲条件，对工作不主动，必须让领导催，工作热情低	10分	7分	4分	1分

最后，根据任职能力评估得分情况，判断其薪酬等级区间，从而决定是否提高或降低其薪酬等级。

根据任职能力评估情况，如果员工的得分小于50分，则说明该员工的任职能力达不到所在岗位的要求，应当降低他的薪酬等级；如果员工的得分大于85分，则说明该员工的任职能力达到甚至超过了所在岗位的要求，可以考虑增加他的薪酬级别。我们将50至85分划分为7个区间，分别对应相应等级，见表3-10。

表3-10　　　　　　　　　　　　薪酬等级定位表

R1~R2	R3~R4	R5~R6	R7~R8	R9~R10	R11~R12	R13~R14	R15至晋升
50~55分	56~60分	61~65分	66~70分	71~75分	76~80分	81~85分	85分以上

在对员工的任职能力进行评估时，还应考虑到任职能力评估中可能存在的误差，因此还应参考员工在工作中的实际情况对评估分数做一定程度的微调。

六、总结评价

过去华新公司虽然每年都进行绩效考评，但是只把考评结果作为教育培训、调动调配、晋升职位的依据，没有与员工薪酬挂钩。而实行宽带薪酬后，等级与等级之间的差距拉开，效绩考评结果的运用力度加大，同时在薪酬构成中，绩效薪酬也占有较大比例。如何重新建立一个与薪酬体系挂钩的绩效考核制度是实行宽带薪酬的一个难点。确定员工的薪酬标准需要对员工进行比较全面的任职资格评价。而对人员的评价历来就是一个难题，受到各种因素的影响，评价过程中有较大的主观性，很可能使员工产生不公平感，从而挫伤员工的工作积极性。

由于一些原因，本案例在薪酬设计阶段缺少相关的薪酬调查，行业薪酬调查数据较难获得，因此未就建筑行业市场薪酬情况与本企业情况加以详细对比，这是最大的不足。若要实施此方案，建议华新公司聘请专业的咨询调查公司出具详细的薪酬调查报告，以保证宽带薪酬与市场的接轨。

虽然本次薪酬设计依据华新公司原有的岗位评价分数对所有岗位进行了分级，但还不够细化，尤其是同岗位之间没有因员工技能水平不同而体现出个体等级的差异；此外，由于对员工的技能/能力水平难以定量化，此次等级的划分及标准的设计较粗放，还有待进一步细化与补充。

案例四　龙腾建筑工程有限责任公司激励性薪酬体系构建

一、企业背景

　　龙腾建筑工程有限责任公司（以下简称龙腾建工）辖属6个子公司、5个控股公司、3个参股公司，共有员工21 830人，现已发展成为集建筑、科研、设计、工程施工、设备安装、建材生产、房地产开发、工程咨询、设备租赁等多元业务于一体的企业集团。龙腾建工以每承接一项工程，就树一方丰碑，以最好的质量和最大的社会效益为经营理念，主持完成了多项国家、地方重点建设工程项目，获得多项优质工程的殊荣，享有很好的社会信誉，是当地的主要施工力量。龙腾建工的业务覆盖全国15个省35个市，并已走出国门。公司把每一项工程都视为进入市场的通行证，在工程建设上力争出优秀工程、精品工程，树立良好的企业质量信誉。在此基础上，公司努力吸引优秀人才，扩大经营规模，不断增强企业的竞争实力和在建筑市场上的份额。该公司目前有人员619人，其中，离退休人员353人，在册职工266人。在册职工中，机关63人，项目部201人。公司目前有包括生产单位和社区在内的13个所属单位。

　　公司总部分为机关和项目部两个部分。由于这两个部分的工作环境、工作内容、人员自身特点存在很大差异，因此公司针对这两个部分实行了两套不同的薪酬方案。机关方面由于工作环境好、工作强度小，人员知识程度较高，且不直接创造利润，因此如何将个人绩效与薪酬挂钩是提高薪酬激励性所面临的一大难题，并且机关员工较重视企业福利，应当努力发挥福利的激励作用。项目部方面由于工作环境差、工作强度大，人员知识程度较低，且直接创造利润，因此项目部员工的货币性薪酬高于机关员工，但项目部员工对福利的要求不高，且由于项目部的工作需要团队合作，因此需要协调好项目部员工、团队、企业三方的利益，以达到薪酬的激励目的。下面就这两种不同的薪酬激励现状分别进行介绍。

二、龙腾建工薪酬激励现状

　　龙腾建工的员工薪酬制度是为调动员工工作的主动性和积极性，使员工的收入与个人劳动成果、公司经济效益结合起来，体现薪酬分配向一线倾斜、奖勤罚懒的分配原则，使公司更好地适应当前的竞争环境而制定的。

龙腾建工的薪酬制度以薪酬为杠杆，激励员工为公司创造更高的价值，并遵循按劳分配，奖勤罚懒，效率优先、兼顾公平三个基本原则。根据激励、高效的原则，公司在薪酬分配中将员工的收入与其为公司创造的效益及工作业绩挂钩，实行绩效考核。根据简单实用的原则，公司建立了平等竞争、能者上庸者下的用人制度，倡导实行岗位工资制。

1.货币性薪酬激励现状

（1）机关货币性薪酬激励现状

龙腾建工2017年公司机关工作人员工资标准见表4-1。

表4-1　　　　　　　2017年公司机关工作人员工资标准表　　　　单位：元

岗位名称		工资		
		基础工资	风险工资	合计
总经理、党委书记		8 000	3 500	11 500
副总经理、总经济师、总会计师、纪委书记、总工程师		6 825	2 875	9 700
副总工程师、副总经济师、总经理助理		6 075	2 025	8 100
部门正职		4 850	1 050	5 900
部门副职		4 025	975	5 000
科员	一类科员	3 000	825	3 825
	二类科员	2 500	750	3 250
	三类科员	2 425	675	3 100
服务人员	司机	2 500		2 500
	警卫	2 000		2 000

注：此表来源于龙腾建工薪酬管理制度附表。

科员的划分是由其所具备的任职条件和工作能力决定的。其中，一类科员为具有高级或中级专业技术资格，被聘用在重要岗位，业绩突出者，或任二类科员5年以上，表现突出者；二类科员为具有助理级专业技术资格，被聘用在相关岗位，能够较好地完成本职工作者，或任三类科员5年以上，表现突出者；三类科员为具有初级专业技术资格或无职称，被聘用在一般性岗位，能够完成本职工作者。龙腾建工每年年底对科员类别进行重新评定，以决定其下一年度的级别和薪酬等级。

龙腾建工机关人员实行标准工作时间。基础薪酬按月发放，浮动薪酬每月不予以发放，而是作为预留部分，具体的发放标准由当年年底所有项目部的总盈亏情况

决定。若总经营结果为亏损，则机关全员当年的浮动薪酬不予发放。若总经营结果
为盈利，则于年底一次性补发机关全员当年的浮动薪酬。

通过表4-1我们可以看出，龙腾建工试图以风险工资的形式来达到激励机关员
工的效果，但并未意识到机关员工的薪酬与企业总盈利情况有关，而与个人的绩效
水平并没有直接联系，从而导致薪酬激励效果不明显。

（2）项目部货币性薪酬激励现状

由于环境原因和建筑行业的特殊性，龙腾建工项目部货币性薪酬分为停工期薪
酬和施工期薪酬两类。停工期一般为无项目时或因自然原因无法施工时，如北方冬
季无法施工。停工期间的薪酬为固定薪酬，此时的薪酬只起基本生活保障作用，没
有激励作用，因此本案例中不予以分析。停工期具体薪酬标准如下：项目经理、项
目书记为1 200元/月，主任工程师为1 100元/月，项目副经理、项目副书记为1 000
元/月，作业队长、工程技术人员为800元/月等。施工期薪酬为项目正在施工且人
员到位时的薪酬，见表4-2。

表4-2　　　　　　　　　2017年龙腾建工项目部施工期工资标准表　　　　　　单位：元

职务		一类项目		二类项目		三类项目		四类项目	
		基础工资	风险工资	基础工资	风险工资	基础工资	风险工资	基础工资	风险工资
项目经理、书记		5 440	2 860	5 200	2 800	4 960	2 740	4 640	2 660
主任工程师		4 800	2 700	4 600	2 650	4 480	2 620	4 400	2 600
项目副经理、副书记		4 480	2 520	4 360	2 500	4 240	2 400	4 160	2 300
作业队长		4 000	2 000	3 970	1 800	3 892	1 700	3 814	1 600
工程技术人员	一类	3 740	1 560	3 660	1 540	3 500	1 450	3 450	1 400
	二类	3 400	1 320	3 300	1 300	3 220	1 280	3 040	1 260
	三类	3 020	1 180	2 900	1 150	2 860	1 100	2 680	1 000
	四类	2 600	940	2 500	900	2 400	800	2 320	750
其　他		固定工资							

注：此表来源于龙腾建工薪酬管理制度附表。

表4-2中，一类项目为当年完成的投资额在2 500万元以上的项目，二类项目
为当年完成的投资额为1 501万～2 500万元的项目，三类项目为当年完成的投资额
为800万～1 500万元的项目，四类项目为当年完成的投资额为800万元以下的
项目。

项目部风险薪酬的发放标准为：全年完成计划指标的95%以上，发放100%的
浮动薪酬；全年完成计划指标的90%～95%，发放80%的浮动薪酬；全年完成计划

指标的 80%～89%，发放 60% 的浮动薪酬；全年完成计划指标的 80% 以下，发放 40% 的浮动薪酬；项目没有盈利，不予发放浮动薪酬。

通过表 4-2 我们可以看出，龙腾建工同样试图以项目类别和风险工资的形式来达到激励项目部员工的效果，但未协调好企业整体、项目部之间和项目部内部的薪酬激励的关系，因此也没有充分发挥出薪酬的激励效果。

2.福利激励现状

由于龙腾建工的机关和项目部的福利构成，除野外驻勤津贴外，其他均一致，因此不予分开介绍。龙腾建工的福利分为以下两个部分：

（1）法定福利

政府规定企业必须提供的福利项目，包括养老保险、失业保险、医疗保险、工伤保险、生育保险、住房公积金等。

（2）企业自主福利

野外驻勤津贴（项目部特有，每人每月 900 元）；职称补贴；年功性补贴，即工龄补贴、交通补贴、午餐补贴。

龙腾建工福利的激励效果主要来源于企业自主福利部分。由于公司机关人员构成与项目部有很大区别且没有野外驻勤津贴，因此，福利对机关人员的激励作用未体现出来。

三、龙腾建工薪酬激励存在的问题分析

由龙腾建工薪酬激励现状可知，其薪酬激励存在不合理之处。下面就龙腾建工薪酬激励方面存在的问题，从机关和项目部两个方面分别进行分析。

1.机关方面

（1）浮动薪酬与绩效联系不紧密，激励性不强

龙腾建工机关全体员工的浮动薪酬是由所有项目部全年总的盈亏情况决定的，而机关员工的工作主要是组织、协调，制定标准、进行汇总，而不直接创造利润。这样的绩效考核标准不能将每个人的浮动薪酬水平与个人绩效水平挂钩，达不到激励员工的目的。首先，选择在龙腾建工这类国有企业的机关部就职的人员一般为风险规避者，风险薪酬的比例过大会使员工产生焦虑感，导致员工不能安心工作，工作效率降低，容易出错，从而可能影响到整个公司的利润。利润的下降又使员浮动薪酬降低，员工对浮动薪酬又会产生抵制心理，从而形成恶性循环。这样浮动薪酬不但起不到激励作用，反而会挫伤员工的积极性。其次，由于龙腾建工为国有企业，仍受过去计划经济思维的影响，平均主义和"大锅饭"的问题在薪酬方面仍有所体现，虽然看似将公司整体业绩与员工薪酬联系起来了，但实际上个人的绩效并不一定与公司整体业绩一致，员工所获得的浮动薪酬也不与个人绩效成正比。最后，滥竽充数的现象仍然存在，并且绩效高的员工也没有获得比绩效低的员工更多的回报，浮动薪酬对员工没有起到激励作用。低绩效员工为不劳而获而暗暗高兴，

高绩效员工为没有获得相应报酬而选择另谋高就，即使留下来也会降低工作努力程度，最终导致优秀员工难以留住，能力较差的员工又不愿离开。浮动薪酬的激励作用无从谈起。

（2）福利低，缺乏灵活性、针对性，激励性不强

为了解龙腾建工机关员工对公司福利的满意度，编者对龙腾建工机关员工进行了福利满意度调查（龙腾建工机关员工福利满意度调查问卷见本案例的附录）。此次调查面向机关全体员工，运用访谈法，调查了40人，占机关总人数的64%。其中，高层管理人员6人，经理办5人，财务部2人，党群部3人，市场部2人，人力资源部3人，经营稽查部4人，纪检审计部2人，结算中心2人，工程部2人，安全部1人，物资设备部3人，社区管理站5人。

调查发现，龙腾建工机关员工对福利的满意度不高。其中，很不满意的占11%，不满意的占43%，一般的占28%，满意的占12%，很满意的占6%，如图4-1所示。

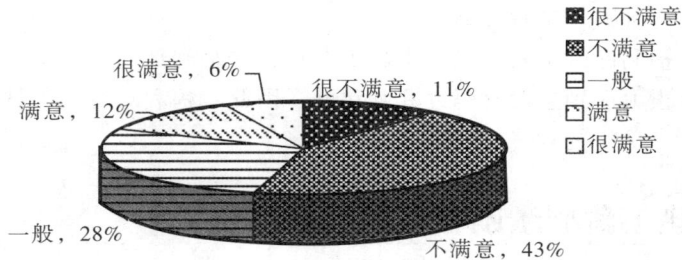

图4-1　公司机关福利满意度调查结果图

注：此图来源于对龙腾建工机关员工访谈的调查结果。

由图4-1可知，龙腾建工在机关员工的福利方面的投入没有得到预期的回报，福利没有起到激励员工的作用。例如：每年的妇女节公司都会给机关的女员工发放福利，近几年发放的洗涤用品和化妆品不但没有使机关员工满意，反而引发了不少抱怨，因为多数机关员工认为这些用品价格不菲但不合意，犹如鸡肋。还有不少机关员工希望将自己所领取的物品换成价值相等的自己喜欢的品牌。类似以上的问题在该公司的机关时有发生。

2.项目部方面——薪酬分配不合理，激励性不强

龙腾建工项目部的薪酬分配制度不合理，对项目部人员的激励性差。尽管龙腾建工存在一些工程师级别的划分，也看似重视团队的绩效，将个人薪酬与团队业绩挂钩，项目部人员的薪酬和整个项目业绩的联系较密切，但与个人努力的结果没有直接关系。龙腾建工项目部在发放薪酬时没有协调好个人与团体的关系，弱化了个人行为，平庸者搭便车的现象比较严重。奖励团体时，容易产生"绝对平均主义"，惩罚团队时又会出现"集体背黑锅"现象，难以责任到人。在这种情况下多数员工的选择就是少做、慢做，人要多，事要少。这就使得龙腾建工出现了项目总是延期做不完、项目人员不愿加班等问题，即使增加人员，减少工作量，项目进度

仍不见改善。龙腾建工应当在团队总的业绩的基础上根据个人的贡献大小对薪酬进行分配，做到既激励个人潜能，又保证团队绩效最大化。

四、龙腾建工激励薪酬体系重建

（一）机关方面

1.重新设计浮动薪酬

如果龙腾建工希望机关的货币性薪酬能够起到激励员工的作用，那么机关应当建立一个与个人绩效紧密联系的浮动薪酬标准。重新设计的浮动薪酬应当达到以下两点要求：一方面，能够给为公司创造高绩效的员工提供高薪酬激励；另一方面，给予绩效低的员工适当的警示。

根据公司自身所具有的特点，建议其根据以下步骤改进公司机关人员的浮动薪酬：

（1）根据市场水平确定每一等级货币性薪酬的中间值。通过访谈得知，龙腾建工机关的薪酬水平在市场上为中等偏上，因此我们将龙腾建工机关的薪酬水平定为市场总薪酬水平的第65个百分位的位置，则其每一等级货币性薪酬的中间值如表4-3所示。此数据来源于对市场薪酬水平调查资料与当地劳动和社会保障部分发布的部分行业工种（岗位）劳动力市场工资指导价位表进行综合分析的结果。

表4-3　　　　　　龙腾建工机关每一等级货币性薪酬的中间值表　　　　　　单位：元

岗位		中间值
总经理、党委书记		9 000
副总经理、总经济师、总会计师、纪委书记、总工程师		7 800
副总工程师、副总经济师、总经理助理、工会副主席		7 000
部门正职		6 000
部门副职		5 000
科员		3 700
服务人员	司机	2 800
	警卫	2 100

（2）每一等级浮动薪酬以中值为基础上下浮动30%，作为这一等级浮动薪酬的浮动范围。这样每一等级的浮动薪酬便有了三个档次类别。

（3）每年年底对机关全体员工进行360度考核。以工作业绩、工作能力、工作态度作为三大绩效考核指标，制作绩效考核表，由被考核者自己及其上级、下属、同事分别根据考核指标对被考核者进行考核。这一考核方式能从上级、下属、同事、自我这几个不同的角度对被考核者进行分析，增加了考核的客观程度，并且考核维度全面，比使用单一的考核主体、标准所得出的结果更加可信、公正和易于接受，适用于对机关全员的考核。刚开始考核时较为费时、费力，但大家操作熟练后会觉得越来越方便。最重要的是，这一考核方式可以从更全面的角度将个人绩效与其浮动薪酬挂钩，使浮动薪酬真正起到激励机关员工的作用。

（4）将机关员工的考评结果分为三个等级，按强制分布法保证第一等级的员工占机关全员的10%，第二等级的员工占机关全员的80%，第三等级的员工占机关全员的10%。将三个等级的员工分别对应到每个岗位的三个档次类别的浮动薪酬中。

通过以上步骤便能很好地将龙腾建工机关员工的浮动薪酬与个人绩效挂钩，从而充分调动机关员工的积极性，起到很好的激励作用。其中，机关中的试用人员和实习人员薪酬固定，他们的绩效考核结果不反映在薪酬水平上，而是直接决定其是否被聘用。最后，得到龙腾建工的机关人员货币性薪酬标准，见表4-4。

表4-4　　　　　　　　　　龙腾建工机关人员货币性薪酬标准表　　　　　　　　　单位：元

岗位名称		货币性薪酬			合计
		基础薪酬	绩效薪酬		
			档次类别	薪酬标准	
总经理、党委书记		9 000	一档	3 900	12 900
			二档	3 000	12 000
			三档	2 175	11 175
副总经理、总经济师、总会计师、纪委书记、总工程师		7 800	一档	3 250	11 050
			二档	2 500	10 300
			三档	1 750	9 550
副总工程师、副总经济师、总经理助理、工会副主席		7 000	一档	2 860	9 860
			二档	2 200	9 200
			三档	1 540	8 540
部门正职		6 000	一档	2 600	8 600
			二档	2 000	8 000
			三档	1 400	7 400
部门副职		5 000	一档	2 340	7 340
			二档	1 800	6 800
			三档	1 260	6 260
科员		3 700	一档	2 080	5 780
			二档	1 600	5 300
			三档	1 120	4 820
服务人员	司机	2 800	一档	1 820	4 820
			二档	1 400	4 200
			三档	980	3 780
	警卫	2 100	一档	1 430	3 530
			二档	1 100	3 200
			三档	770	2 870

注：表中基础薪酬占货币性薪酬的70%，绩效薪酬占货币性薪酬的30%。

2.增加福利投入，加强福利的灵活性，实施弹性福利计划

福利是薪酬体系的重要组成部分。福利虽然没有货币性薪酬那样明显而直接的激励作用，但具有长期性，在长期激励方面有着不可替代的作用。随着经济的发展、竞争的加剧，企业设计良好的福利待遇，比高薪更能长期、有效地激励员工。这是因为高薪只是短期内人才资源市场供求关系的体现，而福利则反映了企业对员工的长期承诺。正是由于福利的这一独特作用，许多追求长期发展的员工更认同福利待遇而非高薪。而在机关工作的员工多具有较高的学历和较长期的规划，更加重视长期的发展，而非眼前利益，他们对福利的要求和期望远远高于项目部的员工，因此有必要就龙腾建工机关福利方面存在的问题做以下调整，以体现福利的激励作用：①增加福利方面的投入，令机关员工满意的福利在提高员工工作积极性、长期激励方面有很多直接增加货币性薪酬难以达到的激励效果。另外，提高福利在薪酬中的比例还可以为公司带来税收优惠和规模经济效应，提高公司成本支出的有效性。②增加福利制度的灵活性。福利应当是可变成本的一部分，必须避免使福利成为应该的、固定的收入。若要达到激励的效果，机关福利的发放方式应当是小额的、不定期的。减少常规定期的奖励，增加不定期的奖励，让员工有更多意外的惊喜，也能增强激励效果。同时，注意适当缩短常规奖励的时间间隔以保持激励的及时性，这样做有助于取得最佳激励效果。频繁的小规模的奖励会比大规模的奖励更为有效。同时，可变性强的、小额的福利不会给龙腾建工带来投入资本的累积，从而减轻公司的负担。

3.项目部方面——实施团队奖励计划

龙腾建工项目部的工作需要员工的个人努力和团队合作，同时项目部之间的合理竞争对于工作任务的完成、效率的提高十分重要。员工的薪酬不仅与员工本人的能力水平、努力程度有关，也与项目部的合作、集体配合有关。因此，在评价员工绩效的时候，要考虑项目部和整个公司的业绩。在强调个人激励的同时，应发挥集体激励作用，改善薪酬分配机制。

龙腾建工应构建一种机制，在这种机制下，公司、项目部、个人三方共赢，并达到以下目的：第一，员工层能竭尽全力为公司创造效益；第二，项目部员工能自发形成合力，而不是孤军奋战，进而加快项目实施进度；第三，各项目部间形成良性的竞争氛围。具体对策如下：除浮动薪酬外设立奖金制度，奖金根据项目部总盈利情况和内部考评结果进行分配，促使项目部形成良好的团队协作氛围，个人的利益与团队利益紧密相关，同时又在各项目部内部的利益分配中反映出个人绩效与对团队的贡献大小。

具体奖金发放方式：

（1）每年年底以所有项目部完成的利润总额为基数提取一定百分比的金额作为所有项目部的奖金总额。

（2）将奖金总额以等差数列的方式分为N份（N等于项目部的个数），差额由所需激励强度决定，强度大则差额大，强度小则差额小。

（3）按照业绩水平对各个项目部进行排序，对应领取其应得奖金。

（4）各项目部内部再将奖金分为多个档次并对项目部全体员工进行绩效考核，将人员按考核结果分档，每一档次人员领取对应档次金额的奖金。

通过以上方式可以将员工个人绩效、项目部业绩与公司整体利益结合起来，既可以激励员工个人，又不会造成员工间、团队间的恶性竞争，从而使龙腾建工项目部达到最佳薪酬激励效果。

五、总结评价

薪酬激励是最为直接、有效的激励方法。它关系到员工积极性和创造性的发挥，关系到员工是否努力完成组织的任务，关系到组织目标的实现。因此，管理者必须认识到薪酬对激励员工的重要性，同时也要认识到薪酬激励并不是对薪酬的直接关注，而是关注如何正确使薪酬发挥激励作用。即使薪酬总额相同，但由于其结构、支付方式不同，所取得的激励效果也存在很大的差异。所以，如何通过薪酬这一激励手段来实现薪酬效能的最大化，是企业在发展中应关注的问题。

本案例从龙腾建工存在的问题入手，运用薪酬设计方面的专业知识对问题进行了分析，并结合公司的现状和未来的发展目标提出了一系列对策，希望对龙腾建工完善薪酬制度起到一定的作用；同时，也希望这些方法对于其他同类企业也能够起到一定的借鉴作用。

附录

员工福利满意度调查问卷

您好！

为了更好地了解公司机关员工对福利的满意度，找出公司机关在福利方面存在的问题及员工对福利的期望，从而提出解决的对策，下面有几个问题希望您能够结合自身情况予以回答。

调查会耽误您一些时间，请您谅解，谢谢您的支持！

1.您所在的部门：_____

2.您对机关现行的福利是否满意？

A.很满意　　　　　　　B.满意　　　　　　　C.一般

D.不满意　　　　　　　E.很不满意

3.您认为机关的福利对您是否起到了激励的作用？

A.是　　　　　　　　　B.否

4.您认为机关的福利水平如何？

A.高　　　　　　　　　B.一般　　　　　　　C.低

5.您认为机关发放的福利与您的需求是否相符？

A.基本相符　　　B.大部分相符　　　C.少部分相符　　　D.基本不相符

6.您所希望的福利有哪些？

_____

_____

_____

7.您对机关福利提出的建议：

_____

_____

案例五　转型期新华印刷厂薪酬方案设计

一、企业背景

新华印刷厂是国家事业单位转企改制企业，是一家自主经营、自负盈亏的生产经营性企业。企业收入的40%来源于承印的报纸印刷费，剩余60%通过生产其他印刷品获得。企业设有厂长办公室、财务室、业务科等行政业务机构，另有制版房、微机室、印报车间、印刷车间、装订车间、库房等部门。

目前，由于当地市场竞争日趋激烈，加之该企业的生产成本高等原因，企业面临的困难日益增多，经济效益不断下滑。该印刷厂现有在职职工55人，由于企业目前所处地区经济落后，加之企业对人才不重视，当前企业的大专及本科学历员工只占全部员工的18.2%，其余基本为初、高中文化水平，具体情况如表5-1所示。企业员工年龄普遍较大，35岁及以上员工占企业总人数的78%以上。

表5-1　　　　　　　　　　　人员类别构成

部门 ＼ 学历	本科	大专	高中	中专	初中	比例
厂长办公室	3	3				10.9%
财务室	1	1				3.6%
业务科		1	1	2	2	10.9%
制版房		1	3			7.3%
印报车间			2	2	1	9.1%
印刷车间			2	4	4	18.2%
装订车间			2	4	7	23.6%
库房			1	1	2	7.3%
其他			3	2		9.1%
比例	7.3%	10.9%	25.4%	27.3%	29.1%	100%

企业人力资源现状：首先，员工的文化水平较低，因此，在设计企业薪酬制度时，必须采用相对简单、明确的薪酬方案，使员工的薪酬结构一目了然。其次，企业员工的平均年龄较大，大部分员工工作安于现状，容易满足当前的薪酬水平，所以在设计薪酬制度时，应该提高激励薪酬部分，进而提高员工的工作积极性和绩效水平。

二、新华印刷厂薪酬管理现状及问题剖析

该印刷厂是一家由事业单位改制而成的企业。企业改制后，延续了传统的事业单位薪酬管理体系。为了方便制定薪酬制度，新华印刷厂将员工总体上分为三类。

第一类是市场销售类。这部分员工实行的是销售提成薪酬，以其档案工资的60%作为基本薪酬，其余按照销售人员的月销售额乘以一定的提成系数作为提成薪酬发放。

第二类为生产作业类。这部分员工以档案工资的50%作为基本薪酬，其余部分实行计件工资制。

第三类就是管理行政类（包含企业的技术专业人员）。这部分员工完全沿用了过去的事业单位薪酬制度，实行职务等级工资制，具体见表5-2。

表5-2　　　　　　　　　　　新华印刷厂职工薪酬结构

类别	薪酬结构
市场销售类	基本薪酬+提成+法定福利
生产作业类	基本薪酬+计件工资+法定福利
管理行政类	职务等级工资+岗位工资+法定福利

从表5-2中可以看出，员工的现行薪酬结构中，没有加班工资及奖金，福利主要为国家规定的五险一金。

（一）新华印刷厂薪酬管理问题剖析

1.管理行政类人员工资与企业经营效益脱节

对一家生产型企业来说，员工的薪酬应该与企业的经营效益紧密相连。当前，新华印刷厂对管理行政类人员实行的薪酬制度仍然是传统的事业单位薪酬制度，并没有随着企业制度的变化而发生改变，也没有与当地的市场薪酬水平相适应。

这部分人员的薪酬水平基本固定，当企业的经营效益下降时，较高的薪酬总额在一定程度上增加了企业的总成本，影响企业的生产经营活动。同时，由于企业生产经营状况与管理人员的薪酬没有直接挂钩，造成企业管理者在管理过程中不负责，不重视企业经营状况的好坏，因而不利于企业提高经济效益。

2.薪酬管理缺乏弹性，缺乏激励性

薪酬的激励机制是否生效取决于努力、绩效和报酬之间的联系。其中，绩效与报酬之间有足够大的联系强度是薪酬发挥激励效能的必要条件，但在新华印刷厂的薪酬制度中没有绩效薪酬或奖金的体现。

新华印刷厂的薪酬体系没有和个人的业绩挂钩，缺乏对员工的考核，在实际操作中，没有完整的考核制度，考核工作仅局限于出勤管理，员工工作完成得好坏与获得的薪酬水平之间没有关联；同时，企业没有奖金制度，员工有突出表现或对企业生产做出贡献时，企业不会给予员工任何奖励，使薪酬的激励机制失去作用，从而造成企业员工在日常工作中缺乏动力和工作压力，因循守旧，生产工艺、技术水平低下。例如，新华印刷厂在近两年花高价购置的印刷设备由于技术操作人员缺乏学习进取的动力，没有掌握操作要领，到目前只能发挥基本功能，完全没有发挥出应有的作用，造成新工艺、新技术难以推广应用。

3.生产作业类人员薪酬设计不合理，存在缺陷

企业在设计生产作业人员计件工资时，为了强调平均主义，采取了以下计算方式：

$$员工个人总产值 = \sum_{i=1}^{n}(个人实际完成数量 \times 该产品装订车间单位产值);$$

$$提成比例 = \frac{(\sum_{i=1}^{n} 车间员工档案工资) \div 车间总人数 \times 50\%}{上年度车间平均月总产量}$$

计件工资=员工个人总产值×提成比例

以装订车间员工为例，共有员工甲、乙、丙三人，其月档案工资分别为 1 000元、1 200元和 1 400元。假设上年度装订车间平均月总产量为 1 500元，则今年装订车间的提成比例为：

$$提成比例 = \frac{(1\,000 + 1\,200 + 1\,400) \div 3 \times 50\%}{1\,500} \times 100\% = 40\%$$

该月三人分别制作档案袋100、200、300个，每个档案袋的单位产值为0.2元，则三人在做档案袋上的提成工资为：

员工 A 计件工资=100×0.2×40%=8（元）

员工 B 计件工资=200×0.2×40%=16（元）

员工 C 计件工资=300×0.2×40%=24（元）

在上例中，每个档案袋的单位产值只是该企业管理者的一个估计值，是管理者自己评估生产一个档案袋在装订车间所占用的成本得到的，包含人工成本费用以及在装订车间所花费的材料成本，这其中并没有严格地计算实际人工成本。换言之，在装订车间员工生产产品的计件单价就等于各种产品单位产值乘以固定的提成比例。

从中可以看出，新华印刷厂在设计生产员工计件工资时非常草率，并没有以产品生产过程中的实际生产单价计算员工计件工资，只是采用一个估计值，没有进行科学合理的成本核算。同时，它又以所有员工的平均档案工资为依据，是一种"大锅饭"的薪酬策略。编者通过在企业实地调研、与企业部分员工交谈得知,之所以采用这种计算方式,只是为了使生产员工月平均计件工资大致与车间所有员工的平均档案工资的 50% 相匹配。这样实际就造成生产一线的员工在生产过程中积极性下降,生产效率降低。

（二）薪酬管理存在问题的原因分析

1.企业改制后继续沿用事业单位薪酬体系

该企业原为事业单位,在改制为企业的过程中,由于一些原因,改制不彻底,加之缺乏管理人才,企业整体的薪酬体系并未发生根本性的改变,企业改制后依然沿用事业单位的薪酬体系,造成企业管理行政人员的薪酬与企业经营效益脱节,薪酬结构缺乏弹性,从而不能适应市场经济的发展,也不利于员工理念的革新。

2.企业管理者缺乏薪酬管理知识和理性的薪酬战略思考

当前,该印刷厂的管理者是由以前的生产员工通过竞聘晋升上来的,他们缺乏专业性的学习和培训,本身不具备专业的管理技能。管理者在生产经营过程中定计划、做决策,主要依靠自己以往在基层工作积累的经验,缺乏现代管理理论的支撑。所以,企业的薪酬设计更多的是依靠管理者的主观意念,缺乏科学的薪酬设计理论的支撑。

与此同时,企业管理者在设计薪酬时更多考虑的是公平性和稳定性,对企业的发展战略思考不多,缺乏对薪酬设计的正确认识,更谈不上思考以人力资源战略去支撑企业发展战略,因而不可能很好地将企业薪酬体系与企业发展目标有机结合起来,使企业薪酬体系或薪酬制度成为促进企业生产经营发展的重要杠杆。新华印刷厂制定的战略目标是最大限度地占有本地市场,以规模生产获取经济效益。而要实现这个目标,就要提高员工的工作积极性,提高生产质量,缩短生产周期,尽可能地获得潜在的顾客群。然而,当前新华印刷厂的薪酬体系很难激发员工的工作积极性,薪酬体系没有与企业发展目标结合。

三、新华印刷厂薪酬方案设计

（一）薪酬分类

在本次设计中,对新华印刷厂现有岗位进行重新梳理、分类。在分类时,引入岗位族理念,并遵循以下原则:第一,岗位族可以跨越部门,一方面方便管理,另一方面可以减少工作流程,减轻工作负担;第二,通过岗位族,建立对应外部市场、细分、差异化的薪酬结构;第三,与印刷厂现有的岗位序列相结合。

新华印刷厂规模较小,岗位设置相对简单,在遵循岗位族相关原则的基础上,从其发展战略出发,同时参考企业现有岗位对企业业务流程的支持,将其所有岗位划分为四个岗位族,详见表 5-3。

表5-3 新华印刷厂岗位族划分

岗位族类别	定义	包含典型岗位
职能管理族	全面领导所负责领域的工作，并对其当前有效运转及长期可持续发展负完全责任	厂长、副厂长
专业支持族	运用专业知识与技能为企业主要决策及主要业务功能提供服务与支持，促使企业日常运作更加顺畅	会计、制版、校对
市场销售族	利用专业知识与技能把握客户需求，建立客户关系，拓展产品市场并完成企业销售指标	销售员
生产操作族	利用自身操作技能，高质量和高效率地完成企业下派的各种生产任务	车间生产工

（二）薪酬结构设计

薪酬结构是对企业内部的不同岗位或者技能水平所得到的薪酬进行的各种安排，是依据企业的经营战略、经济能力、人力资源配置战略和市场薪酬水平等为企业内价值不同的岗位制定不同的薪酬水平和薪酬要素的办法。

在本案例中，考虑到新华印刷厂的规模有限，岗位数量较少，因此在薪酬结构的设计中，将职能管理族与专业支持族合并到一起，统一采取岗位绩效薪酬制度，市场销售族采取底薪加提成制，生产操作族采取计件工资制。因为企业各岗位存在差别，具体工作性质不同，所以在具体设计中，将企业的基本薪酬结构做进一步细分，打破传统单一薪酬结构的限制。

1. 职能管理族与专业支持族

这部分人员的薪酬方案设计必须体现出管理类人员的薪酬与其工作权责的一致性，也要考虑到专业类人员的特殊性。这两类岗位的薪酬结构如下：

薪酬=岗位标准薪酬+奖金+加班工资+福利津贴

其中，岗位标准薪酬包括岗位薪酬、效益薪酬以及绩效薪酬。为充分体现薪酬的激励性，增加薪酬的弹性，将企业员工的薪酬与企业的经济效益挂钩，同时考虑到这两类岗位族的差异，将三者的比例定为表5-4中的数值。

表5-4 岗位标准薪酬构成及比例表

构成 岗位族	岗位薪酬	效益薪酬	绩效薪酬	合计
职能管理族	50%	30%	20%	100%
专业支持族	70%	10%	20%	100%

效益薪酬按照企业的季度经营预算的完成比例计算，每季度员工效益薪酬同上一季度经营预算相衔接。比如，该企业一季度经营预算的完成率为90%，则员工二季度的效益薪酬为：

效益薪酬=岗位薪酬×90%×效益薪酬比例

绩效薪酬根据员工的季度考核结果确定：

绩效薪酬=绩效考核分数÷100×100%×岗位薪酬×绩效薪酬比例

2.市场销售族

在当前激烈的市场竞争环境下，对于绝大多数企业而言，经营成功的关键就在于其吸引和保留客户的能力，而销售队伍作为企业和客户之间联系的纽带，充当了决定企业成长和盈利的核心要素。所以，激励销售人员建立营销渠道，开拓市场寻找新客户，成为企业赢得竞争的关键因素。

因此，销售人员的薪酬方案要具有很强的激励性，首先要与绩效（即销售业绩）紧密挂钩，在进行薪酬设计时采用绩效优先的原则。所以，这部分人员的薪酬结构如下：

薪酬=岗位薪酬（岗位标准薪酬×50%）+销售提成+奖金+福利津贴

其中，岗位薪酬为该岗位标准薪酬的50%。由于销售工作具有很强的不确定性，在设计薪酬方案时应该给销售人员设计一定的底薪，使销售人员有安全感，让他们在业绩状况不好时能够获得一定的薪酬收入。

新华印刷厂现行的销售人员薪酬制度，没有考虑销售款回收率问题，销售员在销售产品时往往只顾及销售额，而忽视销售款是否可以及时到账，致使呆账、坏账产生，使企业现金流出现问题。所以，本案例在设计销售提成时，将主要依据以下几个指标进行设计：销售额、销售款回收率及销售提成比率。

提成工资=月销售额×上季度销售款回收率×提成比率

提成比率，按照上一年度销售人员的销售收入确定。年销售额参照新华印刷厂当年度销售收入总额及销售人员的销售额确定，见表5-5。

表5-5　　　　　　　**新华印刷厂销售人员销售累进提成比率**

年销售额	提成比率
20万元以下	5%
20万~40万元	6%
40万元以上	6.5%

注：新进销售人员按5%执行。

3.生产操作族

对于生产操作族的薪酬设计，本案例采取的是计件工资制。在设计时，为一线生产员工设置一定的基本薪酬，这样可以在企业业绩较差、产品订单较少时，保证这部分员工的基本生活水平。基于以上原则，这部分岗位的薪酬结构如下：

薪酬=岗位薪酬（岗位标准薪酬×50%）+计件工资+奖金+福利津贴+加班工资

在新华印刷厂原来的计件工资设计中，没有科学合理地设计计件工资产品单价，许多重要数据都来自管理者的个人评估，缺乏科学合理的成本核算。因此，要改变这种不合理的计件工资制度，就必须重新设计一种基于科学理论的计件工资制度。

（三）岗位标准薪酬设计

岗位标准薪酬是在岗位评价和薪酬调查的基础上建立起来的。设立岗位标准薪酬的目的在于体现不同的岗位价值应获得不同的收入水平。同时，岗位标准薪酬的水平也要根据岗位所要求的责任、劳动强度和劳动技能水平等的高低而确定。因此，岗位标准薪酬的设计包括以下步骤：

1.选择岗位评价方法

岗位评价的方法很多，主要有以下几种：排序法、分类套级法、因素比较法和要素计点法等。本案例选择较为简单而又能被企业的员工普遍接受的排序法。这主要是基于以下考虑：

①新华印刷厂是一家小型企业，在职人数只有55人，企业的岗位结构也很简单，岗位数量相对较少，岗位的层次比较清晰。

②此次岗位评价主要是为了比较岗位的相对重要程度，如果选用因素比较法或要素计点法，不但需要请专家，而且设计时间很长，成本高。

所以，针对上述情况，本案例选取排序法当中的配对比较法进行岗位评价。

2.实施岗位评价

采用配对比较法，首先，需要充分了解岗位的具体职责和岗位承担者应当具备的能力、技术水平、经验等任职资格条件；其次，将每个岗位按照所选择的评价要素与其他岗位一一进行对比；再次，将各个评价要素的考评结果整理汇总；最后，得出综合考评结果。

为了更加准确、便捷地进行岗位评价，本案例在企业所有岗位中选择一些标杆岗位作为所有岗位的代表。根据新华印刷厂的岗位特点，选择表5-6中的标杆岗位。同时，为了计算方便，现将各岗位分别以代码表示，见表5-7。

表5-6　　　　　　　　　　　　**新华印刷厂标杆岗位选择**

职能管理族	专业支持族	市场销售族	生产操作族
厂长 副厂长 厂长助理 车间主任 生产科科长	会计 出纳 制版 校对	销售员	车间生产工

表5-7　　　　　　　　　　　　**新华印刷厂岗位代码**

标杆岗位	厂长	副厂长	厂长助理	车间主任	生产科科长	出纳	会计	制版	校对	销售员	车间生产工
代码	A	B	C	D	E	F	G	H	I	J	K

本案例选取岗位责任、劳动强度及知识技能水平作为评价要素，然后按照配对比较法将各个标杆岗位两两对比。具体办法为：运用"012"比较法，把每一标杆

岗位按照评价要素与其他岗位逐一比较，并做出大于、等于及小于的判断；当判断为大于时，就标记为"2"，相同时就标记为"1"，小于时就标记为"0"；最后进行汇总。详细评价过程见表5-8至表5-11。

表5-8　　　　　　　　　　　　　　岗位责任要素评价表

岗位名称	A	B	C	D	E	F	G	H	I	J	K	汇总
A	—	2	2	2	2	2	2	2	2	2	2	20
B	0	—	2	2	2	2	2	2	2	2	2	18
C	0	0	—	1	1	2	2	2	2	2	2	14
D	0	0	1	—	2	2	2	2	2	2	2	15
E	0	0	1	0	—	2	2	2	2	2	2	13
F	0	0	0	0	0	—	0	2	2	2	2	8
G	0	0	0	0	0	2	—	2	2	2	2	10
H	0	0	0	0	0	0	0	—	1	2	2	5
I	0	0	0	0	0	0	0	1	—	1	1	3
J	0	0	0	0	0	0	0	0	1	—	2	3
K	0	0	0	0	0	0	0	0	1	0	—	1

表5-9　　　　　　　　　　　　　　劳动强度要素评价表

岗位名称	A	B	C	D	E	F	G	H	I	J	K	汇总
A	—	2	2	0	2	2	2	2	2	2	0	16
B	0	—	0	1	2	2	2	2	2	2	0	13
C	0	2	—	2	0	2	2	2	2	2	2	16
D	2	1	0	—	2	2	2	2	2	2	1	14
E	0	0	2	0	—	2	2	2	2	2	2	14
F	0	0	0	0	0	—	0	0	0	2	2	4
G	0	0	0	0	0	2	—	0	0	2	2	6
H	0	0	0	0	0	2	2	—	2	0	0	6
I	0	0	0	0	0	2	2	0	—	0	2	6
J	0	0	0	0	0	2	2	2	2	—	2	6
K	2	2	0	1	0	0	0	2	0	0	—	5

表5-10　　　　　　　　　　　　　　知识技能水平要素评价表

岗位名称	A	B	C	D	E	F	G	H	I	J	K	汇总
A	—	2	2	2	2	2	2	2	2	2	2	20
B	0	—	2	2	2	2	2	2	2	2	2	18
C	0	0	—	0	0	1	1	1	2	2	2	9
D	0	0	2	—	2	2	2	2	2	2	2	16
E	0	0	2	0	—	2	2	2	2	2	2	14
F	0	0	1	0	0	—	0	1	2	2	2	8
G	0	0	1	0	0	2	—	2	2	2	2	11
H	0	0	1	0	0	1	0	—	2	2	2	8
I	0	0	0	0	0	0	0	0	—	1	2	3
J	0	0	0	0	0	0	0	0	1	—	1	2
K	0	0	0	0	0	0	0	0	0	1	—	1

表5-11　　　　　　　　　　　　　　配对比较汇总表

标杆岗位	A	B	C	D	E	F	G	H	I	J	K
岗位责任	20	18	14	15	13	8	10	5	3	3	1
劳动强度	16	13	16	14	14	4	6	6	6	6	5
知识技能水平	20	18	9	16	14	8	11	8	3	2	1
汇总	56	49	39	45	41	20	27	19	12	11	7
等级	1	2	5	3	4	7	6	8	9	10	11

3.薪酬调查

薪酬调查是指企业通过一定的途径获取企业外部同行业的薪酬情况及相关信息，并通过这些信息来判断其他企业所支付的薪酬水平，进而为企业制定具有竞争力的薪酬体系提供外部依据。

在企业岗位等级形成后，要通过广泛的市场薪酬调查，了解本地区同行业相似岗位的薪酬水平，为企业薪酬体系设计提供依据，确保企业支付给员工的薪酬具有市场竞争力。如果不了解其他企业支付给员工的薪酬水平，要确定好本企业员工的薪酬是十分困难的。因此，薪酬调查在企业薪酬体系设计中处于十分重要的地位。

　　在薪酬调查中，本案例采取的是面谈法及电话访谈法，主要调查对象包括从该企业流出的员工及其亲戚、朋友等各种资源。我们了解到该地区4家同行业企业的薪酬水平，并将此调查结果作为确定新华印刷厂薪酬水平的依据。

　　表5-12列出了4家同行业企业几个重点岗位的薪酬状况。

表5-12　　　　　企业所在地区印刷行业重点岗位的薪酬状况　　　　　单位：元/月

序号	代表岗位	市场最高值	平均值	市场最低值	新华印刷厂平均值
1	厂长	2 800	2 600	2 400	2 900
2	会计	2 400	2 100	1 800	2 600
3	制版员	2 000	1 600	1 200	1 800
4	车间生产工	1 300	1 050	800	1 500

　　企业薪酬水平定位实际是给本企业的薪酬外部竞争性定位，薪酬水平决策的关键是要选择有助于增强企业竞争力的正确的薪酬水平定位策略。常见的薪酬水平定位策略有：领先型、追随型及滞后型。领先型是指企业的薪酬水平高于市场平均水平；追随型是指企业的薪酬水平与市场平均水平基本相当；滞后型是指企业的薪酬水平落后于市场平均水平。

　　新华印刷厂当前采取的是领先型薪酬策略，但考虑到薪酬设计的原则以及薪酬的功能，结合岗位评价以及近年来新华印刷厂的经营状况、支付能力及劳动力市场的供需状况，本案例对新华印刷厂采取混合型策略，即对销售类和专业类岗位采取领先策略，对管理类、生产类岗位则采取追随型策略。混合型策略的优点是灵活性和针对性强，突出了主要岗位，能吸引有创造力的人才，有利于提高企业在劳动力市场上的竞争力，又能合理地控制企业的劳动力成本。

　　综合上述因素，结合前文的岗位评价等级，设定新华印刷厂几个标杆岗位的岗位标准薪酬水平，见表5-13。

表5-13　　　　　　　新华印刷厂岗位标准薪酬表　　　　　　　单位：元/月

薪酬等级	岗位	岗位薪酬	薪酬等级	岗位	岗位薪酬
1	厂长	2 600	7	出纳	1 650
2	副厂长	2 300	8	制版	1 550
3	车间主任	1 800	9	校对	1 500
4	生产科科长	2 100	10	销售员	1 400
5	厂长助理	1 800	11	车间生产工	1 300
6	会计	1 700			

4.计件工资设计

前文提到，由于新华印刷厂没有科学合理地设计计件工资产品单价，许多重要数据都来自管理者的自我评价，缺乏科学合理的成本核算，因此，要改变这种不合理的计件工资制度，就必须重新设计一种基于科学理论的计件工资。由于计件工资单价设计存在一定难度，加之该企业产品类别较多，操作烦琐，因此，在这里不做详细说明，只简单列举操作过程。

要制定科学合理的计件工资制，首先得了解到计件工资是由工作等级、劳动定额和计件单价三个要素构成。工作等级是根据某项工作的复杂程度及劳动繁重程度而划分的等级，是确定劳动定额水平、计件单价、合理安排劳动力的一个科学依据，同时也是计算计件单价的基础。劳动定额规定着单位生产时间内完成合格产品数量的标准尺度，它是合理组织劳动和计算产品单价的依据之一，是实行计件工资的关键。所以，在实行计件工资制的过程中，应该按照定额管理制度对劳动定额进行定期检查和修订，使定额水平保持在平均先进水平的基础上，以保证超额计件工资不会增加过多。计件单价就是根据工作等级和劳动定额计算出来的。例如，企业在劳动定额中规定使用产量定额，则：

计件单价=该工作等级的单位时间工资标准/单位时间的产量定额

在企业重新设定各类产品计件单价以后，必须要根据产品价格以及当地生活费用的提高及时做出调整。根据上述内容可制定计件工资为：

计件工资=合格产品数量×计件单价−不合格产品数量×计件单价

5.奖金设计

奖金是薪酬体系中最具有活力和激励作用的部分，科学合理的奖金制度能够提高员工士气，提高工作效率与工作质量。如果奖金制度设计不当，或者使奖金成为一种固定的收入，不仅起不到相应的激励作用，而且会引起不公平感，影响员工的工作积极性。因此，奖金制度设计应遵循以下基本原则：

①奖金项目少而精，只针对那些工作特别优异、贡献特别突出的个人和部门，而不是作为基本薪酬的补充；

②针对明确而具体的管理目标设置奖金项目；

③事先确定奖金总额和提取办法；

④以明确、合理、可操作的考核办法作为计奖依据。

（1）提成奖金

提成奖金主要是为一部分销售业绩突出的销售员工设计，鼓励这部分销售人员提高销售收入，改善企业经营业绩。

实施办法：销售员当月销售额超过上年度平均月销售额7%以上时，将该销售员当月本人销售额的1%作为提成奖金，予以奖励。

（2）综合奖金

由于生产一线员工直接参与产品生产，因此设置以下综合奖金制度，可以在激励员工的同时，降低企业的生产成本、提高产品质量。

①质量奖。根据本月生产员工生产产品的质量合格率给予奖励，考虑到当前企业规定的产品合格率必须为95%以上，故奖励标准的制定见表5-14。

表5-14　　　　　　　　　　　　**新华印刷厂产品质量奖标准**

质量合格率	质量奖金说明
96%~97%	50元
98%~99%	100元
100%	150元

②节约奖。一线生产员工在生产过程中通过改进生产工艺等方式节约的生产材料，在退还库房时，由仓库管理员登记入册，每隔两个月按节约材料成本的50%给予该员工奖励。

（3）奖学金

奖学金是为鼓励在职人员发挥所长，利用上班以外的时间自我充实，进而带动周边员工提高自身专业技能素养所制定的奖金。奖学金以季度为发放周期，在每季度最后一个月发放，金额主要根据员工所掌握的技能或职称、学历证书进行设定，给予一次性奖励。

6.福利、津贴设计

（1）福利

按国家有关规定为员工办理养老保险、医疗保险、失业保险、住房公积金等社会保险福利项目，建立年休假、探亲假、婚假、丧假等带薪休假制度。同时，考虑到一线员工由于长期接触油墨等有害物质以及长期从事体力劳动，应当每年为这部分员工提供免费体检或购买商业保险等福利待遇。

（2）津贴

①职称津贴。职称以国家承认的职称为准，每增加一个职称等级可以多获取一定的薪酬，见表5-15。

表5-15　　　　　　　　　　　**新华印刷厂职称津贴表**　　　　　　　　单位：元

职称	高级职称	中级职称	初级职称
职称津贴	160	100	50

②工龄津贴。工龄津贴是企业按照员工的工作年数，即员工的工作经验和劳动贡献的积累给予的经济补偿。但是，在发放工龄津贴时也要注意，随着时间变化、老员工的增加，工龄工资的值会越来越大，将成为企业的一个沉重包袱。因此，本案例对工龄津贴采取压缩递增的方法以避免绝对值的快速增长。

7.薪酬变动

（1）薪酬结构调整依据

企业在发展过程中必须要考虑员工的成长和业绩表现，并鼓励员工努力创造价值、提升自我，企业应该给予员工适当的薪酬调整空间。为保证薪酬的公平性，企业应定期对薪酬结构进行评估并做出相应调整。企业可根据以下因素的变化情况对薪酬结构进行调整：

①企业业绩增长水平以及员工绩效考评结果；

②各地统计部门公布的居民消费品价格指数；

③企业人工成本承受能力；

④企业发展水平及整体盈利状况。

（2）薪酬结构调整内容

薪酬结构调整包括薪酬的晋级和降级，分为整体调整和个别调整。

①整体调整。整体调整是指由于各种因素的变化，必须不断调整薪酬制度。一般说来，由于企业发展、外部生活水平、宏观环境等的变化，企业整体薪酬水平显示出不适应的状况时，就必须对企业整体薪酬水平进行调整。整体调整的方式是按一定比率整体提升或降低所有岗位标准薪酬的基数，调整周期与调整幅度根据企业效益、市场薪酬水平及企业薪酬支付能力决定。

②个别调整。个别调整指根据员工个人的考核结果及岗位变动决定调整员工的薪酬。主要包含以下情况：

第一，员工岗位出现调整、变动时，其薪酬按照新岗位的标准执行；

第二，员工岗位、技术职称（技术等级）、工龄发生变动时，次月调整其薪酬。

四、总结评价

在确定岗位薪酬时，本案例采取配对比较法，解决了不同职能部门中不同岗位的相对价值问题，通过对岗位的具体职责和岗位承担者所应具备的能力、技术水平、经验等任职资格条件进行对比，有效地避免了主观随意性，增强了科学性和公平合理性。薪酬水平以市场薪酬调查的数据为基准，结合企业的具体条件来确立，采取混合策略，对销售类和专业类岗位采取领先型策略，对管理类、生产类岗位则采取追随型策略。这样既有利于提高企业薪酬在劳动力市场上的竞争力，又能合理地控制企业的劳动力成本。

本案例的不足之处在于，薪酬调查环节只做了社会调查部分而且仅限于局部。由于资料的来源不够全面，其信度无法确定，这些因素都会影响薪酬设计的准确性。由于时间和篇幅的限制，没有针对性地设计一套与薪酬方案相适应的绩效考核制度，这是案例企业薪酬设计中的一大遗憾，也是本案例存在的一些问题，还需进一步完善和探讨。

案例六 XD建筑工程有限责任公司薪酬方案设计

一、企业背景

XD建筑工程有限责任公司（以下简称XD公司）2001年3月成立，具备四级房屋建筑工程施工总承包资质。在创办公司之始，本着"以人为本、诚信创新、服务领先、追求无限"的理念管理企业，不断发展和完善企业，坚持"稳步发展、竞中求存、务实图谋、执着大成"之发展策略，坚持技术和服务并重的思想，遵守规范、客观、公正、实事求是的原则，信守协议，重质量、求效率，力求10年内发展成为全国建筑业50强，全国企业500强。XD公司组织结构图如图6-1所示。

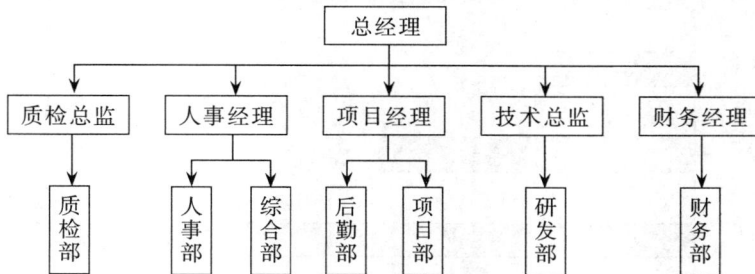

图6-1 XD公司组织结构图

XD公司现有员工总计280人，行政管理人员（包括总经理、副总经理、部长）22人，项目管理人员（包括项目经理、项目主管、班组长、建筑队负责人）38人，操作层员工（包括一线操作工、一线业务专业技能人员、一线后勤服务人员等）220人。人员构成具体情况如图6-2所示。

XD公司现有男职工203人，女职工77人，如图6-3所示。

XD公司员工年龄分布情况如图6-4所示。

XD公司员工学历分布情况见表6-1。

表6-1　　　　　　　　企业员工学历分布情况

学历	初中及以下	高中/职高	中专/技校	大专	本科及以上
人数（人）	123	42	29	71	15

XD公司不同学历员工所占比例如图6-5所示。

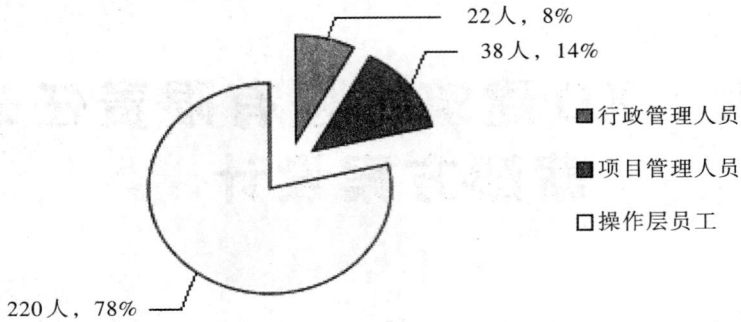

图6-2　人员构成

- 22人，8%
- 38人，14%
- 220人，78%

■ 行政管理人员
■ 项目管理人员
□ 操作层员工

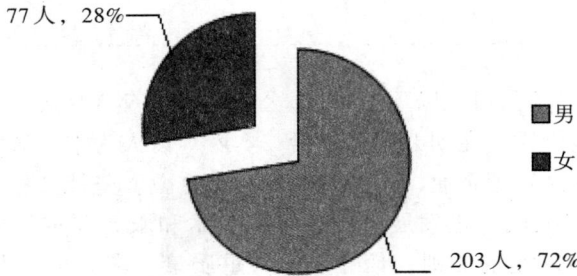

77人，28%

■ 男
■ 女

203人，72%

图6-3　员工性别构成

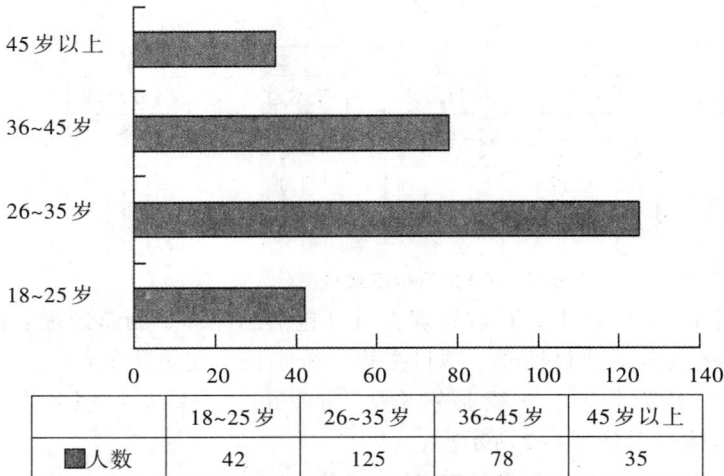

	18~25岁	26~35岁	36~45岁	45岁以上
■人数	42	125	78	35

图6-4　员工年龄分布图

　　根据以上分析，XD公司主要以建筑为主营业务，操作层员工在职位构成中占很大比例，工作量大、危险性高，也大多以男性为主。但是在年龄构成及学历构成中却发现一些不合理的现象，26~35岁年龄段人数最多，这也反映企业中缺乏经验丰富的高级工程师，而且学历构成主要以大专和初中及以下文化程度人员为主，缺乏高素质、高潜力人才。

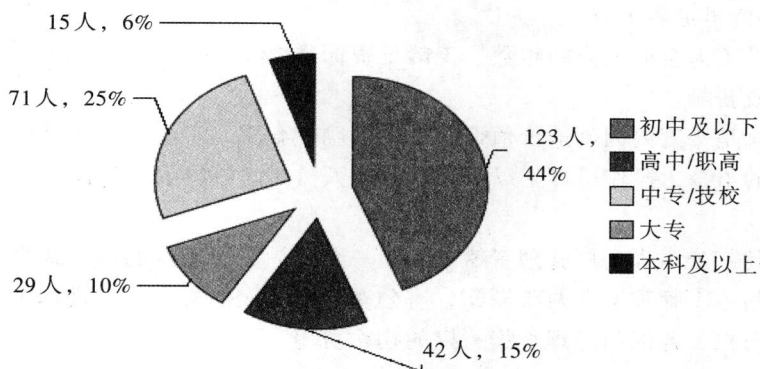

图6-5　员工学历分布情况

二、XD公司现行薪酬方案

1.XD公司薪酬构成（见表6-2）

表6-2　　　　　　　　　　　　现行薪酬构成

职位类别	薪酬构成
行政管理人员	薪酬=60%（岗位薪酬+工龄津贴+学历职称津贴）+40%绩效薪酬
项目管理人员	薪酬=40%岗位薪酬+60%承包兑现
操作层员工	薪酬=岗位薪酬+工龄津贴+技能等级津贴

（1）XD公司岗位等级及薪酬（见表6-3）

表6-3　　　　　　　　　　　现行岗位等级及薪酬

等级	8	7	6	5	4	3	2	1
职位	总经理	副总	项目经理 财务经理	技术总监 质检总监	高级工程师 项目工程师 项目主管	建筑队 负责人	技术员 出纳	司机
薪酬（元）	8 600	6 800	5 000	4 500	4 000	3 500	3 000	2 000

（2）XD公司行政管理人员学历职称工资标准（见表6-4）

表6-4　　　　　　　　　学历职称工资标准表

学历	中专及以下	中专（高中、技校）	大专	本科
工资（元/月）	0	80	120	200

（3）XD公司操作层员工技能等级津贴标准（见表6-5）

表6-5　　　　　　　　　技能等级津贴标准表

职称	员级	中级工（初级工程师）	高级工（中级工程师）	高级工程师
工资（元/月）	100	180	260	300

（4）XD公司工龄工资

工龄即员工为企业工作的年数。工龄工资标准20元/年。

（5）绩效薪酬

绩效薪酬是年度内因创造价值而获得的激励性薪酬，只包含行政管理人员，约占全部薪酬的40%，操作层员工以及项目管理人员的薪酬构成不包含绩效薪酬。

2.福利

法定福利：公司为高层管理者缴纳五险一金，为其他职位的员工缴纳五险。

企业福利：①管理层在两年期间，有公费旅游一次的机会；②风险共同体：公司员工出现伤亡，各部门经理承担一定的伤亡费用。

三、XD公司薪酬方案中存在的问题及原因分析

1.薪酬方案中存在的问题

通过与XD公司人事部经理进行电话沟通，了解他们的人事状况、薪酬方案和部分资料，发现XD公司薪酬方案存在如下一些问题：

（1）薪酬主要以岗位为基础，与员工个人技能的增长和能力的提高脱钩

XD公司实行的是岗位效益工资制，主要是以岗位为基础，也就是说岗位级别越高，薪酬水平越高，在这种体制下，企业员工只有获得职位提升，才有提薪的机会。操作层员工薪酬由岗位薪酬、工龄津贴和技能等级津贴构成，导致同岗同酬，没有考核员工个人能力和业绩提升，因而员工加薪的途径只有一条——岗位升迁，而组织可以提供的职位有限，势必会造成内部不公平现象。行政管理人员没有划分中、低、高层管理人员，统一采用"60%基本薪酬+40%绩效薪酬"，这对中基层管理人员基本合理，但对高层不合理。基本薪酬所占比例过大，会挫伤高层努力提高自身素质的积极性，易于形成不思进取、安于现状的工作态度，高层应采用"40%基本薪酬+60%绩效薪酬"，这样才具有激励性。

（2）奖金缺乏激励性，尤其是缺乏长期的激励性薪酬制度

XD公司在发展中缺乏能有效贯彻执行的激励性薪酬制度，一味地追求内部公平，忽视了竞争激励。在快速发展的建筑业，针对一些稀缺型人才，如高层行政管理人员、中高级工程师，仅仅采用绩效薪酬这样的短期激励是无法留住人才的，会影响企业的未来发展前景，因而应提高薪酬投入，用季度或年度绩效薪酬等短期激励与企业股份等长期激励相结合，把高端人才的利益与企业长期效益挂钩，使其为企业长远利益献计献策。在长期激励方面，XD公司可以让企业内部员工拥有自己企业股份或者购买别的上市企业的股票奖励给对企业贡献大的员工，签订员工离职则股票收回的合同，从而减少员工流失率。

（3）项目管理人员薪酬设计不合理，缺乏考评依据

XD公司在设计项目管理人员薪酬时，为了简便易行、注重内部公平，薪酬由岗位工资和承包兑现构成，缺乏激励效果，很不合理。应该在岗位薪酬不变的情况下，把承

包兑现与工程建筑质量挂钩，如多次不合格则管理人员调岗降职，考核结果见表6-6。

表6-6　　　　　　　　　　　　　　　考核结果

工程合格率	100%	优良 （90%~99%）	合格 （75%~90%）	不合格 （75%以下）
承诺实际兑现	68%	63%	60%	50%

（4）特色福利不合理，对管理层缺乏公平

在现行薪酬方案中，XD公司实行风险共同体，提高了员工对企业的认同度，解决了后顾之忧，提高了员工的奉献度，减少了基层员工离职率，但由于每次事故各部门经理以上的管理层需要支付一定的伤亡费用，这加大了管理层的责任压力，降低了管理层的满意度，使其感到缺乏公平，尤其是非直线领导。因此，建议建立风险基金，全体员工参与，按职位缴纳一定费用，让全员受益，提高全员满意度。

2.薪酬方案中存在问题的原因分析

（1）企业管理者缺乏薪酬知识，没有理性的薪酬战略思考

当前，XD公司人事部管理人员是行政出身，缺乏专业性学习，在制订薪酬方案过程中，主要依靠自己以往在基层工作中得来的经验，缺乏专业理论的支撑。所以，企业的薪酬方案更多的是依靠管理者的主观意念，缺乏科学的薪酬理论支撑。

与此同时，企业管理者在设计薪酬时更多考虑的是公平性和稳定性，对企业的发展战略思考不多，缺乏对薪酬设计的正确认识，就更谈不上思考以人力资源战略去支撑企业发展战略，不可能很好地将企业薪酬体系构建与企业发展目标有机结合起来，使企业薪酬体系或薪酬制度成为促进企业生产经营发展的重要杠杆。企业制定的战略目标是最大限度地占有本地建筑业市场，以高质量、高速度获取经济效益。而要实现这个目标，就要提高员工的工作积极性，提高建筑质量，缩短建筑周期，尽可能地获得潜在的顾客群。然而当前企业的薪酬方案却很难激发员工的工作积极性，没有使薪酬战略与企业发展目标结合。

（2）薪酬方案缺乏人力资本观念

公司领导者把人力资源管理等同于人事管理，把薪酬制度简单等同于工资发放，把人力资源管理部门看作单纯的消费部门或行政职能部门，将员工看作一种管理对象，而不是作为一种资源去加以开发利用。他们没有意识到人力资源是公司的第一重要资源，特别是拥有较高人力资本的战略性人力资源即企业的核心技术员工，对这些员工进行人力资本投资会产生很高的收益，会提高公司的运营效率，从而提高公司的竞争力。

四、XD公司薪酬方案设计

（一）XD公司薪酬方案设计思路

要制定合理、公正的企业薪酬制度，需要一套适当的设计流程，以确保薪酬制

度的客观性、科学性。具体流程如图6-6所示。

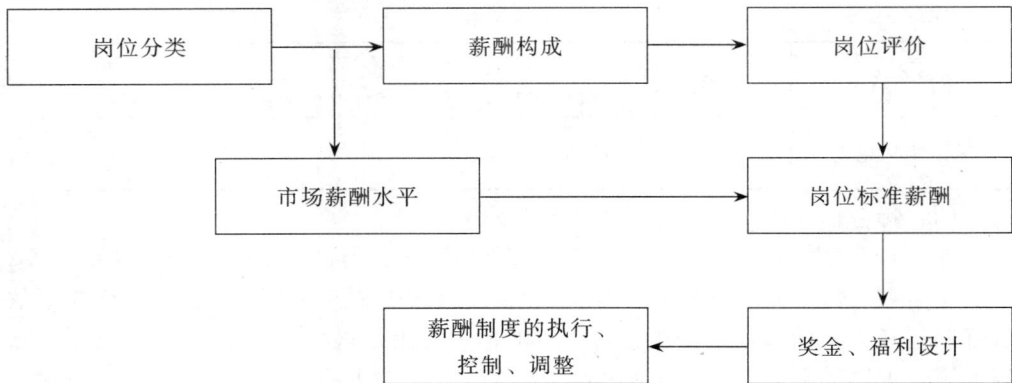

图6-6　薪酬设计流程图

（二）XD公司薪酬方案设计

1.岗位分类

本设计方案对XD公司现有岗位进行重新梳理分类，在分类时，引入职位族理念，并遵循以下原则：第一，职位族可以跨越部门，一方面可以方便管理，另一方面可以加强部门间合作，提高效率，减少成本；第二，通过职位族，建立与外部市场相对应的细分、差异化的薪酬结构；第三，企业的不同职位族之间要有明显的区分度，方便理解各自的职能，减少交叉，避免出现问题互相推诿。

该企业由于规模较小，岗位设置相对简单，在遵循职位族的相关原则基础上，从企业的发展战略出发，即最大限度地占有本地建筑业市场，以高质量、高速度获取经济效益，将XD公司所有岗位划分为两个职位族，详见表6-7。

表6-7　　　　　　　　　　　　　　XD公司职位划分

职位族类别	定义	包含典型岗位
职能管理族	全面领导所负责领域的工作，对当前有效运转及长期可持续发展能力负完全责任	总经理、项目经理、质检总监、技术总监、财务经理、项目经理
技术支持族	运用专业原理、方法和知识为企业主要决策及主要业务功能提供服务与支持，促进企业日常运作更加顺畅	高级工程师、出纳、技术员

2.薪酬结构

薪酬结构，即薪酬的组成部分。薪酬结构是对统一组织内部的不同职位或者技能所得到的薪酬进行的各种安排，是依据公司的经营战略、经济能力、人力资源配置战略和市场薪酬水平等为公司内价值不同的岗位制定不同的薪酬水平和薪酬要素，并且提供确认员工个人贡献的办法。

企业的工资福利总额与企业经济效益挂钩，由企业人事部门和财务部门在参考当年经营目标计划预案的基础上完成，并提交总经理审批。

薪酬总额=上一年度销售收入×百分比例

全体员工的薪酬计算公式：

薪酬=基本薪酬+奖金+福利津贴

3.基本薪酬

基本薪酬=岗位薪酬+学历职称工资+工龄工资

（1）学历工资标准（见表6-8）

表6-8　　　　　　　　　　　学历工资标准表

学历	中专及以下	中专（高中、技校）	大专	本科
工资（元/月）	0	100	150	300

（2）工龄工资

员工总工龄分为两个部分：一是社会工龄，即员工在非本企业的工作年数；二是企业工龄，即员工为企业工作的年数。

员工工龄工资=社会工龄工资+企业工龄工资

对社会工龄工资，标准为10元/年；对企业工龄工资，标准20元/年。

（3）岗位薪酬设计

岗位薪酬体系是对每个职位所要求的知识、技能以及职责等因素的价值进行评估，根据评估结果将所有职位归入不同的薪酬等级，每个薪酬等级包含若干综合价值相近的一组职位。然后根据市场上同类职位的薪酬水平确定每个薪酬等级的工资率，并在此基础上设定每个薪酬等级的薪酬范围。本案例中主要分两步，岗位评价及岗位标准薪酬确定。

①岗位评价。

岗位评价是指通过一些方法来确定企业内部工作与工作之间的相对价值，是确保薪酬方案达成内部公平性的重要手段，它有两个目的：一是比较企业内部各工作的相对重要性，排列岗位等级序列；二是为进行薪酬调查建立统一的岗位评估标准。

岗位评价方法有排序法、分类法、要素比较法和要素计点法。结合企业的薪酬方案和人力资源战略，为了反映企业对优秀人才的需要，强调企业认为有价值的要素，决定采用要素计点法。

步骤一，选取报酬要素（知识与技能、责任、努力程度、工作条件），并加以定义。

步骤二，划分要素等级。

步骤三，确定不同报酬要素在岗位评价体系中所占的"权重"。

步骤四，给报酬要素及其内部各等级配点。

步骤五，将所有被评价岗位按点数高低排序，建立职位等级结构。

标杆职位选择见表6-9。

表6-9 标杆职位

管理类	总经理	副总	项目经理	技术总监	财务经理	行政经理	质检总监	建筑队负责人
技术类	高级工程师	项目工程师	出纳	技术员	司机			

报酬要素定义及等级划分见表6-10。

表6-10 报酬要素定义及等级划分

一级要素	二级要素	一级要素	二级要素
知识与技能 30%	1.学历要求 2.沟通能力 3.专业知识能力 4.管理知识能力	责任 40%	1.风险控制责任 2.指导监督责任 3.协调责任 4.工作结果的责任 5.决策的层次
努力程度 15%	1.工作压力 2.脑力辛苦程度 3.创新与开拓能力	工作环境因素 15%	1.工作危险性 2.工作地点稳定性 3.工作环境舒适度

定义一级要素的权重总分为 1 000 分，详情见表6-11。

表6-11 要素定义

一级要素	二级要素	等级	分数	定义
知识与技能（30%）	学历要求（5%）			指顺利履行工作职责要求的最低学历，按正规教育水平判断
		1	12	小学、初中毕业
		2	25	高中、中专毕业
		3	37	大学专科学历
		4	50	大学本科及以上学历
	沟通能力（10%）			指实施职位职责的过程中需要的运用口头交流和表达的能力
		1	33	工作中偶尔需要与工作对象交流，对语言表达能力要求一般
		2	66	工作中经常需要与工作对象交流，对语言表达能力要求较高
		3	100	工作时频繁与工作对象交流，对语言表达能力要求高
	专业知识能力（7%）			指顺利履行工作职责需要具备的专业技术知识和技能
		1	23	基本不需要专业知识
		2	46	只需要常识性专业知识和技能，该专业知识和技能很容易掌握
		3	70	所需专业知识和技能要求高，该专业知识和技能很难掌握
	管理知识能力（8%）			指顺利、高效履行工作职责所应具备的管理知识、管理素质和能力的要求
		1	20	工作基本不需要管理知识
		2	40	工作需要基本的管理知识
		3	60	需要较强的管理知识和管理能力来协调各方关系
		4	80	需要非常强的管理能力和决断能力，否则将会影响公司正常运行

一级要素	二级要素	等级	分数	定义
责任（40%）	风险控制责任（5%）			指在不确定的条件下，为保证贸易、投资及其他项目顺利进行，并维持我方合法权益所担负的责任，该责任的大小由失败后损失的大小作为判断基准
		1	10	无任何风险
		2	20	仅有一些小风险，一旦发生问题，不会给公司造成多大影响
		3	30	有一定风险，一旦发生问题，给公司带来的影响能明显感觉到
		4	40	有较大风险，一旦发生问题，会给公司带来较严重的影响
		5	50	有极大风险，一旦发生问题，会使公司发生经济危机甚至倒闭
	指导监督责任（8%）			指在正常权力范围内所拥有的正式指导、监督，其责任大小根据本职位管理的人数多少和被管理人员的权限决定
		1	16	不指导、监督任何人
		2	32	监督、指导3个以下基层员工
		3	48	监督、指导3~5个基层员工，或者1个基层管理人员
		4	54	监督、指导5~7个基层员工，或者2个基层管理人员
		5	80	监督、指导7~10个基层员工，或3个基层管理人员，或1个中层管理人员
	协调责任（8%）			指在工作过程中，需要与系统内外的单位和个人协调关系，以便共同开展业务工作，由协调对象所在的层次、人员数量及频繁程度判断
		1	20	仅与本部门的人员协调工作，偶尔与其他部门或外部人员接触
		2	40	与公司大多数部门协调工作，与外界部门或个人接触
		3	60	与内部各部门随时联系沟通，与外界部门和个人保持业务联系
		4	80	与内部各部门有密切联系，与外界单位和个人密切联系，频繁沟通
	工作结果的责任（10%）			指本职位对工作结果承担多大的责任，以本职位承担责任和范围作为标准
		1	25	只对自己的工作结果负责
		2	50	对所在部门的工作结果负责
		3	75	对多个所管部门的工作结果负责
		4	100	对整个公司的工作结果负责
	决策的层次（9%）			指在正常工作中需要参与的决策，其责任大小以参与决策的层次作为判断基准
		1	18	工作中常做一些小的决定，一般不影响他人
		2	36	工作中需要做一些大的决定，只影响与自己有工作关系的部分员工
		3	54	工作中需要做一些对所属人员有影响的决策

一级要素	二级要素	等级	分数	定义
		4	72	工作中需要做一些大的决策，必须与其他部门负责人共同协商方可
		5	90	工作需要参与最高层决策
工作环境因素（15%）	工作危险性（4%）			指工作本身可能对任职者身体造成的伤害
		1	13	没有可能对人体造成任何伤害
		2	26	不注意可能造成人体局部损伤
		3	40	常进行具有危险性的活动
	工作地点稳定性（4%）			指工作时是否经常变换工作地点，以工作地点的变化和外出时间长短判断
		1	13	工作地点基本固定，偶尔外出且有规律
		2	26	工作地点基本固定，要少量外出，没有规律性
		3	40	工作地点不固定，需要大量外出工作，但是有规律性
	工作环境舒适度（7%）			指办公环境和条件给人带来的舒适程度和对工作中心情的影响
		1	23	工作环境恶劣，心情坏，工作效率低
		2	46	工作环境一般，不影响心情，工作效率一般
		3	70	工作环境良好，心情愉悦，工作较舒适，效率高
努力程度（15%）	工作压力（5%）			指工作本身给职位任职者带来的压力，根据工作常规性、任务多样性、工作艰巨性和重要性、工作内容跨度进行判断
		1	16	不需要迅速决定，工作常规化
		2	33	有时需要迅速做出决定，工作较艰巨，内容有一定的跨度
		3	50	经常需要迅速做出决定，任务多样化，经常觉得任务艰巨，工作时间紧张，工作内容跨度大
	脑力辛苦程度（5%）			指工作时需要注意力集中程度的要求，根据集中精力的时间、频率进行判断
		1	16	只从事简单脑力劳动，不需高度集中精力
		2	33	部分工作时间必须高度集中精力、从事有一定强度的脑力劳动
		3	50	大部分时间必须高度集中精力、从事高强度的脑力劳动
	创新与开拓能力（5%）			指顺利履行工作职责所必需的创新与开拓精神和能力要求
		1	12	全部工作为程序化、标准化，无须开拓、创新
		2	25	工作基本标准化，偶尔需要开拓、创新
		3	37	工作时常需要开拓、创新
		4	50	工作性质本身即要求开拓和创新

职位点数汇总及排序见表6-12。

表6-12　　　　　　　　　　　　　职位点数汇总及排序

职位	总经理	副总	项目经理	财务经理	高级工程师	行政经理	出纳	司机	技术总监	质检总监	建筑队负责人	技术员	项目工程师
总分	955	860	800	780	722	630	440	385	746	688	493	440	580
排序	1	2	3	4	6	8	11	12	5	7	10	11	9

②岗位标准薪酬见表6-13。

表6-13　　　　　　　　　　　　　岗位标准薪酬

等级	6	5	4	3	2	1
职位	总经理	副总 项目经理 财务经理	高级工程师 技术总监 质检总监	行政经理 项目工程师	建筑队 负责人	技术员 出纳 司机
市场薪酬	9 800	7 700	6 500	5 500	4 000	2 500
变动比率	90%	70%	60%	50%	35%	20%
薪酬上限	12 448	9 948	7 000	5 600	4 426	2 727
薪酬下限	6 552	5 852	5 000	4 400	3 574	2 273

4.奖金设计

（1）综合奖

①全勤奖。

计量标准：月度全勤奖为200元；当月未出现任何迟到、早退、请假、旷工者，给予月度全勤奖。当月请事假或病假1次扣除本月50%全勤奖；当月旷工一次即扣除100%全勤奖。

②奖学金。

奖学金是为鼓励全公司在职人员发挥所长，利用上班以外的时间进行自我充实，进而带动周边职员提高自身专业技能素养所制定的奖金。以季度为发放周期，在每季度最后一个月发放，奖金金额主要根据职员所掌握的技能或职称学历证书进行设定，给予一次性奖励。有利于企业人才的自我发展，提高员工素质，减少管理成本。

③年终奖。

高层管理人员根据公司的经济效益确定是否发放年终奖，并确定年终奖的奖金额度和计算方法，年终奖也为一次性奖励（全年个人平均月工资）。年终奖的实行，体现了薪酬与经济效益挂钩的原则。

（2）特殊奖

①质量奖。

根据建筑队一线员工产品合格率给予奖励，考虑到建筑业工程质量合格率必须

75%以上，故奖励标准制定见表6-14。

表6-14　　　　　　　　　　　　　**工程质量奖标准**

工程合格率	质量奖金说明
合格（75%~90%）	50元
优良（90%~99%）	100元
优秀（100%）	200元

②单项奖。

单项奖为一次性的奖励，是对日常生产、工作中超额完成任务或创造优良成绩的职工给予的例行奖金，一般可以是月奖或季度奖。设立超产奖、节约奖、产品研发奖、科技创新奖、管理进步奖、特别贡献奖等。进一步体现了薪酬的内部公平性和薪酬的激励作用，调动员工的积极性，提高员工忠诚度，使员工们自觉自愿地为公司的发展做出更多的贡献。

（3）绩效奖

设立绩效奖是为了体现客观公正，推动员工之间的良性竞争，提高员工的综合素质，从而推动企业提升业绩，树立品牌。绩效奖包括个人绩效和部门绩效，同时也包括了季度绩效和年度绩效，这样既有利于增强员工的积极性，又有利于增强员工的集体荣誉感。绩效考核周期构成及比例见表6-15。

表6-15　　　　　　　　　　　　**绩效考核周期构成及比例**

职位族 ＼ 构成	岗位薪酬	季度绩效薪酬	年度绩效	合计
高层管理人员	30%	0	70%	100%
中基层管理人员	50%	35%	15%	100%
基层员工	70%	30%	0	100%

基层员工：绩效工资=25%部门绩效+75%个人绩效

中基层管理人员：绩效工资=40%部门绩效+50%个人绩效+10%企业绩效

高层管理人员：绩效工资=70%企业绩效+30%个人绩效

绩效构成及比例见表6-16。

表6-16　　　　　　　　　　　　　**绩效构成及比例表**

职位族 ＼ 构成	部门绩效	个人绩效	企业绩效	合计
高层管理人员	0	30%	70%	100%
中基层管理人员	40%	50%	10%	100%
基层员工	25%	75%	0	100%

5.福利、津贴设计

（1）津贴

加班补贴、通信补贴、食宿补贴、住房补贴、职称津贴、取暖补贴等。福利性补贴标准见表6-17至表6-19。

表6-17　　　　　　　　　　**福利性补贴标准表**

福利性补贴项	交通补贴	误餐补贴	独生子女费	通信费	住房补贴
补贴金额（元/月）	500	100	50	部分人员享受	见表6-18

表6-18　　　　　　　　　　**住房补贴标准表**

岗位	基层员工	中基层管理人员	高层管理人员
补贴金额（元/月）	150	200	350

表6-19　　　　　　　　　　**职称工资标准表**

职称	员级	中级工 （初级工程师）	高级工 （中级工程师）	高级工程师
工资（元/月）	50	100	150	200

（2）福利

福利即五险一金和特殊福利。

五、新方案实施步骤和保障措施

1.新方案实施步骤

新方案在设计时没有考虑到各种人为因素，仅就各项目进行设计，且制度需要管理者去推行，同时新制定的方案也是对员工行为的一个规范，因此在执行过程中难免出现许多不可预见的因素，为最大限度地减少这种不可预见性，避免给公司带来负面影响，此次新方案的实施分四步走：

第一步，向员工解读新方案，广泛征求员工意见；

第二步，对员工反馈的意见、建议进行整理分析，对新方案进行调整、修正；

第三步，先在项目部、研发部试运行一个月；

第四步，在总结前一个月的试运行效果的基础上，对新方案再次进行修订，然后推广到整个企业全面实施。

2.新方案保障措施

（1）宣传和培训保障

为了让员工理解薪酬体系，企业应利用各种媒体进行宣传，包括薪酬体系的内容、岗位评价原则和方法、本行业的薪酬状况等，使员工能够深入了解、接受薪酬体系，并且支持体系的推行。对于员工不理解的问题，企业应印发专门的文件进行解释。并且在薪酬体系设计的过程中，对所有参与人员进行专业的培训，使大家了解薪酬改革中的重点工作和容易出现差错的环节，提升专业水平，以便在薪酬设计、调整过程中更好地开展工作。

（2）沟通机制保障

公司应加强沟通机制的建设。人力资源部门应定期与各部门进行沟通交流，广泛地搜集和了解各部门对薪酬体系的意见和建议，并且及时向公司高层管理者反馈大家的想法，进而采纳合理的建议，逐步使薪酬体系更加完善。通过各类沟通方式让员工了解公司的薪酬体系和自己的薪酬发放标准，提高薪酬体系的透明度。

第二篇　奖金设计与管理案例

　　"奖金"究竟是什么？目前理论界主要有三种说法：一是强调薪酬与绩效挂钩而产生的可变性和激励性，以整个绩效工资体系体现"奖金"的全部含义。代表人物是美国最权威的薪酬专家乔治·T.米尔科维奇。二是将绩效工资纳入基本工资范畴，以激励工资计划作为"奖金"的主要含义，同时也强调薪酬与绩效挂钩产生的可变性和激励性。代表人物是约瑟夫·J.马尔托齐奥。三是不仅仅将"奖金"的激励性体现在薪酬与绩效挂钩上，还进一步认为薪酬可以通过与能力、技术、知识等因素挂钩来体现激励性。

　　从上述说法可以看出，虽然"奖金"的概念表述不同，但核心内容是比较明确的。中国人民大学的文跃然教授指出，奖金就是为了奖励那些已经（超标）实现某些绩效标准的完成者，或为了激励追求者去完成某些预定的绩效目标，而在基本工资的基础上支付的可变的、具有激励性的报酬。简单地说，奖金就是为了奖励完成者和激励追求者所支付的报酬，其支付依据主要是绩效标准。

　　奖金具有很强的针对性和灵活性，奖励工资有较大的弹性，它可以根据工作需要，灵活决定其标准、范围和奖励周期等，有针对性地激励开展某项工作；也可以抑制某些方面的问题，有效调节企业生产过程对劳动数量和质量的需求。奖金可以弥补计时、计件工资的不足，任何工资形式和工资制度都具有功能特点，也都存在功能缺陷。例如，计时工资主要是从个人技术能力和实际劳动时间上确定劳动报酬，难以准确反映经常变化的超额劳动；计件工资主要是从产品数量上反映劳动成果，难以反映优质产品、原材料节约和安全生产等方面的超额劳动。这些都可以通过奖金形式进行弥补，奖金具有更强的激励作用，奖金的激励功能是最强的，这种激励功能来自依据个人劳动贡献所形成的收入差别。利用这些差别，使雇员的收入与劳动贡献联系在一起，起到激励先进、鞭策后进的作用。

　　我国目前实行的奖金形式是多种多样的，根据不同的标准，奖金可分为不同的类别，其中有的相互交叉。

　　①根据奖金的周期划分，有月奖、季奖和年度奖。

　　②根据在一定时期内（一般指一个经济核算年度）发奖次数划分，有经常性奖金和一次性奖金。

　　③根据奖金的来源划分，可分为由工资基金中支付的奖金和非工资基金中支付的奖金。例如节约奖，是从节约的原材料、燃料等价值中提取一部分支付的奖金。

　　④根据奖励范围来划分，有个人奖和集体奖。凡由个人单独操作并可以单独考核劳动定额和其他技术经济指标的，实行个人奖；凡是集体作业不能对个人单独加以考核的，则以集体为计奖单位，实行集体奖。

　　⑤从奖励的条件区分，有综合奖和单项奖。综合奖是以生产或工作中多项考核指标作为计奖条件的奖金形式。单项奖是以生产或工作中的某一项指标作为计奖条件的奖金形式。

　　下面对奖金支付的几种常见方式做详细介绍：

（1）绩效加薪

绩效加薪是最为常用的一种加薪方式，它体现了对已经发生的工作行为或已取得的绩效成果的认可和奖励，它的一个显著特点即增加部分是直接加到基本工资中去的，每一次加薪后基本工资总额都增长，下一次加薪以已经增加的基本工资为固定基数，但是这种方式也不断增加工资支付成本。尽管如此，有关调查数据显示，美国大约有90%的企业运用了绩效加薪。

（2）一次性奖金

一次性奖金是一种没有累加性的绩效加薪方式，是对传统绩效加薪方式的一种改进。由于原来的每一次绩效加薪都要增加工资基数，所以工作年限长（经历了多次加薪）的员工工资基数会比较大，新进入者就难以较快地获得较高的工资水平；此外，那些已获得很高工资积累的员工可能目前的绩效并不令人满意。

（3）个人特别绩效奖

个人特别绩效奖是一种针对个人突出的优秀业绩进行奖励的方式，类似于我们通常说的"个人突出贡献奖"等奖项，其最突出的特点在于这种奖励具有极强的针对性和灵活性，往往可以通过这种奖项来突破一些基本奖励制度在支付额度、支付周期及支付对象上的局限。它的机制比较简单，即谁做出特别突出的业绩就特别奖励谁，而且这种奖励往往是一般奖励难以一次达到的水平，比如，玫琳凯化妆品公司向业绩突出的女销售人员赠送粉红色的凯迪拉克轿车、名贵的貂皮外套和钻戒作为奖励。可以想象，这种专指的奖励对获奖者本人将会产生很大的激励作用。不仅如此，试想当其他员工实实在在地看见获奖者的喜悦时会有怎样的感受，他们自己通常也会为了获得这份惊喜而暗自付出加倍的努力，所以说个人特别绩效奖往往具有较好的以点带面的激励效果。

（4）个人激励计划

个人激励计划是用来激励员工个人为实现其绩效目标而运用的一种奖金支付方式。这就要求在制订激励计划时必须首先考虑一个基本问题：为什么而支付——绩效标准导向性的明确问题，绩效目标的设定本质上体现了组织对员工的绩效要求和导向，这些标准可以是生产率（产量的或质量的）、顾客满意度、安全性或出勤率等等。如果组织关注员工的工作结果，则绩效标准可以是结果导向的；如果组织关注员工的行为则指标可以侧重于行为导向。不同工作种类的员工其绩效目标往往也不尽相同，如生产工人和管理人员的绩效目标就会有各自的针对性。其次，在明确指标性质的导向之后，必须考虑到标准的可达到性问题——制定的绩效标准必须是员工通过努力可以达到的，如果员工对工作的结果不能进行有力的控制，往往很难产生激励效果。最后，可以对激励计划进行选择——方式方法的运用问题。个人激励计划有很多种，一般包括：针对生产人员的产出激励计划、针对一般管理人员的管理激励计划及关注员工行为的行为鼓励计划。

（5）团队激励计划

当工作要求大家需要更多的协调、合作，需要一个团队来完成时，对群体的激励就成为大家日益关注的问题。团队激励计划一般用于对员工的集体绩效而不是员工个人绩效进行奖励，它的激励对象是群体，这种群体可以是一个团队、一个部门、一个分公司，甚至扩大到整个公司，总而言之，它关注的是群体的整体绩效，目的是通过激励实现其群体绩效目标。

（6）组织激励计划

其实组织激励计划与团队激励计划的界限已经不是很清楚，都是针对员工群体的，只是组织激励计划的对象群更大一些，一般是全员的；团队激励计划其实也可以用于全员，比如以上介绍的各种收益分享计划、利润分享计划等，在某种程度上它还强调员工间的合作与参与。

奖金的设计步骤：第一，分析问题，确认是否需要某种奖励计划。第二，选择适合本公司的奖励计划，明确奖励目标，根据目标选择恰当的形式。第三，确认预算。

案例七 康华药业有限公司市场开发人员绩效薪酬体系设计

一、实训目的

1.康华药业有限公司概况

康华药业有限公司成立于1996年，是按照GMP（GMP的中文意思是优良制造标准，它要求食品生产企业应具备良好的生产设备、合理的生产过程、完善的质量管理和严格的检测系统，确保最终产品的质量符合法规要求）标准建造和管理的现代化制药企业，占地面积10多万平方米，可生产片剂、针剂、口服液、颗粒剂、胶囊剂、糖浆剂、大容量注射剂等剂型的多种中西药品。康华药业有限公司成立以来非常注重新产品的研发和技术创新，每年投入的科研经费占销售收入的7%以上，已形成由康华制药研究有限公司、国内近百位知名医药专家组成的专家顾问团和国内十几所科研院所共同组成的横向联合研发网络。生产的主要产品为阿胶钙口服液、阿胶强骨口服液、钙VD泡腾片等，并且还生产板蓝根、复方丹参片、大蒜素等。

康华药业有限公司组织结构图如图7-1所示。市场开发人员属于市场部，市场部调查市场和客户了解市场的需求，以帮助企业生产客户需要的产品。

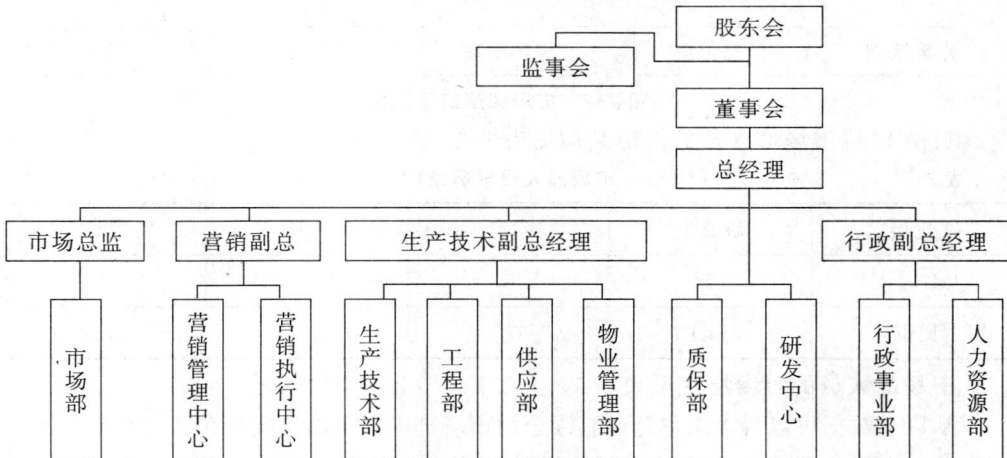

图7-1 康华药业有限公司组织结构图

2.康华药业有限公司人力资源状况

康华药业有限公司人员结构见表7-1。

表7-1 公司人员结构

岗位类型	管理	技术	营销	其他
人数	40	80	60	13
所占比例	20.7%	41.5%	31.1%	6.7%

公司现有人员193人，其中技术、管理、营销人员共180人（市场开发人员14人），其他勤杂人员13人，也就是说本案例的设计针对的是14位市场开发人员，不包括营销人员。其中硕士生30名，本科生120，专科生17人，其余为中专生和高中生。因为公司属高科技型企业，对员工的文化水平要求较高，因此这种人员文化结构还算比较合理。

康华药业有限公司市场部主要负责公司的市场开拓业务，目前主要成员包括市场部总监、经理、执行助理、方案策划、信息搜集、医药助理、媒介助理、市场监察等岗位（本案例将方案策划、信息搜集、医药助理、媒介助理、市场监察定义为市场开发人员所在的岗位）。市场部组织结构图如图7-2所示。

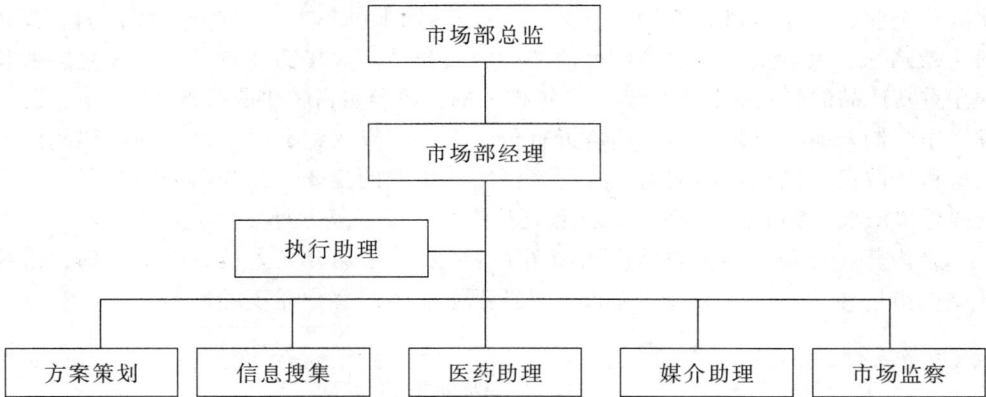

图7-2 市场部组织结构图

目前14位市场部人员的学历结构见表7-2。

表7-2 市场部人员学历结构

文化层次	研究生	本科	专科	专科以下
人数（人）	2	8	2	2
所占比重（%）	14.3	57.1	14. 3	14.3

市场部人员的年龄层次见表7-3。

从以上数据可以看出康华药业有限公司市场部人员学历层次较高，大部分员工为大专及以上学历。成员目前平均年龄不到30岁，年龄结构比较合理。因为市场开发人员要经常出去跑业务，对体力要求较高，所以年轻化的结构在这方面比较有优势。

表7-3

市场部人员年龄层次

年龄层次（岁）	20～30	31～40	41～50
人数（人）	10	3	1
所占比重（%）	71.5	21.4	7.1

二、康华药业有限公司市场开发人员绩效薪酬现状

1.康华药业有限公司市场开发人员绩效考核现状

康华药业有限公司市场开发部人员绩效管理的流程为总经理根据公司确定的战略目标及全年营销指标，向市场部总监下达全年营销指标（包含所有产品的营销整合方案指令），定期对任务完成情况进行监督、检查、考核，并根据情况参与研讨。市场部经理根据本部门的工作目标，分解、下达给产品经理和其他岗位，并定期对目标完成情况进行监督、检查、考核。

该公司采用360度考核办法，考评者包括直接上级、直接下级、员工本人、同级。品德项及能力项指标均采用百分制评分标准。权重分配见表7-4。

表7-4

权重分配表

自评分	上级	平级	下级
10%	70%	10%	10%

市场部人员的考评指标见表7-5。

表7-5

考评指标表

品德项（40%）	产品爱心（15%）	服务意识（15%）	忠诚守信（20%）	职业道德（15%）	责任心（20%）	勤奋（15%）	
能力项（60%）	专业知识（15%）	学习能力（15%）	语言文字（10%）	沟通能力（15%）	计划能力（15%）	协作能力（15%）	解决问题能力（15%）

市场开发人员考核分值=自评得分×10%+上级评分×70%+平级评分×10%+下级评分×10%

其中：

自评得分=自评品德项×40%+自评能力项×60%

上级评分=上级评品德项×40%+上级评能力项×60%

平级评分=平级评品德项×40%+平级评能力项×60%

下级评分=下级评品德项×40%+下级评能力项×60%

2.康华药业有限公司市场开发人员绩效薪酬现状

康华药业有限公司市场开发人员的薪酬构成包括岗位工资、绩效薪酬、工龄工资、津贴和福利。其中岗位工资占工资总额的45%，绩效工资占工资总额的35%，工龄工资占工资总额的5%，津贴占工资总额的5%，福利占工资总额的10%。下面具体描述该公司市场开发人员的绩效薪酬现状：该公司市场开发人员的绩效薪酬是

根据绩效考核的结果来确定的，具体办法见表7-6。

表7-6　　　　　　　　　　　考核表

考核分值	当季（月）业绩考核报酬
总分100分以上	拿全额工资，且每增加1分，奖励工资的5%
95≤总分＜100	全额工资的100%
85≤总分＜95	全额工资的85%
75≤总分＜85	全额工资的70%
70≤总分＜75	全额工资的50%
总分70分以下	全额工资为0

表7-6中的"工资"额＝"岗位工资"额。也就是说，全额的"工资"在数字上和"岗位工资"相等。设定："全额工资"为A；考核分值所对应的比例为X（X=100%、85%、70%、50%、0）；考核分值为B。所以，绩效薪酬=A×X+A（B-100）×5%；当B小于100时，绩效薪酬=A×X。

三、康华药业有限公司市场开发人员绩效薪酬体系存在的问题分析

该公司的绩效薪酬是依据绩效考核结果确定的，所以在分析市场开发人员绩效薪酬体系存在的问题时，应从绩效考核体系、绩效薪酬体系两个大方面来分析。在与市场开发人员面谈，对公司市场开发人员现行的绩效薪酬体系进行分析后，现将公司市场开发人员现行的绩效薪酬体系存在的问题归纳如下：

1.员工的考评指标缺乏科学性

公司对市场部人员的考评指标缺乏科学性，考评指标笼统，比较模糊，只是简单罗列出考评的指标，并没有对各指标进行详细说明，使得公司对员工无法进行系统有效的考评，当员工的考评结果出来时，不利于公司解释员工的考核结果。而且考核的各个指标没有设定相应的权重，无法对员工进行科学的考核，也无法将员工的考评结果与薪酬挂钩。总体上说，整个考评体系流于形式，没有实质作用。

2.绩效考核体系中考核指标所占权重分配不合理

由于公司大部分领导观念陈旧，缺乏与时俱进的理论水平，但在采用的360度测评方法中上级测评分占到了70%。这就造成公司采用360度测评方法的考核往往由一两个人说了算，"长官意识""个人意识"比较浓厚，缺乏全方位、公平公正的考核体系，这样人为地造成了内部的不公平感，挫伤了市场开发人员的积极性，会让员工把工作的重点大部分放在如何讨好上级方面，不利于工作的开展。而且公司的考核也只是作为加薪和升职的参考而已，所以造成了市场部人员士气低落。另外，绩效考核指标分配不合理。在被调查的市场开发人员中，有90%的市场开发

人员的绩效考核包括对他们工作业绩的考核，而对市场开发人员工作业绩考核有75%是以产品市场占有率为依据，简单地将产品市场占有率等同于绩效，仅仅用市场占有率来考核市场开发人员的业绩是短视和急功近利的，不能真实科学反映市场开发人员的绩效水平，体现企业长期绩效要求。

3.绩效薪酬激励性不足

绩效薪酬是以激励为最基本的出发点，它强调奖励个人的工作绩效，给予差别化的薪酬，这种基于个人绩效基础的薪酬制度能有效地促进员工的积极性、创造性和主动性。经过与该公司市场开发人员的面谈，可以得知他们对现行的绩效薪酬不满。他们认为，工作起来没有"后劲"，发展前途不大，大多数的市场开发人员的绩效薪酬差别不大，且个人的绩效工资涨幅不大。

4.绩效薪酬的沟通渠道不畅

通过跟公司市场开发人员的沟通，了解到现有的绩效薪酬方案基本上是公司管理层内部制定的，在政策执行时也基本上没有市场部人员参与。这样市场部人员会感到是被动地接受现有的绩效薪酬方案，市场开发人员对于措施的认同感不强，所以造成了市场开发人员对现行的激励方案运行不了解的情况。

综上所述，该公司的绩效考评体系流于形式，没有实质作用，所以需要根据相关专业知识重新设计。

四、康华药业有限公司市场开发人员绩效薪酬体系的设计

（一）康华药业有限公司市场开发人员绩效薪酬体系设计的原则及基本思路

1.康华药业有限公司市场开发人员绩效薪酬体系设计的原则

（1）公平性原则

绩效薪酬体系必须保证根据市场开发人员的工作业绩公平地支付薪酬，让多数市场开发人员产生"公平感"。

（2）激励性原则

市场开发人员绩效薪酬体系设计能起到对市场开发人员的当前激励、发展激励以及长远激励三个方面的作用。

（3）相关性原则

绩效薪酬体系的最大特点就是将市场开发人员的薪酬多少与他们所取得的绩效直接挂钩，绩效薪酬体系可以清晰地反映薪酬与绩效间的对应关系，充分体现市场开发人员工作业绩的劳动价值。

2.康华药业有限公司市场开发人员绩效薪酬体系设计的基本思路

企业市场开发人员绩效薪酬体系构建的基本思路依次为：确定关注对象、确定支付方式、确定绩效考核体系、确定绩效薪酬。

（1）确定关注对象

绩效薪酬关注对象的确定受到企业文化价值观和不同发展阶段的战略等因素

的影响。由于各企业的经营情况以及针对的工作人员不同，绩效薪酬关注的对象也不同，可分为个人绩效、团队绩效和组织绩效。个人绩效就是从个人层面上衡量绩效，每个人得到的绩效薪酬是建立在自己的绩效基础上的，个人绩效在企业中得到最大化体现，有利于强化个人的行为与结果；团队绩效或组织绩效是向一个团队或组织的每个员工提供一种群体绩效薪酬，即基于团队或整个组织的绩效。

本案例主要研究市场开发人员的个人绩效薪酬，通过对市场开发人员的绩效考核从而确定市场开发人员的绩效薪酬。

（2）确定支付方式

绩效薪酬的支付方式表现为企业以怎样的薪酬支付来建立与绩效的联系，这种联系有很多种，而且不同的企业差别很大。常见的有业绩工资、业绩奖金和业绩福利，也包括股票或利益共享计划等形式。就实施绩效薪酬的不同层次员工来讲，也存在很大差别，企业可以支付许多不同类型的绩效薪酬。一般来讲，企业高层更倾向于中长期绩效薪酬激励，而低层员工更倾向于短期的绩效薪酬激励；而且，依据不同的支付形式企业提供的绩效薪酬频率各不相同，有些是每月支付一次，也有些是每季度或每年支付一次。对于市场开发人员的绩效薪酬，我们应采用绩效工资的支付方式，并且按照月度考核结果进行发放。

（3）确定绩效考核体系

为了更好地激励市场开发人员的工作积极性以及提高市场开发人员的业绩，制定符合市场开发人员的绩效考核体系就显得尤为重要，本书采用360度绩效考核与关键绩效指标理论相结合的方式，利用考核表格的形式，将考核内容列入考核表。

（4）确定绩效薪酬

绩效薪酬是以员工的绩效考核为基础，通过员工的绩效考核结果确定的。如何将绩效考核与薪酬相连接，最常用的方法是通过公式：绩效薪酬=绩效工资基数×绩效考核系数。本案例就是采用上述公式来确定市场开发人员的绩效薪酬。

（二）康华药业有限公司市场开发人员绩效薪酬体系的设计

1.康华药业有限公司市场开发人员绩效考核指标的确定

对市场开发人员进行绩效考核可采用360度绩效考核法、关键绩效指标法相结合的方式，利用考核表格的形式，将考核内容列入考核表，依照预订的目标和要求进行考核。采用360度绩效考核法，应从不同层面的人员中搜集考评信息，从多个视角对员工进行综合绩效考评。然后根据某一个时期内的市场开发人员的工作重点，制定市场开发人员关键绩效考核指标。

公司可以从定量和定性两方面对市场开发人员进行定期考核，具体包括：工作业绩考核、工作态度考核和工作潜力考核。工作业绩考核可以从产品市场占有率、新增客户数量、费用控制比率等方面进行。市场开发人员个人的业绩考核结果由被考核者的直接主管负责。工作态度考核可以从客户满意度、团队合作精神、平均每天访问客户数以及工作积极性等方面进行。它通过被考核者的直接主管以及他的同事的评分得出考核结果。工作潜力考核可以从市场开发人员的学习能力、专业知识、专业技能等方面进行。它通过被考核者的直接主管、同事以及被考核者本人的评分得出考核结果。

由上所述，市场开发人员绩效考核指标见表7-7。

表7-7　　　　　　　　　　　**市场开发人员绩效考核指标**

指标名称		指标内容
定量指标	工作业绩指标	产品市场占有率
		新增客户数量
		费用控制比率
定性指标	工作态度指标	客户满意度
		团队合作精神
		工作积极性
		平均每天访问客户数
	工作潜力指标	学习能力
		专业知识
		专业技能

2.康华药业有限公司市场开发人员绩效考核指标权重、绩效薪酬的确定

绩效薪酬是为了激励和引导市场开发人员的浮动薪酬部分，根据每月末一次的绩效考核结果发放。

绩效薪酬=绩效薪酬基数×绩效考核系数

绩效薪酬基数由企业根据自己的实际情况自行确定，为了体现绩效薪酬对市场开发人员的激励性，在本案例中我们将绩效工资基数的数额定为2 000元。

绩效考核系数根据绩效考核分数确定：

$$\text{市场开发人员月度绩效考核系数} = \text{个人月度考核得分} / \left(\sum \text{所有市场开发人员的月度考核得分} \Big/ \text{市场开发人员总数}\right)$$

针对大多数企业绩效考核的实行情况和当前大多数学者的看法，我们对个人月度工作业绩考核、工作态度考核以及工作潜力考核的权重分别设为70％、15％和15％。其中工作业绩考核中，直接主管评分的权重为100％；工作态度考核中，直接主管和同事评分的权重分别为60％和40％；工作潜力考核中，直接主管、同事以及被考核者本人评分的权重分别为60％、25％和15％。

市场开发人员月度考核权重和计算方式见表7-8。

表7-8　　　　　　　　　　　**考核权重和计算方式表**

考核内容	权重	考核者	权重	各项得分计算方式	得分
工作业绩	70%	直接主管	100%	每月度工作业绩得分=直接主管评分	
工作态度	15%	直接主管	60%	每月工作态度得分=直接主管评分×60%+同事评分算术平均值×40%	
		同事	40%		
工作潜力	15%	直接主管	60%	每月工作潜力得分=直接主管评分×60%+同事评分算术平均值×25%+被考核者本人评分×15%	
		同事	25%		
		被考核者	15%		

月度考核得分=月度工作业绩得分×70%+月度工作态度得分×15%+月度工作潜力得分×15%
月度考核得分：

市场开发人员工作业绩考核表见表7-9。

表7-9　　　　　　　　　　　**工作业绩考核表**

考核指标	目标值	评分标准	实际完成情况	得分
产品市场占有率	占同行业市场的20%	达到目标值得50分；每增加一个百分点加2分，每减少一个百分点减2分		
新增客户数量	增加15位客户	达到目标值得30分，每增加一位客户加2分，每减少一位客户减2分		
费用控制比率	小于市场占有率的5%	达到目标值得20分，比率每增加2%减2分，每减少2%加2分		

　　由前文可知，在对市场开发人员进行业绩考核时，他们直接主管的考评所占权重为100%，即销售人员的工作业绩完全由他们的直接主管评定。
　　市场开发人员工作态度考核表见表7-10。
　　由前文可知，在对市场开发人员进行工作态度考核时，他们的直接主管和同事同时对他进行考评，其考评结果所占权重分别为60%和40%，也就是说：
　　市场开发人员工作态度得分=直接主管的评分×60%+同事评分×40%
　　市场开发人员工作潜力考核表见表7-11。

表7-10 **工作态度考核表**

指标项＼分数	A 11~15分 超出目标	B 10分 达到目标	C 6~9分 接近目标	D 6分以下 远低于目标	权重	得分
客户满意度	对市场开发人员的服务表示满意的客户≥90%；投诉率为0	80%≤对市场开发人员的服务表示满意的客户<90%；投诉率为0	70%≤对市场开发人员的服务表示满意的客户<80%；投诉率<5%	对市场开发人员的服务表示满意的客户<70%；投诉率≥5%	30%	
团队合作精神	主动向同事提供有效信息，帮助同事提高业绩	向同事提供有效信息，与同事保持良好的协作关系	有时为业绩向同事隐瞒有效信息，仅提供一般协作	为个人业绩与同事进行不良竞争，不积极响应同事请求	30%	
平均每天访问客户数	10户以上	10户	5户≤平均每天访问客户数<10户	平均每天访问客户数<5户	20%	
工作积极性	坚持主动学习业务知识；对额外任务能主动请求并且高质量完成；工作中善于发现问题，并经常提出新思路和建议	主动学习业务知识；主动承担一般的额外任务；工作中有时能够提出新的思路和建议	偶尔主动学习业务知识；有时主动完成一般额外任务；工作中能提出个别的新思路和建议	基本上主动学习业务知识；很少主动请求承担额外任务；工作中不能提出新思路和新的建议	20%	

由前文可知，在对市场开发人员进行工作潜力考核时，直接主管、同事以及被考核者本人评分的权重分别为60%、25%和15%。也就是说：

市场开发人员工作潜力得分=直接主管的评分×60%+同事评分×25%+被考核者评分×15%

表7-11 <center>**工作潜力考核表**</center>

级别	A	B	C	D	权重	分数
分值	10分以上	10分	5~8分	5分以下		
目标吻合度	超出目标	达到目标	接近目标	远低于目标		
学习能力	能够积极地学习各方面的知识，注重不断提高专业知识和岗位技能；遇到问题虚心向别人请教，能不断地在工作中积累经验	认真、主动学习工作中所需的专业知识和岗位技能，并能在工作中不断总结、提高解决实际问题的能力	能够学习工作中所需的专业知识和岗位技能，参加并顺利通过企业组织的培训，但主动性不够，涉猎面不广	很少学习工作中所需的知识和技能，培训考核成绩较差，工作中遇到问题不能虚心听取别人的意见	40%	
专业知识	系统全面掌握专业理论知识，对某些问题有独立见解	掌握销售、信息技术专业理论知识；知识掌握具有一定的深度	一般地掌握专业知识，能够满足工作要求	对市场开发的知识仅有粗浅的了解，影响工作的正常进行	30%	
专业技能	业务水平高，理论功底和技术水平扎实	业务水平达到岗位要求，能够完成上级安排的岗位职责内的工作	业务水平基本达到岗位要求，但仍需一定的努力才能完成岗位工作	业务能力一般，工作中经常出现差错	30%	

五、总结

1.康华药业有限公司市场开发人员绩效薪酬体系实施的可行性分析

本案例对该公司的市场开发人员绩效薪酬体系存在的问题进行了分析，如果该公司实施了新的绩效薪酬体系，将会给公司带来以下改进：

（1）市场开发人员的公平感提高。改进该公司的绩效薪酬体系遵循的就是公平性原则，这会消除员工的不公平感。

（2）使员工的工作重点不再放在上级身上。在对市场开发人员绩效考核权重进行调整以后，测评结果不再是上级说了算，这样就会使员工将大部分心思放在工作中，从而提高自己的业绩。该绩效薪酬体系是站在企业和员工的角度改进的，我认为在实施该措施后将会给企业和员工带来一个双赢的结果，所以该体系实施的可能性还是很高的。

2.康华药业有限公司市场开发人员绩效薪酬体系顺利实施时应注意的问题

要实现市场开发人员的有效激励，仅有一个完整的绩效薪酬体系还不够，还需要建立相应的分级管理制度和优秀的企业文化予以配合，这样才能使绩效薪酬体系顺利运行并发挥作用。

（1）建立市场开发人员分级管理制度

实施分级管理，可以对市场开发人员进行更有针对性的管理，更好地激励市场开发人员，为绩效薪酬体系的运行奠定良好的基础。在实践中，由于在经验、技能、信心以及对市场和客户资源的了解方面存在差异，市场开发人员的业绩有很大的不同。因此，要对开发队伍实施有效的激励，要提高企业业绩，就必须对市场开发人员进行差别化管理，重点激励那些能够给企业带来高业绩的核心人员。

（2）培育优秀的企业文化

企业文化虽然是无形的、隐含的、不可触摸的，但对企业员工却有着目标导向、行为规范、精神凝聚和内在激励等多重功能，它是企业薪酬体系顺利运行的重要基础保障。优秀的企业文化可以规范和统一市场开发人员的思想和行为，有助于塑造一个良好的工作氛围，激励市场开发人员全心全意投入工作，能够为优秀的市场开发人员提供施展才华的空间和舞台，激励他们取得更好的业绩，并且有利于提高组织的凝聚力，培养市场开发人员的忠诚感，稳定销售队伍。

案例八　恒和水泥有限责任公司生产人员奖金方案设计

一、公司背景

恒和水泥有限责任公司成立于1998年11月，公司拥有先进的水泥工艺生产线。公司根据市场需要组织各品种的水泥生产，先后研发多个水泥品种，能够承担科技开发，新产品的开发、中试、试生产，生产工艺重大课题的技术攻关等难题。公司致力于组织新技术、新工艺、新材料、新设备的引进、吸收、消化、推广、应用，水泥技术交流与合作。在现有生产工艺条件下通过技术创新实施产品结构调整战略，实现优化资源配置、提高产品质量、降低消耗、提高综合效益的目标，消化吸收引进技术和设备，注意行业技术发展动态，为企业发展提供可选择的战略依据。公司严格执行ISO 9001：2000质量管理体系、ISO 14001：2004环境管理体系、OHSAS 18001职业健康安全管理体系标准，主要生产硅酸盐，快硬硫铝酸盐，白色、彩色水泥，活性石灰，陶粒，矿渣微粉等十余个品种。

公司现有员工490人，以生产人员有310人，占总人数的63%。

生产人员结构分析如下：

（1）生产人员的年龄构成

公司310名生产人员，其中18～25岁的人员有89人，25～35岁的人员有113人，35～45岁的人员有67人，45岁以上人员有41人，人员主要分布在45岁以下，如图8-1所示。

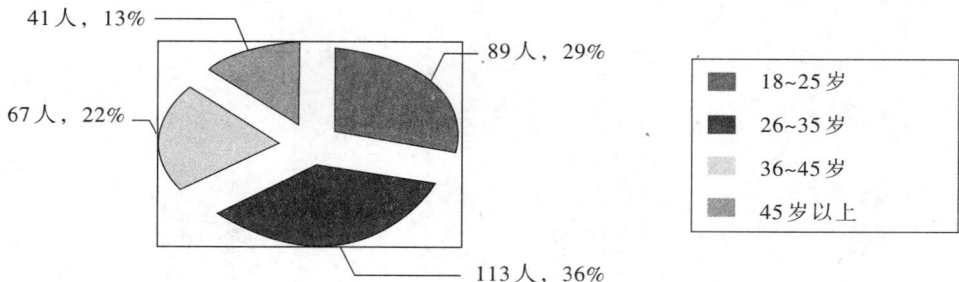

图8-1　人员年龄构成

（2）人员学历构成

大专（含大专）以上学历为47人，中专学历为90人，高中学历为114人，初中学历为59人，如图8-2所示。

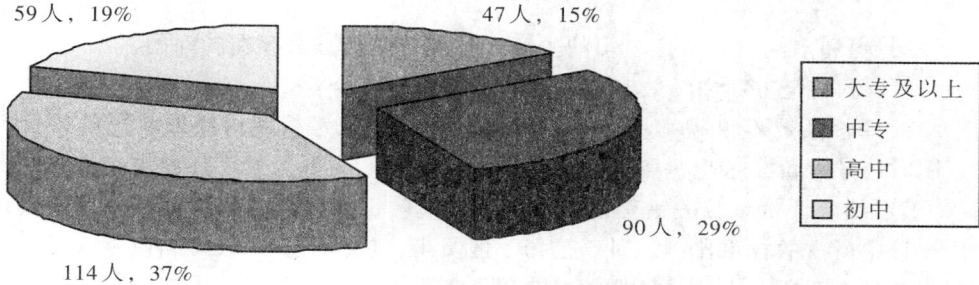

图8-2　生产人员学历构成

由于公司是生产型企业，在人员运用上注重年轻化，但在人员的知识化、专业化方面引进不够，导致公司欠缺技术方面人才。

近几年公司根据其经营战略，有意识地吸收高素质人才，在新引进的大专生中99%都拥有技能证书，公司在引进员工时也特别关注员工的积极性、主动性和创造性，这些因素可以带动老员工的工作热情，使生产人员的整体水平不断提升，并直接影响整个企业的效率和效益。

二、恒和水泥有限责任公司生产人员现行奖金分配方案

公司根据员工的岗位年工资总收入，确定绩效奖金的比例，在此基础上，确定员工的奖金基数，综合对生产人员进行考核，确定考核系数，发放奖金。

生产人员的基本工资作为组织性工资，一般都是一样的，可以体现生产人员不同能力程度的是绩效工资，公司生产人员的绩效工资比例占总工资的15%，导致有能力的生产人员与一般的生产人员的工资总额相差不多，付出多的和付出少的人得到几乎同样的报酬就会使努力工作的人失去热情，使本来就想偷懒的员工更加心安，员工无法从工资额度的悬殊中得到努力工作的满足感和成就感，不利于激发员工更高层次的需要与愿望，相应地也就不利于员工提高工作效率与工作质量。公司对生产人员的考核根据定量与定性考核指标，得到员工个人绩效考核结果，按照20%、70%、10%的比例来界定员工绩效等级，考核结果排名在前20%的员工为超出期望，排名在前70%的为基本完成任务，排名后10%的为需要努力。并经过管理层的讨论对各等级确定绩效系数，也就是说系数的确定是一个拍脑袋决定的过程。

三、恒和水泥有限责任公司的生产人员现行奖金方案存在的问题及原因分析

（一）恒和水泥有限责任公司的生产人员现行奖金方案存在的问题

1.现行的奖金方案中绩效奖金系数不合理

绩效评价系数不仅是衡量一个组织各阶层员工在考核期内绩效状况的评价尺度，同时绩效评价系数也是影响最终绩效奖金高低的主要因素。任政文在文章中提到："确定绩效评价系数关键是确定员工个人绩效、部门或团队绩效和公司绩效在评价过程中所占的权重比例。对于公司一般员工，应该看到，公司绩效也就是公司利润应该是企业所有人共同创造的，普通员工虽然对利润的影响力度小，那只不过是考核比例多少的问题。"

但通过对公司文案资料的研究，发现公司现行的生产人员奖金方案中，奖金的系数只涉及个人因素，而对于部门和公司的影响因素并没有考虑。同时该公司生产人员的奖金系数如下：

管理层根据考核结果将超出期望的个人绩效系数定为1.1，基本完成任务的个人绩效系数定为1.0，需要努力的个人绩效系数定为0.9。

这样确定的绩效系数将员工的工作业绩界定在了一个固定的等级里，无法体现员工的能力差异，如在20%超出期望的员工里，各个员工能力也是不同的，将其归为一个等级，无法深层次激励优秀员工更加努力工作。同时个人绩效系数范围太窄，著名的战略绩效专家王小刚在《企业薪酬管理最佳实践》中提到员工绩效系数在0.6~1.4这个范围最佳。

2.奖金的结构单一，激励效果有限

奖金激励功能来自依据个人劳动贡献形成的收入差别。利用这些差别，使员工的收入与劳动贡献联系在一起，起到奖励先进、鞭策后进的作用。由于奖金的针对性和灵活性都较强，它可以根据工作需要，灵活决定其标准、范围和奖励周期等，有针对性地激励某项工作的进行，所以奖金在物质激励中起到的作用也是最大的。从该公司的文案资料中看出，奖金在员工薪资收入中所占的比例不高，因此，奖金的激励效果不突出。

该公司的奖金分配仅仅采用了系数法一种方式，员工获得的奖金完全由自己的奖金系数决定，而奖金灵活性和针对性较强的特点基本没有发挥出来，奖金变成了员工的固定收入，变相地成为另一种工资。这样的奖金分配形式在对员工的激励上远远没有达到应该达到的效果。

3.奖金分配依据的确定过于粗放，公平性差

该公司奖金分配的依据是员工个人的奖金系数。系数法是奖金分配的基本方法之一，是在按岗位进行劳动评价的基础上，根据岗位贡献大小确定岗位的奖金系数，然后根据个人完成任务情况，按系数进行分配的一种奖金分配方法，系数法要

求在员工奖金系数的确定过程中应做出公平客观的评价。该公司生产人员奖金系数的确定过于粗放，存在严重缺陷：

（1）确定系数的方式难以服众。该公司生产人员奖金系数是由公司领导开会决定的，是由领导"拍脑袋"决定的，即使最终确定的系数非常切合实际，但缺少真实数据的评价只能使员工口服心不服。

（2）确定系数的指标过于片面。公司领导在研究决定员工奖金系数的时候，仅仅考虑员工的工龄、职称、岗位等一些不变因素，而对于员工的岗位适应性、技能水平、沟通协调能力等主观因素，却为了平衡起见，人为地忽视了。这就出现了无论工作业绩如何，只要硬件指标一样，奖金系数就一样的情况，使得奖金的发放出现了明显的不公平。

（二）恒和水泥有限责任公司的生产人员现行奖金方案存在问题的原因分析

1.公司建设期缺少专业人员对奖金进行管理

公司在创立之初，需快速收回成本，所以设计奖金方案时，追求利润最大化原则，生产人员的奖金基数和奖金系数的确定，考虑的因素过少，但随着公司的不断发展，资金不断流入，高素质生产人员不断引进，公司应将关注点转移到员工的个人能力、贡献等因素上。

最初制订的奖金方案因为公司职能部门不健全，缺少直接负责的人员，使得奖金方案的发放周期过长，达不到激励员工的效果。

2.公司管理者缺乏奖金管理知识

该公司由原来地区一家小水泥厂改建而来，在改建的过程中，提拔了一部分跟随公司创业的人员作为管理者，他们缺乏企业管理经验，因此公司制订的生产人员奖金方案没有科学依据，是根据以往的经验、知识制定的奖金系数、发放时机，造成生产人员的奖金与企业经营效益脱节，不能适应市场经济的发展，也不利于员工理念的革新和进步。

3.没有与公司发展战略相结合

企业管理者在设计奖金方案时更多考虑的是公平性和稳定性，对企业的发展战略思考不多，缺乏对奖金设计的正确认识，就更谈不上思考以人力资源战略去支撑企业发展战略，不可能很好地将企业奖金制度构建与企业发展目标有机结合起来，使企业奖金制度成为促进企业生产经营发展的重要杠杆。企业制定的发展战略目标是最大限度地占有本地市场，以规模生产获取经济效益。而要实现这个目标，需要提高员工的工作积极性，提高生产质量，缩短生产周期，尽可能地获得潜在顾客群。然而当前企业的奖金方案没有与企业发展目标结合，很难激发员工的工作积极性。

三、恒和水泥有限责任公司生产人员奖金方案优化设计

（一）恒和水泥有限责任公司生产人员奖金方案优化设计原则

在奖金方案优化设计时，秉持的原则为"多超多奖、少超少奖、上不封顶、下

不保底"，设定个人绩效考核下限，个人半年/年终绩效评估分数低于60分，则取消其半年/年终绩效奖金；同时根据公司和部门完成整体目标情况确定绩效系数，其系数最低可为0。

恒和水泥有限责任公司生产人员奖金方案优化设计思路如图8-3所示。

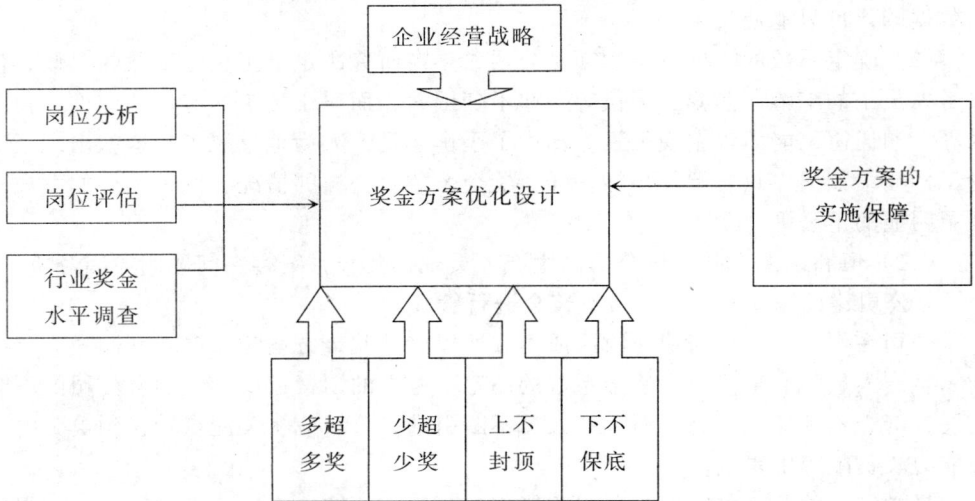

图8-3　生产人员奖金方案优化设计思路

（二）奖金方案优化设计

1.生产人员奖金定位

在解决如何改进奖金方案之前，要明确公司员工薪酬水平的定位，这是确定奖金分配模式的基础。薪酬水平的定位，就是要在分析同行业的薪酬数据后，根据企业状况，确定奖金的定位。

定位薪酬水平必须开展薪酬调查，由于该公司人员和职位比较简单，本次薪酬水平的确定是通过有关人员提供相关数据进行比较的。公司生产人员的薪酬水平在同行业中属于跟随型，这与该公司在当地的水泥市场中所占的份额和所处的地位是匹配的。生产人员薪资收入中，奖金占的比重是比较大的，所以，该公司生产人员奖金定位比较明确，就是要用奖金作为物质激励的主要手段，激发员工的工作热情和主观能动性。

2.确定生产人员奖金的种类

公司在建设期，生产人员的奖金以差异性比较大的绩效奖金为主，能充分调动生产人员的工作积极性，再辅以针对个人特别突出的优质业绩奖励的个人特别绩效奖，个人特别绩效奖类似于我们通常所说的"个人突出贡献奖"，其最突出的特点是奖励具有极强的针对性和灵活性，能较好地起到以点带面的激励效果。

个人奖金容易造成员工之间的恶性竞争，不和谐。缓解这种不良竞争需要集体奖，施行集体奖可以激励员工积极工作同时促进员工相互协作。

年终奖是对员工的投资，这种投资是给员工创造一种良好的环境，不仅仅是对员工价值的认可，同时这种激励行为也使员工的自信心增强，进一步增强公司的凝聚力。

3.确定奖金基数

根据恒和水泥有限责任公司战略发展目标的需要，为确保公司整体薪酬水平具备外部竞争性和内部公平性，从而吸引、保留和激励员工，应综合考虑社会物价水平、公司支付能力以及生产人员在公司的相对价值、员工贡献大小等因素，以岗位价值为基础，确定生产人员年工资总收入，再确定绩效奖金占总工资的比例，进而将绩效奖金拆分为月度奖金、半年度奖金、年度奖金。在设计奖金时首先应确定生产人员的奖金基数（以月度奖金基数为例）。

奖金基数=岗位年工资额×岗位奖金比例×奖金拆分比例

岗位年工资额：生产人员年工资平均额。

岗位奖金比例：生产人员的奖金占总工资的比例为20%。

奖金拆分比例：将员工的奖金拆分成月度奖金、半年度奖金、年度奖金，具体比例见表8-1。

表8-1　　　　　　　　　　生产人员奖金基数拆分比例

名称	月度奖金	半年度奖金	年度奖金
比重	25%	35%	40%

4.确定奖金系数

在确定奖金系数之前，要有一个相应的绩效考核方案，绩效考核方案与奖金发放是离不开的，员工个人的绩效水平决定了其奖金的多少，因此，建立合理的绩效考核体系是奖金方案有效实施的保证。绩效考核是一种正式的评估制度，它是通过系统的方法、原理来评定和测量员工在职务上的工作行为和工作效果。绩效考核能够为企业提供一个客观、公正的标准进行奖金发放。

（1）绩效考核指标

表8-2中的个人绩效考核指标以操作类员工为例。

表8-2　　　　　　　　　　个人绩效考核指标

指标名称	比重（100分）	衡量标准		得分
产量指标	20	熟料产量完成率每超1%奖2分		
经济技术指标	20	台产各占5分	生料磨台产85吨/小时，每提高1%奖0.1分，降低1%扣0.1分	
			回转窑台产50吨/小时，每提高1%奖0.6分，降低1%扣0.3分	
		运转率占5分	回转窑运转率85%，每提高1%奖0.6分，降低1%扣0.3分	

指标名称	比重（100分）	衡量标准		得分
经济技术指标	20	熟料综合电耗占2.5分	熟料综合电耗85度/吨，每降低1%奖0.3分，每升高1%扣0.15分	
		标准煤耗占2.5分	标准煤耗150千克/吨，每降低1%奖0.5分，每升高1%扣0.25分	
质量指标	25	工序质量合格率占20分	员工工序质量合格率≥87%，每升高或降低1%奖或扣0.6分	
		质量事故占5分	详见相关质量管理办法	
客户投诉	15	下一操作工序人员对上一工序操作人员投诉，经经理室批准，每发生一次扣1分		
成本指标	18	员工考核熟料累计完全成本，每降低或升高1%，奖或扣0.5分		
机物料	2	机物料消耗，节约或超过1%奖或扣员工0.2分		

注：以上奖扣分均不超过所占比例。

（2）考核周期、方式、考核人对应表（见表8-3）

表8-3　　　　　　　　考核周期、方式、考核人对应表

被考核人	考核周期	考核方式	考核人及权重	
			一次考核人	二次考核人
生产人员	月度、半年度、年度	量表法	直接上级（40%） 同事　　（40%）	部门负责人（20%）

（3）考核评分、考核等级和考核系数对应表（见表8-4）

表8-4　　　　　　考核评分、考核等级和考核系数对应表

考核评分	95~100	90~94	80~89	70~79	60~69	0~59
考核等级	A+	A	B	C	D	D-
考核系数	1.2	1.1	1.0	0.8	0.3	0

部门绩效考核指标以质量、产量、成本节约、利润、管理指标为主，由公司高层管理者与各部门负责人进行考核，公司绩效指标以产量、质量、成本节约、利润、安全事故，管理指标为主，由股份公司管理层与各分公司负责人进行考核。

原奖金方案对公司生产人员，只考核个人绩效，即他们只要完成公司下达的任

务，达到公司的工作要求，即完成了本职工作，他们的奖金不受部门绩效和公司绩效的影响。但是应该看到，公司绩效，即公司利润应该是企业所有人共同努力的结果，所以在优化设计时加入了部门绩效和公司绩效。生产人员各绩效比例分布见表8-5。

表8-5　　　　　　　　　　　生产人员各绩效比例分布表

岗位	个人绩效（a）	部门绩效（b）	公司绩效（c）
生产人员	90%	5%	5%

那么生产人员的绩效奖金系数公式为：

绩效奖金系数=个人绩效系数×a+部门绩效系数×b+公司绩效系数×c

个人绩效系数=个人考核得分/同一考核人所考核人员的月度平均得分

部门绩效系数=部门考核得分/同一考核人所考核部门的月度平均得分

公司绩效系数=公司考核得分/同一考核人所考核公司的月度平均得分

5.奖金的分配

（1）绩效奖金

①以生产车间某一般操作员工月度奖金为例，假定他的岗位年工资为24 000元，那么他的奖金为4 800元，月度奖金为1 200元，个人绩效系数为1.2，部门绩效系数为1.3，公司绩效系数为1.3。

月度绩效奖金=月度奖金基数×月度奖金系数

月度奖金基数=岗位年工资额×岗位奖金比例×奖金拆分比例

$\qquad$ =24 000×20%×25%=1 200（元）

月度奖金系数=个人绩效系数×a+部门绩效系数×b+公司绩效系数×c

$\qquad$ =1.2×90%+1.3×5%+1.3×5%=1.21

月度绩效奖金=（1.2×90%+1.3×5%+1.3×5%）×1 200=1 452（元）

②个人特别绩效奖

个人特别绩效奖主要包括以下几种：超产奖、质量奖、节约奖、技术改进奖，金额见表8-6。各种奖金的发放以生产人员的绩效考核得分为参考依据，对绩效考核分数进行排序，对排在第一名的人员给予奖励。

表8-6　　　　　　　　　　　个人特别绩效奖金额

名称	超产奖	质量奖	节约奖	技术改进奖
金额（元）	100	100	100	100

个人特别绩效奖主要是为了激励生产人员最大限度地发挥自己的能力，提高员工整体绩效水平，同时提高公司的绩效水平。

（2）集体奖金

以生产车间的某一班组为考核单位，考核的指标为成本指标，与上一月度该班组生产成本进行比较，将本月度降低的成本部分进行折现，作为班组的奖金，全部发放给班组，班组按照具体情况再分配。

（3）年终奖

除依据绩效考核发奖金，公司还制订了利润分享计划，采用累进分享比例的方法，即规定若干个利润段，在不同的利润段采用不同的分享比例，利润越高提取比例也越高。

举例：公司规定利润额的达标值为300万元，300万元以内分享比例为6%，在300万～800万元之间分享比例为12%，800万～1 500万元之间的分享比例为16%，1 500万元以上的分享比例为22%（生产人员奖金占每种分享比例的40%）。

采用利润分享计划可以达到一种长期激励效果，使生产人员不断努力工作，获得高额的奖金。

四、恒和水泥有限责任公司生产人员实施新奖金方案的配套措施

1.有效的沟通机制

任何一个奖金方案都不是完美的，也不可能同时满足所有员工的要求，因此，奖金方案的实施过程必然会伴随着各种问题，如何及时、有效地解决这些问题是奖金方案成功实施的关键。由于信息不对称，员工很容易对新方案产生抵触情绪，更何况新方案的实施难免会给部分员工的利益带来负面影响，所以与员工进行充分沟通，使他们认识到新方案的优点才能获得他们的支持。

恒和水泥有限责任公司生产人员奖金方案的优化设计充分考虑了生产人员的意见，相关人员也参与优化设计的整个过程，因此奖金方案的实施必须先获得这部分人员的支持，包括总工、制造部部长、各生产小组的组长。生产小组组长是生产人员的直接上级，他们的言行很容易对生产人员产生影响，对新体系的实施具有非常重要的影响。公司要通过他们对新体系进行全面宣传，使生产人员充分、正确地认识奖金方案。为了推动奖金方案的实施，在各生产组组长的考核体系中应加大沟通交流这一项的比重，确保他们很好地与员工进行沟通。

良好的沟通是奖金方案实施和不断完善的保证。如果把奖金制度作为驱动公司战略的工具的话，奖金所起的作用实际上就是引导和改变一种和公司战略相吻合的员工行为方式和企业文化。为了实现这一目的，管理层和奖金方案实施人员必须让员工对奖金的理解与他们的理解和认识一致；否则，根本不可能起到战略驱动工具的作用。

2.良好的企业文化

企业文化对强化员工工作动机，激发员工工作主动性、积极性和创造性能产生巨大作用。恒和水泥有限责任公司由于规模小、发展时间短，基础管理水平较低，因此公司的管理更多追求的是科学管理、不断提高管理水平。公司高层也认为生存是关键，对企业文化建设并不热心。这使得公司的企业文化建设滞后于发展需求，生产人员的绩效奖金难与公司发展挂钩，造成生产人员对公司发展漠不关心，使得公司的产品质量上不去，流失很多顾客。

　　良好的企业文化是对生产人员的一种无形激励。用企业自身独特的文化精神理念指导员工的统一行动，应贯穿于人力资源开发管理的整个体系和所有环节。良好企业文化的形成，首先必须树立现代"共赢"的价值观，兼顾所有者利益、社会利益和员工利益，尊重和满足员工的物质和精神需要，保障员工的权利和利益。其次要建立人性化的管理氛围，这是培养员工的献身精神和忠诚度的最好选择。

　　具体来说，公司可以从以下两方面着手：

　　（1）以制度推进文化建设。公司可以要求生产人员以小组为单位定期开展交流活动，每个员工对自己近期的工作进行总结，谈谈工作中的感受、工作经验等，特别是先进生产人员的经验交流。通过这种方式，可以形成良好的沟通交流的氛围。长期坚持下来，这种制度规定将转变成员工的一种自发自愿的行为，形成一种良好的企业习惯。

　　（2）充分发挥领导的个人魅力，通过领导切身的言传身教使员工体会到公司对他们的重视与关注，提升他们的工作积极性和认同感。恒和水泥有限责任公司创业初期领导与员工经常在一起，员工遇到的问题能够及时与领导进行沟通交流，领导也可以准确把握员工的心理，采取适当的措施调动他们的积极性，使得员工有着很强的认同感和归属感。随着企业规模的扩大，领导难以像以往一样与员工沟通、交流，但领导对员工的关心可以通过各级管理人员以及自身的一些行动传递给员工，让员工感受到企业对他们的重视与关心。

　　通过这两方面的努力，恒和水泥有限责任公司便可形成一个良好的企业文化，缓解目前生产人员积极性不高、归属感不强的问题，也保障了新奖金体系的顺利实施。

第三篇　福利设计与管理案例

福利是总报酬的重要组成部分，大多表现为非现金收入，如各种保障计划、休假、服务以及实物报酬；通常采取间接支付的发放形式，福利不同于工资和奖金，可以完全在当期得到直接体现，有些福利项目可能要在若干年后员工才能享受，几乎所有正式员工都可得到福利；福利通常为非劳动收入，经常是为了特殊的、员工关心的事件提供的补偿。

员工福利可以使企业获得人才竞争优势、低成本优势，并且特别能促进知识型企业核心能力的增加。根据美国康奈尔大学 Snell 教授的理论，人力资源管理其实就是对企业核心员工的管理，即对核心能力载体的人本管理。福利管理越人性化，越能增加企业的凝聚力，进而就越有利于人力资源管理核心目标的实现。福利（benefits）作为总体报酬（total compensation）中非货币性质的报酬，相对于货币报酬来说它具有以下四点无可比拟的优势[①]：（1）设计良好的福利体系可以帮助实现企业人力资源管理活动的目标，进而实现企业的战略目标。设计良好的福利体系可以为企业吸引和保留需要的员工；好的员工福利体系有助于充分发挥员工的积极性和主动性；员工福利有利于节省企业的人工成本。（2）设计良好的福利体系可以鼓励员工之间的合作。（3）员工福利体现了企业对员工的情感投入和人文关怀，能够对员工产生很大的激励作用。（4）传递企业的文化和价值观。

福利不仅具有保障功能，可以提高员工的生活质量，更重要的是它的激励功能，因此福利不应该仅仅作为对员工的一种好处，而是要成为一种有效的人力资源管理手段。核心员工是企业的竞争优势所在，为他们设计专门的福利计划能够提高企业在劳动力市场上的竞争力。因此，企业要通过核心员工的福利计划来吸纳和留住这些人才，并激励他们更加积极主动地工作，取得高工作绩效。福利在吸引和保留关键人才方面是一种非常有效的工具，世界知名咨询公司翰威特，每年都要组织一次"中国最佳雇主"评选，据了解，获得"最佳雇主"荣誉的公司无一例外，他们都是以丰厚的福利回报员工，例如非常灵活的福利组合计划等。福利对雇员是一种长期承诺，它表达了企业对雇员的关心程度，它增强雇员对企业的忠诚度、归属感。另一方面，福利在很大程度上影响雇员的心理，进而会影响他们在工作中的效率和责任，在这些"最佳雇主"名单中，无一例外都是世界500强公司，骄人的业绩无不彰显着企业稳定、持续的发展。[②]

福利可以有以下几种分类：（1）按应用目的可分为保障型福利、保险型福利和服务型福利；（2）按制定对象可分为法定福利和企业自助福利；（3）按支付对象分为管理者福利和员工福利；（4）按员工的选择权可分为固定福利和弹性福利。

其中，"自助式福利"也称弹性福利，是指企业在员工充分参与的基础上，建立每位员工不同的福利组合，并定期随着其兴趣爱好和需求变化，做出相应的变更。员工可以根据自身工作和生活实际情况，从企业提供的各种福利项目菜单中自

① 佚名. 企业核心员工的福利待遇计划设计方法 [EB/OL]. [2017-12-11]. http://www.docin.com/p-1501807478.html? docfrom=rrela.
② 王萍. B公司福利计划研究 [D]. 南京：南京理工大学，2009.

由选择其所需要的福利。理论界对其定义不一，但万变不离其宗，其核心思想主要是员工可以从企业所提供的各种福利项目菜单中选择其需要的一套福利方案，而福利菜单中列出的福利项目都会附一个金额，员工在自己的限额内购买喜欢的福利。需要强调的是，自助并不意味着员工可以完全自由地选择，有一些项目是必选项，如法定的社会保险等。

自助式福利具有传统福利制度不可比拟的优点：

第一，对员工而言，可以根据自己的实际情况，选择对自己有利的福利。由于每位员工的情况是不同的，因此他们的需求可能也是不同的，例如，年轻的员工可能更喜欢以货币的方式支付福利，有孩子的员工可能希望企业提供儿童照顾的津贴，年龄大的员工又可能特别关注养老保险和医疗保险。自助式福利的实施，充分考虑了员工的需求，使他们可以根据自己的需求来选择福利项目。这样就满足了员工不同的需求，对员工具有更好的激励作用，增进员工对福利制度的了解，从而提高了福利计划的适应性，这是自助式福利最大的优点。

第二，对企业而言，自助式福利由于通常会在每个福利项目后标示其金额，从而使员工了解每项福利和成本间的关系，让员工珍惜，从而有利于企业管理和控制成本。企业也能运用有限的福利资源，提升企业的形象和竞争力。由员工自行选择需要的福利项目，企业就可以不再提供那些员工不需要的福利，这有助于节约福利成本。此外，还可以作为新的激励制度。

第三，员工喜欢实施弹性福利制的组织，因而自助式福利有助于企业网罗优秀人才；员工选择自己适用的福利项目，提高了员工的满意度，降低员工的离职率；自助式福利也给了员工一定的参与空间，有助于提高激励作用。

自助式福利不仅满足了员工对于福利计划灵活性的要求，使得他们能够看清自己的权利和义务，同时也是组织提高福利成本投资回报率的一种重要手段。此外，自助式福利通过提高员工的自主选择权，促进员工和企业之间的沟通，强化组织和员工之间的相互信任关系，从而有利于提高员工的工作满意度。自助式福利作为一种新兴的、具有很强灵活性的福利模式，得到越来越多企业和员工的认可，已成为我国员工福利的重要发展趋势。

现在，我国的人力资源市场正发生着巨大的变化，企业间人才竞争的意识逐步加强，人才流动频繁。很多企业的观念也开始转变，更加关注如何通过有效的薪酬福利体系保障、激励和留住人才，从而实现企业的目标。因此，自助式福利对我国企业参考、借鉴、设计本企业的薪酬福利体系具有积极作用。

案例九 铁坪矿区自助式福利体系设计

一、铁坪矿区员工现行福利体系状况

1.铁坪矿区概况

铁坪煤矿是SL公司下属的一个煤矿，也是其中历史最久、规模最大的一个煤矿，全矿员工397人，年生产能力200万吨。SL公司主要经营范围为煤炭生产和销售、发电、热力生产供给、机械制造与维修、水泥、工程施工等。近年来，铁坪煤矿坚持"以人为本、科技兴矿"，强化矿井安全质量标准化，已连续实现安全生产16年，跨入全国安全生产先前六名，在SL公司名列榜首。

十余年来，铁坪煤矿牢固树立"安全第一、预防为主"的安全观，强化了员工的自主保安意识，使"我要安全"成为每位职工的自觉行动，还逐渐建立、完善了科技创新体系，成立了以矿长为主的人才使用、资金投入的保障体系，以工程师为主的工程技术人员科技创新、科技攻关和技术改造网络体系，全员参与发明创造成果推广应用体系，为矿井实现安全生产提供了可靠保证。

2.铁坪矿区人力资源现状

（1）公司部门情况及性别结构（见表9-1）

表9-1　　　　　　　　　　公司部门情况及性别结构表

性别＼部门	机关	综采队	机运队	通灭队	洗选厂	占总人数比例
男	35	120	69	40	40	76.57%
女	25	0	23	0	45	23.43%

（2）员工的文化素质结构

文化素质主要通过学历结构来体现，如图9-1所示。

图9-1中员工的学历分布近似正态分布，中专以上学历人员占总人数的82%。由此看出，应加大培训力度和继续教育工作，调动员工的学习积极性，还应采取措施，改善工作环境，以吸引高级人才。

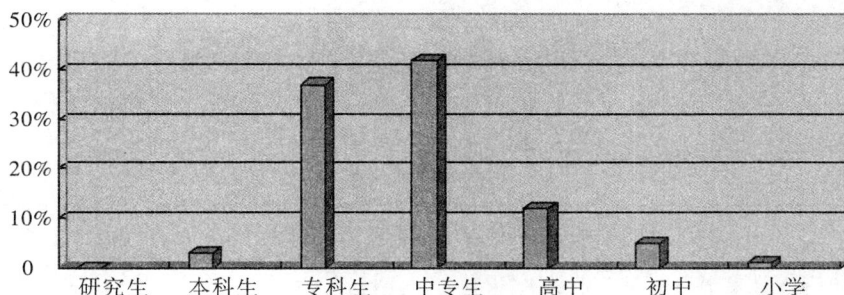

图9-1　学历分布图

（3）员工的年龄结构

年龄结构反映了员工队伍的精力状况及新老衔接程度，如图9-2所示。

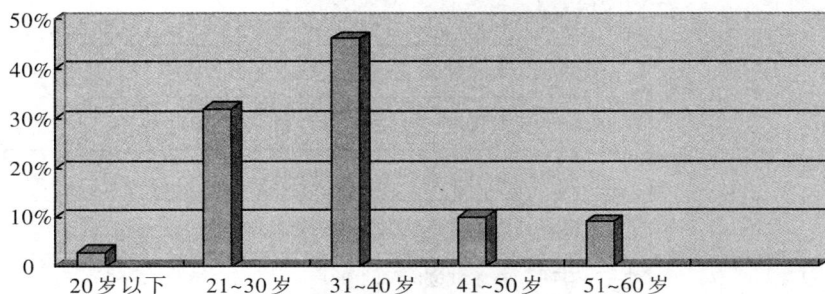

图9-2　年龄分布图

由图9-2可看出，各年龄段人数分布不均。21~30岁和31~40岁区域呈两峰状，40岁以下占81%，中青年人占大多数。各年龄段人数分布基本合理，反映了职工队伍良好的精力状况。

（4）员工职称结构

职称结构反映人员队伍不同级别人才的配置情况，见表9-2。

表9-2　　　　　　　　　　　　　　职称结构表

职称＼部门	机关	综采队	机运队	通灭队	洗选厂	占总人数比例
高级	1	2	3	0	0	1.5%
中级	0	5	12	3	3	5.8%
初级	0	11	0	0	0	2.8%

由表9-2可看出高级职称人才比例偏低，大多数员工无职称。因此，应加大培训力度和继续教育工作，以带动员工的学习和晋升，调动其积极性。同时，也可从外界吸引人才。

3.铁坪矿区的现行福利体系状况

由于公司是国有性质，盈利状况也较好，支付给员工的福利占其薪酬总额的比重大约为25%，提供的福利项目也比较全面，所以员工的福利情况总体来说比较丰厚。

公司现行的员工福利主要有法定福利和企业自主福利两部分，法定福利是国家法律强制实施的；企业自主福利是企业根据自身的财务状况、行业特征和员工普遍需求等提供给员工的福利。公司现行福利见表9-3。

表9-3　　　　　　　　　　　　　公司现行福利表

	法定福利	1.社会保险
现行员工福利		2.带薪休假
		3.住房公积金
	自主福利	1.退休福利（企业年金）
		2.保险类福利（大病保险、意外伤害保险）
		3.津贴（取暖津贴、高温津贴、下井津贴）
		4.单位住房福利（免费午休和加班宿舍）
		5.交通福利（通勤班车，月底报销）
		6.饮食福利（每个月21顿免费工作午餐）
		7.培训（新员工的入职培训、全员安全教育培训）
		8.医疗保健福利（每年定期两次免费体检）
		9.意外补偿金（意外工伤补偿费、伤残生活补助、死亡抚恤金）
		10.带薪旅游福利（注1）
		11.生活性福利（注2）
		12.其他福利（注3）

注：（1）按工龄大小排序，轮流去公司指定的疗养院带薪休假。工龄10年以下休5天假，10~20年休10天假，20年以上休15天假。（2）每天下班免费洗澡、每年两套工作服、每月两双手套、免费清洗工作服等。（3）自办托儿服务；报销话费（科长以下正式员工每人每月报销话费50元，科长以上职务每人每月报销话费100元）。

二、铁坪矿区现行福利体系中存在的问题

1.福利项目的设置没有针对性

根据前面对公司人力资源状况的分析，公司员工的年龄跨度较大，且不同年龄阶段的员工会有不同的需求和偏好，福利项目的设置要能满足不同员工的需求才能对员工产生激励作用。企业只有提供多样化的福利项目，满足不同员工的需求，才能使福利的效用最大化。但是现实状况是不切合（或不再切合）员工需要的福利项

目还在继续提供，而那些随着员工个体需要的转变而希望被提供的福利项目却根本没有。这导致企业的福利制度十分僵化，设置的福利项目自动适用于所有人，对所有人都支付相同数量的福利金额和福利项目。另外，随着公司的发展壮大，员工的需求呈现个性化、多元化、动态化态势，单一的福利方案根本无法满足员工个性化的需要。

2.福利发放没有达到预期的激励目的，造成福利资源的浪费

一方面，由于公司是老国企，福利政策还是大锅饭式的福利制度，员工干好干坏所得福利是一样的，福利的激励作用没有体现，更谈不上通过福利来留住优秀员工和吸引优秀人才。另一方面，很多员工将享受福利看作理所当然的事，比如班车、提供午餐等，并不觉得这是一种保障或激励，而是自己的一种既定权利或正当利益。而企业在设置福利项目的时候也不去研究福利的功能，以及设置这些福利所要产生的效果，在设置福利的时候目标不明确，方法不科学。员工对福利的认识不清，以至于福利的功能没有得到体现。公司发放福利的本意是为了更好地提高员工的士气，激励员工更加努力工作。然而，现实是起了相反的作用，福利的功能不能很好地发挥，同时也造成了福利资源的浪费。

3.福利成本高、回报低

通过对企业高层管理人员进行访谈得知，企业每年支付的员工薪酬占其总收入的30%，福利支出总额占薪酬总额的比重更是高达40%。抛开企业的自主福利不谈，仅仅从法定福利和社会保障方面来说，由于行业的高危性，不得不支付比其他行业更高的薪酬水平才能吸引到更多优秀的员工。另外，如果有员工伤亡，还要支付较高的工伤补偿费、伤残生活补助以及死亡抚恤金。福利成本过大，给企业造成了成本压力，而且这个压力还会随着更多员工的退休而增大。同时，通过访谈企业各部门、各年龄阶段的50名员工，有将近50%的员工对企业的福利待遇不满意，只有将近10%员工比较满意。一方面，企业花了很高的成本，觉得已经做得很好了，但是却没有得到相应的回报；另一方面，员工的福利待遇一直未变，他们不但不会心存感激，而且对企业提供的福利越来越不满足。

三、铁坪矿区自助式福利体系设计的必要性

根据以上深入分析，要使福利项目的设置具有针对性，真正达到福利的激励效果，提高员工的工作积极性和满意度，同时也不会给企业带来较大的成本负担，甚至有利于企业降低福利成本和提高福利的回报性，就需要一种全新的福利模式。以人性化管理为指导思想，在公司总体分配框架内，向员工提供多种福利组合，充分体现全新福利发放形式的自助式福利能够解决上述问题。自助式福利更关注福利的有效性，如能不能吸引优秀的员工，能不能使他们安心工作等。

1.企业角度分析

首先，对企业来说，它设立的主要目的是吸引、留住和鼓励员工。除了国家规

定的"四险一金"外，企业自己制定的"软福利"，可以为企业吸引和留住优秀人才发挥积极的作用。"软福利"既要使企业的福利水平对外具备竞争力，又要对内符合本企业的战略、规模和经济实力，有利于实现企业的发展目标，使企业对人力的投资与激励更具竞争力。

其次，对于企业来说，实行自助式福利还有两个好处。第一，它有一个规模经济的效应。企业集中起来购买福利项目，特别是实物和服务形式的福利，成本会大大降低。第二，设立自助式福利隐含了很多企业文化的因素在里面，它有很多人性化的东西，这种人性化的东西对于企业吸引和保留员工，是非常重要的；因为它体现了企业的人情化关怀，有利于凝聚人心，增强员工的归属感，激发员工的工作动力和活力。

再次，在自助式福利的实施过程中，通常会制定每个员工的福利限额和每项福利的金额，从而促使员工进行恰当合理的选择，有助于企业进行福利成本控制，同时还会使员工真实地感觉到企业给自己提供了福利。

最后，企业以实物和服务的形式向员工提供福利时，用于现金报酬和员工福利的开支都可以列为成本开支而不必纳税，用来购买员工福利的成本也可以享受免税待遇，降低了企业的成本。

2.员工角度分析

首先，由于每个员工的情况不同，因此他们的需求可能也是不同的，例如，年轻的员工可能更喜欢接受货币形式的津贴，有孩子的员工可能希望企业提供照顾儿童的福利，而年龄大的员工又可能特别关注养老保险和医疗保险。自助式福利充分考虑了员工个人的需求，使他们可以根据自己的需求来选择福利项目，这样就满足了员工不同的需求，提高了员工的工作满意度和忠诚度，增加了归属感，降低离职率。

其次，由员工自行选择所需要的福利项目，企业就可以不再提供那些员工不需要的福利，这有助于节约福利成本。

最后，自助式福利强调"员工参与"的过程。让员工自己选择所需要的福利，提高了员工的参与性，同时也提高了福利的激励作用。

四、铁坪矿区自助式福利体系设计

（一）铁坪矿区自助式福利体系设计模式选择

编者选择"核心加选择"型的福利模式来为铁坪矿区设计一种全新的福利模式，原因有以下几点：

第一，企业原有的法定福利和每个员工都应享有的福利可以作为核心福利项目，再把企业原有的自主福利与调查所得的员工需求福利加以组合，就构成了自主选择的福利项目。这样，旧福利制度在向新福利制度的转化过程中有了一个缓冲和过渡的阶段，实施的障碍也比其他三种模式小得多。

第二，煤矿行业的危险性较高，生产条件较差，一些福利项目（比如工伤保险、社会保险等）是国家法律强制实施的，不能弹性化处理，企业必须提供。

第三，不让员工完全自由选择，而只是部分自选，并且通过一定的方式合理确定员工的福利购买力，这其实也是企业的成本控制过程。

第四，这种固定和自选相结合的方式，员工比较容易接受，实际操作的障碍较小，可行性较强。

（二）"核心加选择"福利体系的设计原则

第一，核心福利由企业提供给每位员工，是必选项，不能自由选择。

第二，根据员工的薪酬、年资等因素来设定每一个员工的福利限额及范围。

第三，员工选择的福利项目应该在该员工福利限额内，小于其限额的，企业可以向员工现金支付差额；超出福利限额的，其超出费用由员工自行支付。

第四，核心福利应定期评审一次，根据员工需求的变动进行调整，以保持其效用性。

第五，非核心福利根据员工的选择，可适当增加新内容，列入福利清单。

第六，全员沟通与文化塑造，必须让员工明白公司"为何"提供自助式福利。若员工不能了解公司美意，认为只是换汤不换药，可能导致使用率不高。更何况，自助式福利让员工的角色从被动接受者转为主动选择者，员工需承担关注和规划自己需求的责任。要完成这些文化和制度的转变，必须要有全面且持续的沟通。

（三）"核心加选择"福利体系的设计步骤

1.分析员工的福利需求，确定福利菜单的组成项目

2013年10月到11月间，通过访谈法，分批次访谈了企业各年龄阶段、各部门、各层次的员工，共60余名，了解到员工主要有以下需求：

（1）培训需求。新员工刚进入企业都要进行入职培训，但转为正式员工后，培训就很少了。在技术知识日新月异的今天，员工在专业知识和自我提升方面的需求也日益高涨，他们需要不断接受培训学习。

企业可根据员工不同的工作需要，对员工进行在职培训，包括专业技能和管理专项培训。培训可以被视为公司对员工的一种奖励，更是增强员工凝聚力的有效方法之一。企业也可提供一些鼓励员工接受继续教育的福利项目，如鼓励中专学历的员工深造大专、大专学历的员工深造本科等，并为他们承担部分学习费用，满足其对知识的需求。

（2）住房需求。解决住房问题一直是最让人羡慕的福利，然而由于房价的不断攀升，住房公积金制度已不能满足员工的住房需求。公司员工队伍中有三分之一左右的员工年龄在21~30岁，正值成家立业之年，购房置业是他们生活的重大事项。

在这种情况下，公司可以与房地产公司合作，通过需求统计，根据员工意向居住地购置一批住房，用补贴房款的形式，以低于市场价格卖给员工。没有能力购买的员工，公司可以向他们推出无息购房贷款的福利项目，与他们签订贷款协议或贷

款合同，规定员工在公司工作年限达到一定标准后，贷款可以减额偿还。这样一来，既替员工解了燃眉之急，让员工对企业抱有感恩回报之情，也使为企业服务多年的资深员工得到回报，于无形中强化了员工与公司之间的长期心理契约。

另外，这一部分年轻员工也大都刚结婚不久，家中多数都有年龄较小的孩子，有的家庭有老人帮忙照顾，而有的家庭没有老人，夫妻二人又都是企业职工，小孩无人照看，这势必会分散员工的精力，影响员工的工作。

针对以上情况，公司可提供自办托儿所，为员工提供成本价的幼儿照顾服务，从而有效地为员工解除后顾之忧，让他们能够安心工作。

（3）公司有将近一半的年龄在35~50岁的老员工，他们已解决了住房问题，有意于消费升级，比如购置私家轿车等。

公司可以推出购车无息专项贷款。公司如此善解人意，员工当然投桃报李，归属感和忠诚度也会大幅提高。

（4）交通方面，公司为了不让员工家属等非公司员工搭乘公司通勤车，采用的是先付现金、月末根据考勤或者车票予以报销的方法。大多数员工都感觉比较麻烦，认为是多此一举。

因此，公司可改变先付现款再报销的复杂程序，而让员工自由选择领取津贴自己解决上下班问题，或者不领津贴，搭乘公司安排的交通车辆，但需要在上车前出示员工证件。

（5）由于煤矿行业的危险性较高，生产条件较差，员工对自身的健康和保险方面关注度较高。虽然企业已经提供了如大病保险、定期体检等服务项目，但员工希望企业在这方面能够再多一点投入。

公司可以在国家法定社会保险之外，再自行设立一些补充保险项目，如意外伤害保险、职业病防护等。

（6）周边其他生产企业（如中泰），在中秋、元旦等节日都给员工发放过节费或福利品，而本企业没有，员工感到很不平衡。

对此，公司在过年过节时，可考虑给员工发放过节费或者过节物品等，以消除员工在与其他单位比较时产生的心理失衡感。

（7）刚从中专、大专毕业的学生对福利项目不是很敏感，有的认为有也行，没有也行。有的认为，发放福利不如多发点钱来得实惠。

对此，企业可根据他们的需要，少发些福利，而把没有发放的福利兑换成货币，增加支付给他们的工资数额。

（8）许多员工认为因为是生产企业，过年过节很少休息，都是在加班，平时更是很少有假期，只有职位较高、为企业服务期限较长者可以轮流去休假疗养。员工常年为企业服务，没有出去放松的时间，这种情况很容易导致员工身心疲惫，产生职业倦怠，使工作积极性大大下降。

根据这一情况，可在不影响生产的情况下，采用轮流和顶班的形式为一般员工提供外出旅游或疗养的福利项目，让员工在紧张工作之余可以放松一下，调整身心，回来后能够以更好的精神状态投入到工作当中去。

根据以上分析，可确定"自选福利菜单"的组成项目。

福利组成项目见表9-4（核心福利项目基本不变）。

表9-4　　　　　　　　　　　　　**福利组成项目表**

项目	内容
核心福利	社会保险：养老保险、医疗保险（包括失业保险、生育保险）、工伤保险、住房公积金
	带薪休假：探亲假、年假、女职工产假、男职工护理假、婚假
	各类津贴和生活性福利
	企业补充保险和医疗保健
自选福利	培训
	继续教育
	购房补贴
	购车贷款
	通勤班车
	补充保险：职业病防护、人寿保险等
	过节费、福利品
	幼儿照顾
	旅游疗养
	企业年金
	工作餐

注：（1）企业自主提供的报销话费、医疗保健体检、全员参与性培训和各种生活性福利项目是由企业的行业性质和生产要求决定的，由企业平等地提供给每一位员工，产生的费用计入企业的管理费用和生产成本，而不由员工承担，所以不计入自选福利菜单。

（2）核心福利是法律强制实施的，是企业必须提供的，不能弹性化处理。

2.核定福利项目的货币成本，进行福利定价

基本思路是把所有自选福利项目都货币化（核心福利每位员工都一样，可直接扣除）。根据福利项目的现实价格、折扣等因素，折算成相应的福利点数。购房补贴、购车贷款等需要企业直接支出货币的福利项目的货币成本，可根据企业的货币支出加上支付的相关税费得出；对于通勤班车、工作餐等服务类的福利而言，企业可以自主提供也可以外购。如果企业选择自主提供，可参照市场价格（或稍低）确定该类福利的货币成本；如果企业选择外购，外购费用构成该项福利的货币成本。

对于旅游疗养等休假类福利而言，企业则可以根据休假员工的日工资率计算出员工休假福利的货币成本。保险类福利的货币成本就是企业从保险公司为员工购买保险的货币支出。对于那些不能用货币衡量的福利项目，可以用员工在这期间的工资额加上因不工作造成的损失，折算成现值进行定价。这样，企业就可以方便地实现对所有福利项目的明码标价了。

自选福利项目货币定价见表9-5（在此规定1元钱对应1个点数）。

表9-5   自选福利项目货币定价表

	福利项目内容	实际价值	福利点数
自选福利	培训	300元/月	300
	继续教育	300元/月	300
	购房补贴	300元/月	300
	购车贷款	300元/月	300
	通勤班车	150元/月	150
	补充保险	150元/月	150
	过节费、福利品	500元/年	500
	幼儿照顾	200元/月	200
	旅游疗养	2 000元/次	2 000
	企业年金	50元/月	50
	工作餐	200元/月	200

3.确定福利点数的购买力

很明显，任何企业都不会让员工毫无限制地挑选福利项目，这就要求必须通过一定的方式合理确定员工的福利购买力，这其实也是自助式福利制度的成本控制过程。

可以根据员工的职位、绩效等情况，确定每一位员工应该享有的福利购买力，这就引入了一个福利点数购买力的概念。这里所说的购买力，不是货币购买力，它是一种虚拟信用形式，具有类似货币的购买力，可以购买福利。这种点数具有公司信用，可作为公司范围内的交换媒介。

只要能吸引、激励员工的福利项目都可设定福利点数，例如员工的业绩表现、资历、能力、职位级别等都可换算成福利点数。企业在为员工提供的自选福利菜单上标明每项福利所需的点数，这样员工就可以根据自己手中的点数购买力去购买所需的福利了。

实际操作时，企业可将员工的标准福利点数与薪酬等级相对应。员工获得的标准福利点数是其标准薪酬（标准薪酬=工龄工资+基础薪酬+岗位工资）的一定百分比的对应值，该百分比参考上年度水平。员工实际获得的点数是标准福利点数、企业上年度的经营业绩浮动系数、员工上年度的绩效考核浮动系数的乘积，其公式为：

标准福利点数 = 标准薪酬×12×R

W = 标准福利点数×P×（L/12）×K

式中：W代表员工当年可获得的福利点数；

　　　R代表标准福利占薪酬的百分比；

　　　P代表员工上年度考核浮动系数（绩效考核结果所对应的浮动系数）；

　　　L代表员工当年服务月份（指日历年）；

　　　K代表年度经营业绩浮动系数（由公司每年根据上年度经营业绩来确定下年度的浮动系数，以此来调整全公司的福利总额度）。

员工的标准福利点数与薪酬等级对应见表9-6。

表9-6　　　　　　　　　　　标准福利点数与薪酬等级对应表

岗位类别	工龄工资	基础薪酬	岗位工资（元）		标准薪酬（元）	标准福利点数
矿长		800元/月	A档	2 500	3 300	4 950
			B档	2 000	2 800	4 200
			C档	1 500	2 300	3 450
区科长		600元/月	A档	1 600	2 200	3 300
			B档	1 300	1 900	2 850
			C档	1 000	1 600	2 400
科员		500元/月	A档	1 100	1 600	2 400
			B档	900	1 400	2 100
			C档	700	1 200	1 800
一般工人	每年10元	500元/月	A档	800	1 300	1 950
			B档	700	1 200	1 800
			C档	600	1 100	1 650
实习生	每年10元					1 500

注：R=12.5%（企业2014年标准福利占薪酬的百分比）。

员工年度考核结果与对应的考核浮动系数P的关系见表9-7。

表9-7   考核结果与考核浮动系数P对应表

考核结果	优秀	良好	一般	差
P	1.5以上	1.3~1.5	1.0~1.3	1.0以下

4.员工选择福利组合

当前面几步都完成后，企业人力资源部门的工作人员就可以计算每位员工的福利点数，员工也可以根据自己获得的福利点数选择福利组合了。

以区科长这一岗位为例，基础薪酬为600元/月，岗位工资执行A档1 600元，标准薪酬为2 200元，2014年全年参加工作。首先，根据公式1得出该员工的标准福利点数=（600+1 600）×12.5%×12个月=3 300。其次，该员工2014年度业绩考核结果为一般，根据表9-7得出所对应的考核浮动系数为1.0。再次，假设企业2014年的经营业绩为1.0。最后，根据公式2，即可得出该员工2014年可使用的福利点数为：

W=标准福利点数×P×（L/12）×K=3 300×1.0×12/12×1.0=3 300

该员工选择的弹性福利项目见表9-8。

表9-8   员工选择弹性福利项目表

编号	项目	实际价值	福利点数
1	通勤班车	150元/月	1 800
2	过节费、福利品	500元/年	500
3	企业年金	50元/月	600
合计		2 900元	2 900

全年汇总备注：福利额度为3 300，已使用2 900，实际自助福利价值2 900元，剩余点数400，可以用现金支付员工差额。

同样，对于员工购买力不足的情况，企业也可以在自身财务状况允许的基础上，征求员工意见，决定是否允许员工超额消费。如果企业允许，可考虑预支。而预支的优点也是显而易见的，它可以使员工可以提前享受未来的福利，而提前享受的福利必须以未来努力工作的业绩来偿还，使员工长期地为企业服务，保持持久的忠诚。这样，当他做出跳槽决策时，就需要考虑更多的因素。

五、建立相关的配套机制

为了便于管理，在实施该制度时，企业还要完成以下几项相关配套措施：

（1）员工在选择自己需要的福利项目时，要进行预先登记，为实际支付提供准备期。企业可根据员工的选择进行组合，这在一定程度上也可以降低福利的购买成本。

（2）确认各福利项目的提供商，保证福利购买和发放的协调和衔接，使其能准确、及时地提供企业员工需要的福利，避免出现管理混乱。

（3）整合福利管理与现有的薪酬管理平台，使福利既能在操作上相对独立，其价值又能在整体薪酬管理中得以体现。

（4）采取一些有计划的、持续的方式加强与员工的福利沟通，让员工对他们享有的福利待遇有一定程度的了解。

（5）福利领域的情况变化很快，员工的需求和偏好也会随着员工队伍构成的不断变化以及员工自身职业生涯的发展阶段而处于不断变化之中，企业应该针对上述变化，及时了解员工的需求，随时调整福利项目，提供令员工满意的福利项目。

（6）定期开展员工询问，了解其对设立的福利制度的重要性和满意度的同时，这种做法也是关心员工的一种信号，加强了员工的参与性，有助于增强员工的忠诚度。

（7）还要做出一些要求，譬如福利点数不可转让、可以以现金支付差额、超额使用的福利点数必须通过未来的业绩来偿还等等。

（8）为保证福利政策和实践的统一，将其全面、系统地编写到"员工福利手册"中，解释企业提供给员工的各项福利项目。在福利手册中尽量少用福利专业术语，力求让普通员工都能了解其内容含义。

（9）对向员工按规定和自行设立的福利进行精确的预算，以便于企业领导决策和控制福利执行。虽然从长远看，实施自助式福利制度不会增加企业的总福利成本，但在自助式福利制度推行之初，由于员工的需求是不同的，因此自由选择大大增加了企业具体实施福利的种类，增加了统计、核算和管理的工作量，这会增加福利的管理成本。

（10）确保薪酬模式透明，避免福利不公平，把管理消耗控制在一定限度内。这样做有利于企业福利成本的控制。

案例十　B公司员工福利体系设计

一、公司背景

B公司主营业务为聚氯乙烯树脂、烧碱及其他化工产品的生产。其现具有年产30万吨聚氯乙烯树脂、24万吨离子膜烧碱的生产能力。B公司目前总投资42亿元，用于36万吨/年聚氯乙烯树脂、30万吨/年离子膜烧碱的生产，并配套2×13.5万千瓦热电联产装置的工业园二期工程建设。二期工程目前已建成投产。全部项目建成后，B公司所在集团工业园将形成集热电、氯碱、建材上下游产业于一体，依据"资源→生产→产品→废弃物→再资源化"路径循环的经济产业链。

B公司具体的人员构成分析如下：

（1）对图10-1即员工学历结构图进行分析，可看出B公司员工文化程度普遍不高，其中：有着中等职业教育及以下学历的员工有2 439人，约占员工总数的43%；有着专科学历的员工为2 560人，约占员工总数的45%；有着本科及以上学历的员工为694人，只占员工总数的12%。

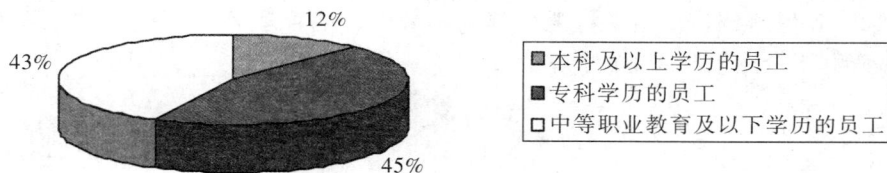

图 10-1　员工学历结构图

注：图中人数统计截止到2013年7月。

（2）对图10-2即员工年龄结构图进行分析可得出，B公司员工呈年轻化趋向，其中30岁以下的员工有3 942人，30~40岁的员工有1 172人，二者占员工总数的89%。

（3）对图10-3即员工岗位结构图进行分析可以看出，B公司员工以生产人员为主，生产人员占员工总数的87%，可得出B公司是以生产为主的化工企业。

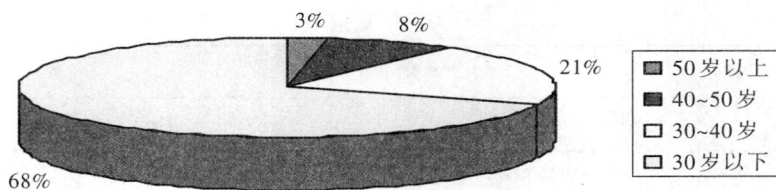

图 10-2　员工年龄结构图

注：图中人数统计截止到 2013 年 7 月。

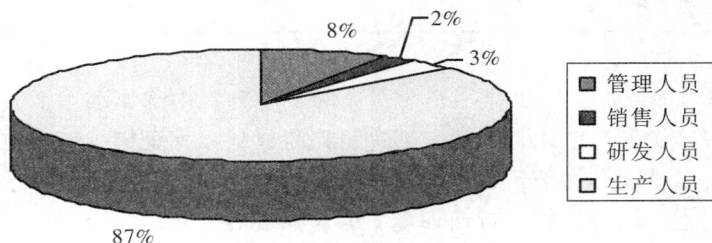

图 10-3　员工岗位结构图

注：图中人数统计截止到 2013 年 7 月。

从以上 B 公司员工构成的现状描述中可以得出以下结论：首先，85% 以上的员工文化水平较低，处于专科及以下学历水平，因此设计的福利体系，必须简单明了、容易理解。其次，公司员工的平均年龄较小，30 岁以下的员工人数占员工总数的 68%，这些员工不易满足现有的薪酬水平，尤其是福利待遇，他们需要高福利来满足买房成家以及医疗等方面的需要，所以在设计福利体系时，应该相应提高其福利待遇，以提高员工工作的积极性，从而促进公司的发展。

二、B公司的薪酬框架

B 公司成立于 2004 年，相较于其他国有大中型企业起步较晚，公司现有的薪酬管理体系、福利体系、绩效制度、培训制度等较不完整，还有待完善。公司建立了由管理序列（行政管理、政工管理、技术管理、项目管理）、技术序列（技术研发、专业技术）、操作序列构成的薪酬管理体系。生产岗位实行岗位、绩效薪资；管理序列、技术序列岗位实行职级薪资；营销岗位实行包干薪资。岗位薪资标准应与同行业及当地薪资水平相适应，坚持责、权、利相结合，公开、公平、公正的原则。

表 10-1 是 B 公司的薪酬框架。各序列全面薪酬总额为 326 930 144.09 元，其中工资和奖金为 217 006 026.24 元，占全面薪酬总额的 66.38%。员工补充福利及补贴为 36 958 607.86 元，社会保险及住房公积金为 72 965 509.99 元，所有福利占全面薪酬总额的 33.62%。由此可看出，福利是薪酬的重要组成部分，在整个薪酬体系中起着至关重要的作用。

表 10-1 　　　　　　　　　　　　　B公司薪酬框架表

薪酬框架	
基本薪酬	福利
月薪（以岗位、职层、绩效付薪）	法定福利
奖金	补充福利
季度奖、年度奖、专项奖	津贴

1.B公司的薪酬衡量要素

B公司作为国家控股的重化工企业，离职、晋升、内部调动等因素造成员工承担的岗位职责经常发生变化，因此定期进行岗位评估以保证岗位与工作内容的匹配性和付薪的准确性十分必要。B公司主要采取要素计点法进行岗位评估，岗位薪资依据各岗位责任、岗位技能、劳动环境、劳动强度等要素，结合地区和行业薪资标准确定；营销部门实行总额包干制，岗位薪资为3 500元。

2.B公司的福利状况

目前，B公司的员工福利体系包括法定福利和企业福利两部分，所有福利已占到全面薪酬的33.62%，其中企业福利只占员工全面薪酬的17.80%。除去国家要求的法定福利项目，公司提供的非法定福利项目有：

（1）节假日福利：按公司规定享受年休假和特岗疗养假的员工，休假期间薪资待遇不变。公司确因工作需要不能安排年休假的，按照该员工日薪资标准的300%支付年休假报酬。

女职工产前及产假期间薪资按1 000元/月加年工津贴预发，产假期满后按生育保险相关规定结算。

工伤人员医疗期间，薪资由原部门按原薪资标准发放。

婚假、丧假、探亲假、护理假期间，岗位薪资全额发放，绩效薪资按照70%发放。

（2）员工及其子女教育奖励：公司每年对员工定期进行相关培训，而且对申请继续教育的员工以教育资助的形式支付与正式教育课程及学位课程相关的费用，鼓励员工继续深造。在员工子女教育方面，对取得优异成绩的员工子女进行现金及实物奖励，对进入学前教育阶段的员工子女提供免费接送服务。

（3）住房福利：对全体员工执行国家或地方法规的政策，给予缴纳住房公积金，而对于高管人员实行住房补贴计划。

（4）节假日福利：公司将经费划拨到工会，由工会在节假日时购买礼品、生活日用品等物品作为节假日福利发放给员工。

（5）津贴：公司提供的津贴种类繁多，职位津贴是公司依据不同职务支付给员工的津贴；工龄津贴只限公司正式员工享有，工作一年按照10元计算；误餐津贴是指公司支付给在岗员工的误餐补助，标准为100元/月·人，按实际出勤天数计发。高温津贴是指公司支付给员工的夏季防暑降温补贴，每年六至八月发放的高温补贴为200元/月·人；委派津贴是对被公司委派到距公司本部100千米以外（含100千米）地区从事生产经营工作的管理、技术人员的津贴补助。

三、B公司员工福利体系存在的问题剖析

1.B公司员工福利调查

由于课题研究的需要，课题组对B公司员工进行了一次关于员工福利的调查，目的是了解员工对公司现有福利的一些想法，以找出B公司福利体系中存在的一些问题，并分析这些问题，找到解决对策。

（1）员工福利调查使用的方法

本次员工福利调查采用问卷调查和访谈的方法，调查问卷为纸质问卷，本人利用假期到B公司进行了纸质问卷的发放与回收。并且在假期时，多次和B公司员工进行面对面的交流，了解员工对公司现有福利项目的看法，以及员工的福利需求。

（2）员工福利调查的对象

员工福利调查的对象为B公司全体员工，包括：

①管理人员：主要针对B公司的一些中层管理人员，如一些部门的主管。

②销售人员：主要以销售部采用绩效提成付薪的员工为主。

③研发人员：技术开发与项目建设等部门的员工。

④生产人员：生产部操作工和质检工。

（3）员工福利调查结果分析

"B公司员工福利调查问卷"一共发放了100份，收到有效调查问卷97份，其中生产、研发和销售人员的问卷全部填写并回收，只有个别管理人员没有填写。

通过调查发现，B公司的管理层和员工对福利存在不同的看法，管理层认为公司的福利成本不断增加，人力资源和财务部门进行福利管理事项十分烦琐，公司税务负担较重；员工普遍不满意公司的福利水平，认为公司目前提供的福利不能满足其需求。

（1）员工最满意和最不满意的福利项目

分析如下：

员工对公司提供补充住房公积金、班车、培训和教育支持比较满意，其满意度情况见表10-2。工作3~5年的普通员工可以通过住房公积金分期付款在乌市购买一套80平方米的商品房，这项福利令员工十分满意。在班车方面，公司每周有专门接送员工往返的班车。在培训项目和教育支持方面，公司总部在外部咨询和培训公司的协助下开办了许多务实、有效的培训项目，令员工在业务技能、管理技能上都得到了一定程度的提升，尤其是生产工人和质检人员，其技能通过培训有了很大

提高。

表 10-2 <center>**福利项目满意度**</center>

福利项目	满意度				
	非常满意	比较满意	满意	不太满意	不满意
住房公积金		81.44%（79人）	10.31%（10人）	8.25%（8人）	
补充医疗保险			19.59%（19人）	61.86%（60人）	18.56%（18人）
班车		84.54%（82人）	9.28%（9人）	6.19%（6人）	
交通补贴			84.54%（82人）	15.46%（15人）	
通信津贴或报销额度			12.37%（12人）	87.63%（85人）	
培训和教育支持		87.63%（85人）	6.19%（6人）	6.19%（6人）	
补助与津贴			2.06%（2人）	8.25%（8人）	89.69%（87人）
餐饮				5.15%（5人）	94.85%（92人）

注：（ ）外的百分比为该项人数占被调查员工的百分比。

员工最不满意的福利项目，其次是补助与津贴，有87%的员工认为公司发放的补助与津贴太少。首先是餐饮，除少数管理层员工外，其他员工普遍认为午餐及晚餐质量太差，夏天有时会有变质饭菜及绿豆水，冬天存在劣米、菜式单一问题。最后是补充医疗保险，有61%的员工认为公司应该在法定医疗保险之外增加补充医疗保险。

（2）员工对公司目前福利安排最不满意的两个方面（如图10-4所示）

第一，福利水平不高（82%被调查的员工提出）；

第二，不能根据实际情况挑选福利项目（76%被调查的员工提出）。

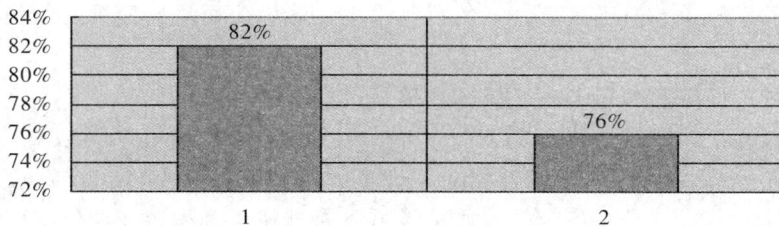

图10-4 员工对公司目前福利安排最不满意的两个方面

（3）员工对公司目前福利安排最满意的两个方面（如图10-5所示）

第一，能够尽量帮助员工减少个人所得税的缴纳；

第二，能够尽量承担社会保险的缴费。

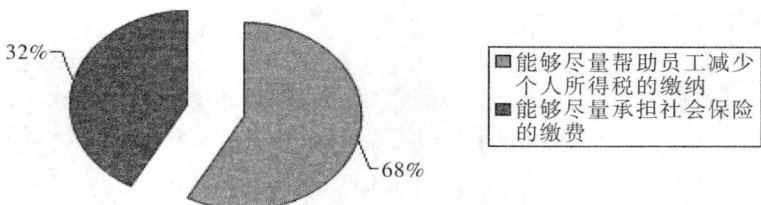

图 10-5　员工对公司目前福利安排最满意的两个方面

（4）关于各项福利是否应平均享有方面

78%的被调查员工认为住房公积金应该平均享有，81%的被调查员工认为补充医疗保险应平均享有，而近7成的被调查员工认为交通津贴和培训、教育支持项目应按照一定条件拉开差距，如图10-6所示。

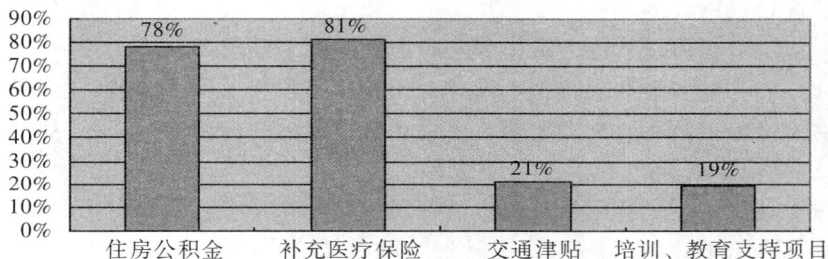

图 10-6　各项福利是否应平均享有

（5）员工年度福利占年度薪资总额的比重

资料显示，B公司员工年度福利占年度薪资总额的平均比重是34%，如图10-7所示。

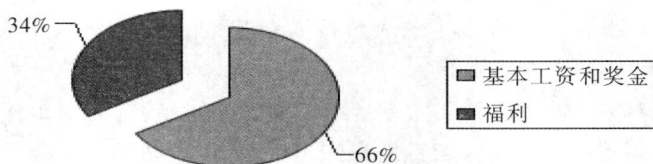

图 10-7　员工年度福利占年度薪资总额的比重

（6）员工希望公司提供的住房补贴形式

公司员工普遍认为，现有住房公积金在工作3~5年时间后，基本上可以满足自己的买房需求，但也希望公司再增加一些住房方面的补贴，如住房储蓄金、无息贷款等，如图10-8所示。

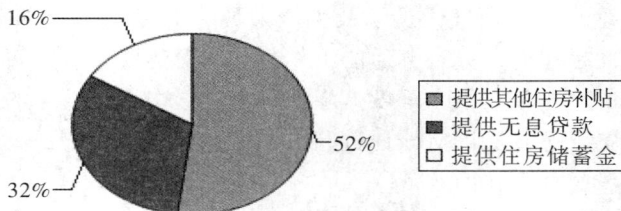

图 10-8　员工希望公司提供的住房补贴形式

（7）补充医疗保险

补充医疗保险是员工最不满意的几个福利项目之一，B公司目前只有法定的医疗保险，61%的员工认为应该在法定医疗保险的基础上增加企业补充医疗保险，其中，多数的年轻员工希望拿到现金补贴，而另外一些年龄较大的员工则希望在保险公司团购商业保险。另外，因为公司属于化工行业，离城市较远，所以部分员工希望能有一个专职医生负责诊疗员工的一些小的常见病，并且希望公司能定期组织员工体检和健身活动。

（8）津贴和补贴

这不仅是员工最不满意的福利项目，同时也是员工最看重的福利项目。其中，以通信补贴、午餐晚餐补贴、高温津贴为员工最不满意的项目。通常员工希望公司能适当提高这些项目的津贴数额。

通过以上分析可以看出，员工普遍不满意现在的福利计划，尤其是对补充医疗保险和津贴、补贴等福利项目很不满意，认为这些福利项目不能满足自身需求，希望公司对这些项目进行补充和改善，并且希望提高福利总额。

2.B公司员工福利体系存在的问题分析

通过对员工福利调查问卷的分析，发现公司福利存在以下问题：

（1）福利水平存在问题

以医疗保险和养老保险为例，公司只是按照国家规定的数额给员工缴纳社会保险。医疗保险按上年度员工工资总额的8%缴纳，其中单位缴纳6%，个人缴纳2%，退休员工则由公司按退休金的6%缴纳。参保人员按年龄分段设置个人账户。在职员工以上年度月平均基本工资为基数，45周岁（含45周岁）以下人员按缴费基数的3.0%记入个人账户，45岁以上的人员按缴费基数的3.6%记入个人账户，退休员工按退休金的3.8%记入个人账户。

关于养老保险，公司按员工缴费工资总额的20%缴费，职工按个人缴费基数的7%缴费，两年提高1个百分点，最终到8%，员工应缴部分由公司代扣代缴。

公司没有额外的补充医疗保险和企业年金，而现在单纯的五险一金已经不能满足员工的医疗和养老需求。员工迫切地需要公司增加关于医疗和养老方面的保险。

（2）福利的公平性存在问题

目前，公司最为注重的还是诸如职业经理人等"高级员工"的福利，给予了他们许多特殊福利，比如车补、社会保险以外的保险、电话补贴等。但是，对作为公司主体的中层管理人员、研发人员以及生产人员、销售人员的福利重视程度不够，如生产人员在车间操作时，只有普通的工作装，这对经常要接触腐蚀性物质的员工来说是非常危险的。这些在很大程度上降低了大多数中下层员工的工作热情，降低了他们对公司的责任感。所以应该通过调节和增加福利项目来提高公平性。

（3）福利的激励性存在问题

福利作为报酬的一个主要形式，在现在的薪酬管理中应起着重要的激励作用。但B公司的福利项目较少，福利的发放也具有随意性，通常没有固定的放发时间，发放的福利也五花八门，通常不是员工所需要的。比如，经常发放一些白砂糖、冰糖等员工不需要的食品。据调查，员工希望发放现金或者是大商场的代金券等福利。而且公司的许多福利只是流于形式，比如员工食堂提供的午餐和晚餐，本意是补偿和方便员工，但出于饭菜质量的原因，许多员工都花钱在外面吃。这样不仅提高了公司的成本，而且没有起到激励员工的作用。

因此，公司应该增加具有灵活性和针对性的福利项目，以适应员工的需求，体现其奖励和激励的作用，同时也为公司降低报酬成本。

（4）福利的透明性存在问题

公司的人力资源部，对员工的需求应该很了解，且能够精确得出公司福利体系的预算。但是公司的管理层对员工的福利需求了解不够，在看到人力资源部的预算报告时，往往认为员工福利的预算过多，没有认识到福利对公司目标的支持，因此人力资源部制订的方案的合理性及实施效果根本无从谈起。再者，从员工的角度讲，他们虽然知道自身的福利需求，但却不知道如何去满足这种需求，大部分员工对公司福利政策，包括公司现有的福利项目、享受的资格、时间都不甚了解，只有在需要时，如离职、住院、买房时才会去关注。

（5）福利不能满足实际需求

这具体表现在福利的分配和一些福利项目上。公司和员工的沟通不够明确和畅通，导致员工普遍反映福利体系不能切合其实际需求并且存在不公平性。比如，中层管理者每月有一个固定车补，但根据调查有些人根本花不完这个补贴，但他们会找来很多的发票来补足，而有些普通员工的交通津贴根本不够花，这样其就会产生不满的情绪。另外，公司有时会发放一些实物福利，例如砂糖、手套等，但有些实物并不是员工所需要的。应该替换掉某些员工不需要的福利项目，将该项目成本用来提高部分福利项目的补贴额度，在现有条件下满足员工的基本福利需求。

①补充医疗保险。有的员工已婚并有小孩，医疗费用就会高一些。他们希望公司能再提供一些门诊、住院医疗、重病医疗方面的保险。但那些年轻、身体条件比较好的员工，一年到头都不见得生场病，这部分员工希望公司能提供给他们其他的选择。比如将另外的部分折合成现金或购买其他商业保险等。

②补充养老保险，即企业年金。许多员工尤其是那些将要退休的员工，期望公司根据自身的经济实力和经营状况，为员工在原有养老保险的基础上再提供一定程度的退休收入，从而提高退休员工的养老金水平。这样可以调动员工的生产积极性，提高企业声誉，保证退休员工享受更高水平的退休待遇。

③午餐和晚餐。员工对公司目前提供的午餐和晚餐质量极不满意，如前文所讲，夏天有时会有变质饭菜及过期绿豆水，冬天存在劣米、菜色单一问题。员工希望公司能够尽快改善食堂的饭菜质量，或者是发放餐费补贴，让员工外出就餐。

④员工子女教育奖励。据调查，公司目前以年轻未婚的员工为主，30岁以下员工占员工总数的68%。这项福利只对少部分已婚且有小孩的员工有效，所以应该

另外增加一些专门针对年轻员工的福利项目，或是将这部分福利以其他形式发放给未婚员工。

四、B公司福利体系设计必要性分析

1.外部环境分析

目前，中国城镇企业职工及居民的社会保险制度已经基本建立起来了，在各方面较前期都有长足的发展。而且进入市场化运作后，中国政府还通过立法的方式来规定员工的福利项目，例如，中国2008年实施的《劳动合同法》对员工福利方面有着明确要求，涉及的员工福利有社会保险、工作时间、休息时间、职业培训、劳动卫生、女职工及未成年工的保护等内容。另外，《中华人民共和国工会法》《中华人民共和国安全生产法》《中华人民共和国妇女权益保障法》等法律文件中都涉及员工福利的内容。政府通过法律规定的形式来对企业员工福利管理进行规范和约束，无疑会对企业福利发放的态度产生根本性的影响。

2.公司内部环境分析

B公司作为大型氯碱化工企业之一，一套完善合理的福利体系对企业的发展壮大有很大作用。首先，因为B公司需要一套完善合理的员工福利体系，所以这套福利体系在B公司就有了很好的实施条件。其次，良好的沟通可以提高员工对福利体系的认知度和满意度，该福利体系在与员工沟通方面做了很多改进。再次，这套员工福利体系是在实地发放问卷、对员工进行面对面访谈、分析公司相关资料的基础上设计的，是在分析了B公司现有福利计划存在的问题后采用的，有一定的针对性和可行性。

五、B公司员工福利体系设计

1.B公司员工福利体系设计的原则

（1）要尽可能体现福利的激励功能和保障功能，尽量满足员工的福利需求。

（2）正确处理公平与效率的关系，使法定福利以外的福利尽可能与绩效相挂钩。

（3）正确处理福利与工资的比例关系。

（4）对公司的福利实行透明化管理，使员工了解公司的福利体系。

（5）福利水平要与公司经济负担能力相适应，正确认识员工福利支出与企业效益的关系，寻求二者的最佳平衡点。

2.B公司员工福利体系设计具体内容

针对前述分析的B公司员工福利存在的问题，设计出B公司员工福利体系。该体系包括三大部分，第一部分为法定福利。第二部分为企业补充福利，包括企业年金计划、企业补充医疗计划、员工持股计划和员工教育支持及子女教育奖励四小部分。第三部分为补贴，补贴按岗位需要平等发放。另外，还要随时与员工进行有效沟通，了解福利体系的实施情况。其具体设计见表10-3。

表10-3   B公司员工福利体系

法定福利	医疗保险、养老保险、工伤保险、失业保险、生育保险、住房公积金
企业补充福利	企业年金计划、企业补充医疗保险、员工持股计划、员工教育支持及子女教育奖励
补贴	交通补贴、通信补贴、膳食补贴、误餐补贴、高温补贴、体检补贴

（1）实施企业年金计划

其主要目的是通过提高退休员工的养老金水平来调动员工的生产积极性，提高企业声誉，保证退休员工享受更高水平的待遇。

B公司企业年金的设计原则包括：

①有利于公司发展的原则。建立企业年金，对于公司来讲，主要目的是吸引与留住优秀人才并形成激励机制，增强公司的凝聚力。从公司发展的角度来看，企业年金方案的设计要有利于公司的发展和利润最大化，不能加重公司的负担，不能损害公司的长远发展。

②自愿平等、集体协商的原则。相关法规规定，建立企业年金，应当由公司与工会通过集体协商确定，并制订企业年金方案。

③企业年金一般实行基金积累的原则。企业年金是长期的福利制度和激励制度的重要表现形式。企业年金经过一定时间的积累，可以达到很大的积累规模，可以有效地吸引和留住公司的核心优秀人才。

④适时调整的原则。企业年金是一个长期的养老制度，因此在设计企业年金方案的时候，其要与公司的长远发展相适应，根据公司的发展经营战略，适时对企业年金方案进行调整。

B公司企业年金设计的关键点包括：

①确定参加人员的范围。企业年金的设计应该是兼顾公平和效率的，对B公司而言，只要员工在公司工作满一定期限即试用期届满，其就应该被纳入企业年金计划。由于员工退休待遇的高低与企业年金计划的建立时间和缴费时间的关系非常密切，即使如职务、职称等其他条件相同，仅仅因为年龄的不同，老人、新人的待遇也会差别巨大，这就需要公司采取一定的措施来弥补。

②资金筹集方式。企业年金方案由企业和职工自愿协商建立。企业年金费用的来源主要有两个：一是公司缴费；二是个人缴费。《企业年金试行办法》规定："企业缴纳企业年金费用一般不超过企业上半年度职工工资总额的8.3%，加上职工个人缴纳的企业年金费用，合计不超过本企业上半年度职工工资总额的16.6%[①]"。

---

① 任福姣. 关于公司福利计划中企业年金和团体寿险选择的探讨 [J]. 山东行政学院学报，2006（3）.

③企业年金归属比例。个人缴费部分权益完全归属于参加者个人，企业缴费部分权益归属方式及比例由企业在计划建立时确定，并可以根据实际需要进行调整。B公司可以采用阶梯式，即随着员工服务年限的递增，逐年将单位缴费部分权益按递增比例归属于计划参加者个人。

④企业年金账户管理方式。企业年金实行完全积累，通过为每位参加的员工开立个人账户的方式进行管理。企业年金账户设计要素见表10-4。

表10-4 企业年金账户设计要素

设计要素	
参与资格	全员
员工缴费	无须
企业缴费	按工资的固定比例扣除法定养老金之后的余额
缴费基数	12个月的基本工资
归属规定	立即归属

企业年金的发放分以下几种情况：

①按个人账户积累额（含本息分红）计发，参加人可以选择一次性领取、分期领取或转入商业保险年金等方式，由受托人指令托管人向受益人按照约定方式支付年金待遇。

②计划参加人的个人账户积累额超出其上年月平均工资60倍的，不得一次性领取，可选择分期领取或转入商业保险年金。

③个人缴费一次性缴付60个月以上的，不得一次性领取，可选择分期领取或转入商业保险年金[①]。

（2）实施企业补充医疗保险计划

B公司实施企业补充医疗保险计划必须坚持如下四个原则：

①与基本医疗保险相衔接原则。公司在建立补充医疗保险时，应与当地基本医疗保险模式及规定相衔接，并且要接受当地劳动保障行政管理部门的指导与监督。

②与企业具体情况相适应原则。本原则要求企业在不同的发展阶段，要根据其内外部条件的变化，适时调整和完善其补充医疗保险制度，使其更好地适应企业自身的实际情况。

③针对性原则。公司建立补充医疗保险，目的是进一步分担基本医疗保险以外由个人负担的医疗费用，主要是解决患病员工医疗负担过重的问题。

④效益最大化原则。效益最大化包括企业补充医疗保险的使用效益最大化和达到的社会效益最大化两个方面。建立企业补充医疗保险，既要努力提高其使用效

---

① 安华. 企业年金计划的设计方法及其风险管理［J］. 北京市工会干部学院学报，2006（2）.

益，也要注重其社会效益，必须做到二者的协调统一。

B公司建立企业补充医疗保险的关键点包括：

①确定保险对象。由于企业补充医疗保险为企业、相关企业或行业自主建立，具有自愿性和"单位"属性，所以企业补充医疗保险对象只包括相关单位的所有员工及退休人员。

②确定保险范围。其具体包括职工及退休人员在医疗机构和定点零售药店发生的费用。主要有：基本医疗保险个人账户不足支付时的门诊医疗费用；基本医疗保险支付后应由个人支付的住院及特殊病种医疗费用；由公司经民主程序讨论通过决定予以支付的其他医疗费用。

③筹集保险资金。企业补充医疗保险费用应全部由企业承担，不宜由个人缴费。根据《国务院关于建立城镇职工基本医疗保险制度的决定》，企业补充医疗保险在工资总额4%以内的部分，从职工福利费中列支，职工福利费不足列支的部分，经同级财政部门核准后列入成本。

④确定保障水平。衡量保障水平主要有基金收付率和医疗费用补偿率两个指标：基金收付率=基金年支出额/基金年收入额，基金收付率指标，是指从收支水平的角度来反映企业补充医疗保险的保障程度，其合理变化范围为90%~100%；医疗费用补偿率=基金年支付额/职工年医疗费自负额，员工年医疗费自负额是指支付了基本医疗保险、社会医疗救助之后，所有保险对象的自负金额。医疗费用补偿率指标过低，说明保障水平不足，保障功能不强；医疗费用补偿率指标过高，容易引发保险对象的道德风险和医疗需求的过度膨胀，增加基金支付压力，不利于企业补充医疗保险计划的有序开展。

⑤确定管理方式。由于B公司规模较大，员工人数多，所以要单独设立补充医疗保险管理经办机构，自主建立与实施企业补充医疗保险计划。

⑥确定待遇给付办法。

A. 门诊及住院医疗费的给付。计算办法：一个年度内分段累进给付，多次就诊的，全年费用合计后再分段累进给付，"门槛"为在职人员700元，特殊人员300元，年度给付总额不超过5 000元。特殊人员包括劳动模范、核心技术人员、公司经营管理人员。其给付比例见表10-5。

表10-5　　　　　　　　　　　　门诊及住院医疗费给付比例

保险范围内自负金额	给付比例（%）	
	在职人员	特殊人员
在职人员：0元至700元部分 特殊人员：0元至300元部分	不给付	不给付
在职人员：700元以上至3 000元部分 特殊人员：300元以上至3 000元部分	40	60

B.重病医疗费的给付。计算办法：一个年度内分段累进给付，多次就诊的，全年费用合计后再分段累进给付，"门槛"为在职人员 4 000 元，退休人员 3 000 元，特殊人员 2 000 元，年度给付总额不超过 20 000 元。其给付比例见表 10-6。

表 10-6 　　　　　　　　　　　重病医疗费给付比例

保险范围内自负金额	给付比例（%）	
	在职人员	特殊人员
在职人员：0 元至 4 000 元部分 特殊人员：0 元至 2 000 元部分	不给付	不给付
在职人员：4 000 元以上至 10 000 元部分 特殊人员：2 000 元以上至 10 000 元部分	40	60
10 000 元以上至 20 000 元部分	45	65
20 000 元以上部分	50	70

⑦确定监督办法。企业补充医疗保险监督要贯彻依法原则、民主原则和科学原则。依法原则就是根据国家关于医疗保障的方针、政策、制度、法律法规进行监督。[1]

（3）实施员工持股计划

调查得出，B 公司员工希望能够在公司实行员工持股计划这一长期福利项目，员工持股计划的主要内容有[2]：

①股权设置及持股比例

A.经公司股东会或有关产权单位同意，内部员工持股原则上可通过两种方式设置：一是以增资扩股方式设置；二是通过产权转让方式设置。

B.员工持股规模：企业可根据本企业规模、经营情况和员工购买能力，自行确定内部员工持股总额占公司总股本的比重。根据原则，若公司总股本介于 5000 万元~2 亿元之间，员工持股总额应占总股本的 35% 左右。符合 B 公司状况。

②员工持股的股份分配

在本公司工作的员工持股资格由各公司自行民主决定。非公司员工不得以任何方式参加内部员工持股计划。公司应依据员工个人岗位、职称、学历、工龄和贡献等因素，通过评分的办法确定员工认购的股份数额，具体评分办法由 B 公司自行确定。公司还应制订员工股份认购方案，经持股员工集体讨论，并经公司股东会或有关产权单位同意后执行。

董事长、经理持股额与一般员工持股额应保持合理比例，原则上董事长、经理持股额为员工平均持股额的 5 倍至 10 倍。公司根据具体情况，可适度提高经营管理

---

[1] 曾祥来. 建立企业补充医疗保险的原则及思路 [J]. 河北企业，2006（11）.
[2] 佚名. 员工持股计划的规范操作流程 [EB/OL]. [2017-12-11]. https://wenku.baidu.com/view/6f414c6308a1284ac950433f.html.

人员、业务和技术骨干的持股份额。

③员工认购股份的资金来源

员工购股时，由个人出资，可采取以下三种方式：个人以现金出资购股；由公司非员工股东担保，向银行或资产经营公司贷（借）款购股；可将公司公益金划为专项资金借给员工购股，借款利率由公司股东会或有关产权单位参照银行贷款利率自行决定。

内部员工持股的资金来源中，在岗员工的现金投入不得低于应认购额的60%；贷（借）款认购的不能高于应认购额的40%。

④员工股份的回购

员工脱离公司时，其股份由员工持股会回购，转作预留股份。员工持股会应退还个人股款，股份按公司上年末每股账面净资产值计算。

员工死亡时，由员工持股会按上年末每股账面净资产值回购该员工生前所持股份，转作预留股份，股款交还其合法继承人。

⑤员工持股管理机构是员工持股管理委员会（或理事会）

公司应由持股员工选举产生员工持股会。员工持股会是负责员工股的集中托管和日常管理工作的管理机构。员工持股会以工会社团法人的名义办理工商注册登记，是公司的股东之一，其按照《公司法》进行红利分配。

（4）补贴设计

①交通补贴，公司为住在外市的员工每周提供班车接送，为住在市内的员工提供每人每月100元的交通补贴，根据其他员工的标准为已购车员工提供车辆补贴。

②通信补贴：业务人员的手机通信费（扣除漫游基本费及漫游长途费）在标准以内按规定报销，手机漫游费据实报销；综合人员手机通信费150元/月·人以内按规定报销，经理手机通信费在230元/月·人，以内按规定报销，手机漫游费据实报销；其他人员的手机通信费不予报销。

③膳食补贴，公司应为那些不愿在员工食堂就餐的员工提供膳食补贴，标准为在员工食堂就餐的三餐费用，最低为每人每月100元。

④误餐补贴，公司应支付在岗员工因加班或其他工作上的原因而造成的误餐费，标准为每人每月100元，按实际出勤天数计发。

⑤高温补贴，公司应向员工支付夏季防暑降温补贴。B公司所处地区靠近沙漠，夏季高温干燥，公司每年6~8月应向其员工发放高温补贴200元/月·人。

⑥体检补贴，公司应该组织除生产工人以外的员工每两年进行一次体检，车间生产工人每年进行一次关于职业病的体检，体检费由公司支付。

六、总结评价

首先，福利体系是动态变化的，在实施过程中肯定会出现或多或少的问题，所以要不断地对福利体系进行修改和完善，对于在实施过程中出现的问题要及时进行修正。

  其次，要做好与员工的沟通工作。福利体系要想顺利实施必须得到员工的支持，所以在实施过程中应该经常与员工进行沟通，了解员工对福利体系的看法，以便对福利体系实施过程中出现的问题及时加以解决。

  最后，因为某些资料属于公司保密信息，有关管理人员了解得不是很清楚，这就使本体系存在一些细节上的问题，所以本体系还需要进一步的完善。

第四篇　特殊员工群体薪酬设计与管理案例

企业的特殊人员具有两个特征：

其一，特殊人员在企业中处于矛盾冲突交接的位置。或者说，这些人员的工作性质、工作环境对其有着特殊的工作要求，从而使这类员工面对更大的压力或需要具备专业性更强的知识和更高超的技能等。

其二，这些特殊人员工作完成的好坏状况对整个企业的经营业绩有着很重要的影响。因此，对他们进行激励不仅仅是在提高局部的效率，更是有着全局意义。同时，鉴于他们本身的特殊性，就要求这样的激励要具有很强的针对性和独特性。

按照这样的特征要求，我们认为典型的特殊人员包括公司董事、高层经理人员、销售人员、行业核心技术研发人员、驻外人员以及非正式雇员（尤其在公司外包的人力资源比例较大时）。

管理人员薪酬管理的特征。管理人员是指在公司扮演高层领导者、整体经营者和组织管理者角色的高级职业经理人员，他们位于组织结构的顶端，通过与股东的契约在委托-代理的关系结构下行使代理人职责，接受来自委托方的监督和激励。管理人员的薪酬一般由基本工资、一次性绩效奖金、短期年度奖金、长期奖励及股票增值计划、经理人员福利及经理人特权组成。高层管理人员薪酬激励的关键在于：长期激励和短期激励要平衡；考核指标和标准一定要科学；经理人员的收入和其他人员收入要平衡。企业的价值是大家一起创造的，经理人的收入和一般员工的收入保持什么样的水平比较合适，不同的人有不同的说法。管理大师德鲁克说，一把手与一般员工的收入最低应该是200倍的关系，才可以保持足够的激励。国有企业一般将其控制在10倍以内。

销售人员薪酬管理的特征。销售人员是企业中比较特殊的一类人力资源，一般情况下企业的销售能力往往是其竞争力的核心构成因素。销售人员站在市场的最前端，承担着企业的销售职能，直接为企业带来销售收入。他们的工作具有很强的独特性；工作时间和工作方式高度灵活；工作过程难以直接监督，具有不确定性；业绩实现具有较高的风险性；工作环境复杂多变等。这些特征对销售人员的职业能力提出了特别的要求，相应地，对他们所进行的绩效考核和薪酬支付也要具有针对性。其主要包括四个方面：角色组织和人员、跨职能的协作与客户支持、销售运作与支持、绩效管理与激励。销售人员的薪酬方案包括：纯佣金制；基薪+佣金；基薪+奖金；基薪+佣金+奖金。

研发人员薪酬管理的特征。技术研发人员在其进入企业后的不同时点往往会有不同的绩效表现，企业为其支付的奖励报酬就需要与这样的时点相匹配。薪酬专家以"成熟曲线"来体现技术人员的报酬与其在企业工作年限（或者获得学历后的年限）之间的关系。具体的，研发人员的薪酬管理通常采用以下方式：（1）基本薪酬和加薪。专业技术人员的基本薪酬往往取决于他们所掌握的专业知识与技术的广度与深度以及他们运用这些专业知识与技术的熟练程度，而不是他们所从事的具体工作岗位的重要性。（2）奖金。一般说来，在专业技术人员的薪酬体系中，奖金的重要性不大，即使有一定的奖金发放，其所占比重通常也比较小。（3）福利与服务。专业技术人员对于一些常规性的福利往往不是很感兴趣，但是他们却非常看重后续教育和接受培训的机会。

　　外派人员薪酬管理的特征。在确定外派人员薪酬时，不同的企业可能会选择不同的方法，以适应不同外派地的特殊环境要求和外派人员的特殊需求。一般来说，具体的确定法包括：谈判法、当地定价法、平衡定价法、一次性支付法和自助餐法。

　　①谈判法：在这种薪酬方式下，生活费用、居住成本、税率等问题往往并不是双方考虑的重点，最终达成的结果在很大程度上取决于双方的谈判技巧以及员工执行特定任务的愿望。

　　②当地定价法：向处于有着类似职位的外派人员支付与东道国员工相同数量的薪酬。需要提及的是，当企业要把员工从生活水平较低的国家派往生活水平较高的国家时，采用当地定价法的原因是不言而喻的。如果员工必须缴纳比国内水平更高的房租、水电费、交通成本、子女教育费用，企业就必须给予员工足够的补贴，这样才能为外派员工提供基本的工作和生活条件。

　　③平衡定价法：其目的在于通过向员工支付一定数量的薪酬，确保员工在东道国享受与母国相同或相近的生活水平，并使其生活水平与母国始终有一定的可比性。

　　④一次性支付法：当企业使用一次性支付法时，它会在员工的基本薪酬和各种奖金之外附加一种额外的补贴。这笔钱通常都是一次性支付的，员工可以随心所欲地支配，而这种随意支配不会对员工现有的薪酬造成任何影响。

　　⑤自助餐法：顾名思义就是指企业向员工提供不同的薪酬组合来供员工选择，即在总薪酬量一定的情况下，外派人员可以选择自己认为最理想的薪酬构成。

案例十一　祥顺高压气瓶厂销售人员基于能力的薪酬方案设计

一、祥顺高压气瓶厂销售人员薪酬管理现状

（一）祥顺高压气瓶厂简介

祥顺高压气瓶厂作为我国较早建立的高压气瓶生产厂家，在技术上占有一定优势。其产品在质量、生产规模等方面同其他厂家相比具有一定优势。高压气瓶是一种国家控制的压力容器产品，生产企业必须严格按照国家标准生产。所以，不同厂家的产品之间其主要性能差异不大，只在价格、外观和重量上有所差异。用户主要根据产品的价格、质量及产品的知名度来选择购买哪家的产品。目前，国内规模相对较大的独立专业气瓶生产厂家主要为分布在上海、北京、四川、河北及山东等地的八九个厂家。国外产品由于受关税壁垒等因素的限制，尚没有能力同国内产品竞争。

（二）祥顺高压气瓶厂销售人员状况

祥顺高压气瓶厂销售部目前有35人，销售人员的年龄、所学专业及受教育程度的具体情况如下：

（1）公司大多数销售人员的年龄在26~45岁之间（如图11-1所示）

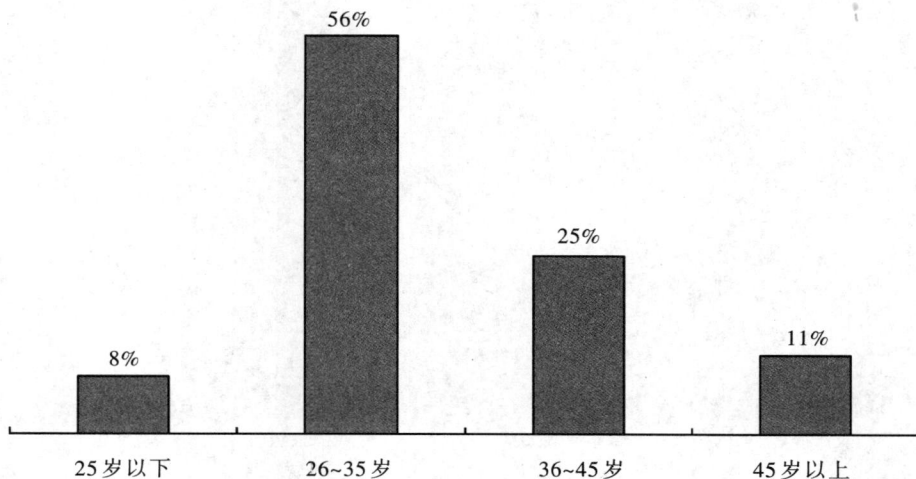

图 11-1　销售人员年龄比例图

　　从年龄结构看，大部分销售人员处于青壮年，正处于建立自己事业的阶段。同时，其这一阶段所面临的家庭和社会压力较大。其工作中的竞争十分激烈，在家庭中，其所负担的责任和经济压力也远超其他年龄段员工。对处于该年龄段的群体，其所采取的薪酬措施应体现在一个"稳"字上，这样能够使其在有了一定的物质生活保障后，有更多的精力去推动企业的发展。

　　（2）企业销售人员的具体专业构成（如图11-2所示）

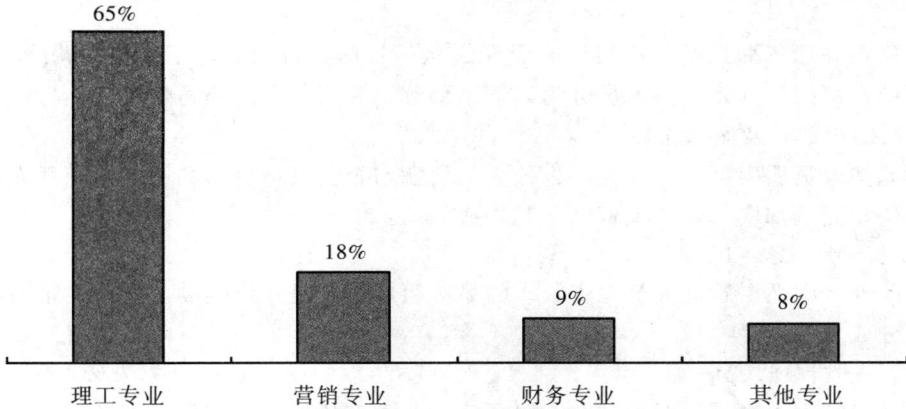

图 11-2　销售人员专业构成图

　　在该厂销售部门从事销售工作的人员，原来所学的大多是相关的理工专业。只有少部分销售人员学的是营销专业。这一特点的有利之处是，学习理工专业的人员对产品性能及用户的需求有较深的了解，从而能够为客户提供更加细致周到的服务。不利之处在于，由于大多数人员缺少营销方面专业知识，因此，许多销售人员的营销手段和方法还很老旧，越来越难以适应日益变化的、竞争激烈的市场。如果不加以改进，将直接影响企业的发展。

　　（3）企业销售人员受教育程度（如图11-3所示）

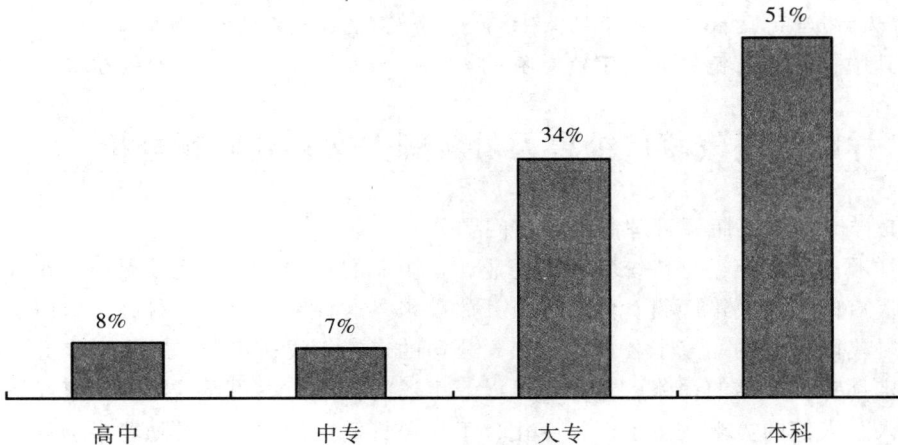

图 11-3　销售人员受教育程度图

从学历结构上看，销售人员的学历水平基本符合销售岗位的要求。管理者应采取措施使少部分学历在大专以下的销售人员尽快地提高自己的学历水平，以免由于知识水平较低不能适应销售工作的要求而遭淘汰。同时，还要激励已有大专以上学历的员工进一步深造，以获得更大的发展空间。

二、祥顺高压气瓶厂销售人员现行的薪酬方案

祥顺高压气瓶厂是传统的国有企业，该厂目前实行的是基于岗位的薪酬方案。针对销售部门，其将不同人员分为以下三部分，并实行不同的薪酬模式：

1.销售部长及副部长

此类人员属中高层管理人员，他们的薪酬与企业其他部门的中高层管理人员薪酬结构相同，都实行岗位工资制。其构成如下：

工资=岗位工资+工龄工资+学历工资+补贴

此外，中高层管理人员工资收入的另一组成部分是年终奖励。年终奖励为年度利润分成。

2.一般管理人员

一般管理人员是指在管理室、服务室、业务室从事一般管理工作及内勤服务工作的人员。这些人员实行岗位技能工资制。其构成如下：

固定工资=岗位工资×80%+工龄工资+学历工资
浮动工资=岗位工资×20%×个人月考核系数

其中：固定工资的发放依据是企业薪酬制度中的有关规定。

3.销售人员

该厂的普通销售人员的薪酬结构实际上非常简单，其采用"底薪+个人佣金"的薪酬模式。

底薪=岗位工资 + 工龄工资
个人佣金=〔（总销售提成额–销售费用）×（个人销售回款额/销售回款总额）〕

其中：底薪占销售人员工资总额的40%，个人佣金占工资总额的60%。

三、祥顺高压气瓶厂销售人员薪酬方案存在问题分析

1.祥顺高压气瓶厂管理制度存在问题分析

祥顺高压气瓶厂是传统的国有企业，在企业的管理上一直比较保守，在计划经济时代有国家的政策倾斜。然而改革开放以来，这种市场形势被打破，但由于该厂是祥顺集团所属的一家子公司，有集团公司的支持，故在资金、社会运作等方面占有一定优势。产品的销路一直都还可以，市场的竞争尚不明显。随着国家经济改革的深入，人们的需求发生了诸多变化，正变得日益多元化，同时随着市场竞争的加剧，企业不得不面临着严峻的挑战。公司虽然引进了一些先进的生产技术，但目前

老旧的管理模式已经不适应现有的市场竞争环境了。

由于企业的产品基本是产多少销多少，销售部门的压力并不大，因此在薪酬制度上并未顺应市场的变化而变化。但这种订单模式，使得佣金部分基本固定不变，销售人员的提成也不会有太大的起伏。同时工资的组成中基本薪酬以岗位来确定，且比例较低，因此，销售人员的工资没有很明显的差距。固有的薪酬模式导致了销售人员丧失竞争意识，不主动去顺应市场的变化并积极开拓市场。但是瞬息万变的市场，需要销售人员不断提高自己的素质，适应社会的发展，然而基于岗位的薪酬制度根本无法激励销售人员主动去学习、提升自我。这种薪酬方式使得不同层次的销售人员享受相同的薪酬待遇，导致优秀的销售人员产生不公平感，优秀人员不断流失，进而使企业更无法与主要竞争对手相抗衡。传统的基于岗位的薪酬方案的弊端已经越来越明显，薪酬的激励性即将消失殆尽。

2.祥顺高压气瓶厂销售人员现行薪酬方案存在问题的分析

销售人员的工资构成比例存在问题，固定工资部分与浮动工资部分比例不合理，同时原本为浮动薪酬的部分由于多种原因却趋近于固定，使得销售人员的工资差距无法拉开。基于岗位的薪酬方案仅仅体现了岗位的价值，而无法体现销售人员的价值，这种以岗位为基础的薪酬方案无法促使销售人员积极主动参与市场竞争，同时也无法激励销售人员进行自我提升。销售收入提成即个人佣金部分基本保持稳定，因此可以说其毫无激励性可言。对于销售人员在销售过程中发生的销售费用，一般采用主管领导签字报销的方法。在报销销售费用时，报销额度由主管领导根据经验酌情掌握。这种做法使得企业难以对销售费用进行制度化和量化管理，随意性较大，不利于控制销售成本，这也是导致销售人员出现"浑水摸鱼"、中饱私囊做法的直接原因。

四、祥顺高压气瓶厂销售人员基于能力的激励性薪酬方案设计的必要性与可行性分析

1.祥顺高压气瓶厂销售人员基于能力的激励性薪酬方案设计的必要性分析

当员工的需求随着经济和文化价值观念向前发展时，组织结构、人力资源政策和薪酬方案若无法与其保持同步，将必然导致薪酬方案不起作用。如果组织的薪酬方案不能激励员工从工作中获得经验，其能力和技能无法得到提升，个人无法得到发展，那么这种薪酬方案的有效性和激励性是值得怀疑的。同时这也可能导致组织花费了大量的人力成本，却没有产生相应的生产效率和利润。

在该厂的传统薪酬方案中，员工的薪酬取决于他们所在的岗位，岗位的价值决定员工的价值，其不重视员工当前和未来的发展要求，这样就会与公司的组织文化和经营战略相抵触。祥顺高压气瓶厂销售人员的工资水平虽然在同行业中相对较高，但是他们留在公司总觉得心里很不平衡，尤其是当自己的知识、技能水平高于其他人员时。员工还会觉得为获得知识和更多能力而产生的机会成本在企业中得不

到相应的回报。其在薪酬上没有成就感，就不愿意继续提升自己，最终导致其无法紧跟市场步伐。仅仅因为企业的工资高于市场工资，员工不愿意离开企业，但其也没有工作的积极性。

知识经济的迅猛发展使组织外部环境的不确定性加强和变化加快，因此打造企业核心竞争力时需要员工具有更高的能力，承担更大的责任，解决更复杂的问题，但这应与薪酬方案相匹配。也就是说为了留住核心员工，薪酬方案必须给员工的成长留出空间，必须有职位头衔之外的东西可以激励员工。在能力薪酬方案中，支付个人薪酬的依据是员工所具有的能力，薪酬增长取决于他们能力的提高和每一种新技能的获得。因此采用能力薪酬方案还是有很多优势的。

2.祥顺高压气瓶厂销售人员基于能力的激励性薪酬方案设计的可行性分析

祥顺高压气瓶厂是一家成熟的企业，其对销售人员采用的是基于绩效和岗位的薪酬方案。由于企业所在行业的性质，其对销售人员的要求比较高，需要销售人员不断学习和提升自己，然而现行的薪酬方案对销售人员的工作无法起到足够的激励作用，不能促使员工自愿充电，因此设计出一套切实有效的薪酬方案来解决企业现存的问题，可为企业节约人力资源成本，激励其销售人员创造出更好的业绩，并提高企业在同行业中的竞争力。销售的重要性决定了销售人员在公司的地位，而祥顺高压气瓶厂无法留住优秀的销售人员，可见员工对公司现行的薪酬制度有很多不满，进一步说明基于绩效和岗位的薪酬方案不适用于该公司。要想增强企业竞争力，用好薪酬这把宝剑是很重要的。原有的薪酬方案由于可变薪酬部分间接变成了不变薪酬而导致丧失激励性。

基于能力的薪酬方案下，公司根据员工能力的高低支付员工报酬，并不是每一个行业、每一个岗位都适用这种薪酬方案。销售人员薪酬是否具有激励性对于企业而言是很重要的事，合适的薪酬方案既能激励销售人员为企业创造效益，又能为企业节约成本。销售人员的薪酬方案采用"底薪＋佣金"的结构是很适合的，采取此种薪酬结构作为销售人员的付薪方式需首先考虑两个核心问题：第一，销售人员基本薪酬与佣金的比例如何确定？第二，工资中的哪一部分能起到激励销售人员的作用？

从产品的销售难度分析，祥顺高压气瓶厂是我国第一个高压气瓶生产厂家，在技术上占有一定优势。目前，国内规模相对较大的独立专业气瓶生产厂家主要为分布在北京、四川、河北及山东等地的八九个厂家。国外产品由于受关税壁垒等因素的限制，尚没有能力同国内产品竞争。由于祥顺高压气瓶厂的产品有着较高的知名度，因此其产品在市场中属于畅销品，产品的销售难度比较小。

从销售人员进入该行业的难度分析，由于祥顺高压气瓶厂产品自身的特性，要求该产品的销售人员拥有专业的理论知识，这就提高了进入该行业的门槛，那么销售人员进入这个行业的难度就相应提高了。

从产品的属性分析，可以明确能够对该产品的销售人员起到激励作用的薪酬部分不是浮动工资，那么怎样才能有效地激励销售人员？关键要分析工资各组成部分中哪部分能从根本上激励销售人员。

从产品的特性上分析，销售人员进入这个行业有一定的难度，这类销售人员需要拥有复合的知识体系、较好的专业技能，以及较强的专业素质。然而，浮动薪酬部分无法体现专业技能的重要性，并且，基于岗位的薪酬方案无法体现专业技能的价值，不能以薪酬的形式激励销售人员提高这方面素质。

综合分析，结合图11-4可以确定祥顺高压气瓶厂的状况符合图中第Ⅳ象限的描述，销售人员应该采用的薪酬方案有着高固定薪酬、低浮动薪酬的薪酬结构。

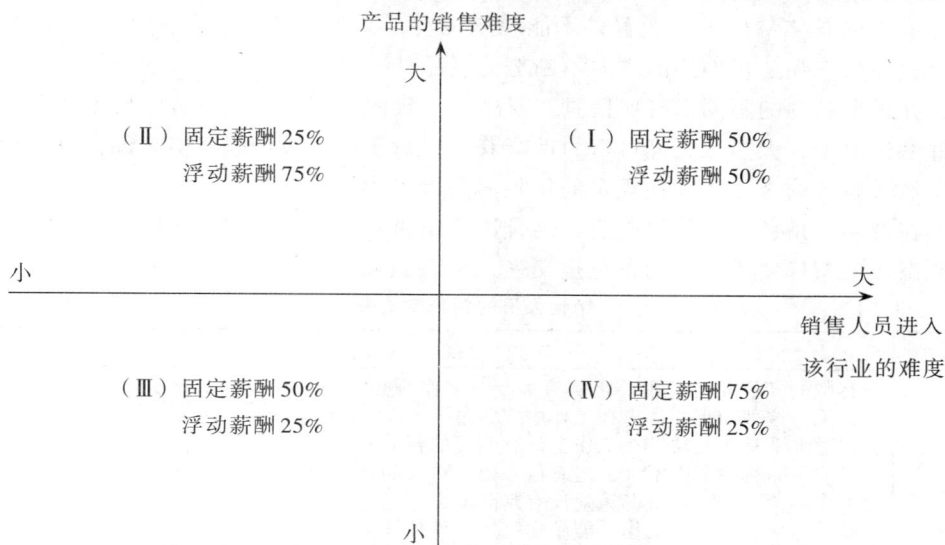

产品的销售难度

大

（Ⅱ）固定薪酬25%　　　　　　　（Ⅰ）固定薪酬50%
　　　浮动薪酬75%　　　　　　　　　　浮动薪酬50%

小　　　　　　　　　　　　　　　　　　　　　　　　大

销售人员进入
该行业的难度

（Ⅲ）固定薪酬50%　　　　　　　（Ⅳ）固定薪酬75%
　　　浮动薪酬25%　　　　　　　　　　浮动薪酬25%

小

图11-4　销售人员薪酬结构分析图

五、祥顺高压气瓶厂销售人员基于能力的薪酬方案设计

1.祥顺高压气瓶厂销售人员所需要能力的界定

社会的高速发展使得越来越多的人对销售职位感兴趣，很大一部分人都将销售作为理想入门职业之一，因此销售人员的综合能力无论是对于个人还是对于公司来说都是很关键的。

在对祥顺高压气瓶厂销售人员进行分析时，有两点值得重视：一是目前从事销售的人员在专业上集中在理工专业与营销专业这两类上，可以说要成为祥顺高压气瓶厂的销售人员应具有的最基本的两项能力为专业能力与营销能力，而目前公司的销售人员大部分只具有其中一种能力，面对竞争激烈的市场，如果欠缺其中任意一种能力都会影响企业的发展；二是祥顺高压气瓶厂销售人员的学历水平基本符合销售岗位的要求，但还有一部分销售人员的学历水平比较低，这部分学历低的销售人员应该尽快提高自己的学历水平，以免由于知识水平较低无法胜任销售工作而遭淘汰。同时，还要激励已有大专以上学历的员工进一步深造，以获得更大的发展空间。

除了上述的要求，销售人员还应具备以下几种基本能力：人际交往能力、沟通能力、判断和决策能力、计划和执行能力。

2. 销售人员角色定义

角色定义规定了销售人员对各级任职者"能做什么，需要做到什么程度"的期望，它是基于能力的薪酬方案的核心。在进行角色定义时，要充分考虑行业和竞争对手的情况，同时既要基于现实又不能太拘泥于现实，要根据工作对员工的实际要求和员工的具体情况进行设置，不能脱离现实，又要具有一定的前瞻性和挑战性，并能引导员工朝公司期望的方向不断努力。另外，晋升时要考虑人才成长的自然规律，并根据级别的不同而有所区别。对于前三级的任职资格在符合学历条件和资历条件的情况下，大多数人经过努力即能获得；对于后两级任职资格来说，只有少数员工经过艰苦的奋斗才能在规定的年限内获得。

在遵循了角色定义的原则后，结合该厂销售人员应具备的一些能力要求创建了祥顺高压气瓶厂销售人员的角色定义表，见表11-1。

表11-1   销售人员的角色定义表

级别	角色定义
一级	□有限的知识储备，主要是从事本专业工作所必需的一些基本知识或单一领域的某些知识，这种知识往往未在工作中实践过 □沟通水平有所欠缺，在工作上没有明显的帮助 □目前人际交往范围不大，但有信心建立更大的社交圈子 □工作经验不足，对市场风险没有判断能力 □能做好自己的本职工作，能基本完成工作任务
二级	□具有基础和必要的知识、技能，这种知识、技能集中于所学专业中的一个领域并且已在工作中多次加以实践 □与人沟通交流水平一般，在工作中表现一般 □交往能力一般，有一些人际关系，在部分工作中能起到一定的作用 □有一定的工作经验，在工作中一般不出现判断失误 □能认真完成自己的工作，精通自己的业务
三级	□具有全面良好的知识和技能，在主要业务领域是精通的，对相关领域也有相当的了解 □能通过沟通交流提高工作的效果和质量 □有一定基础的人际交往圈子，在工作中有助于出成果 □在工作中具有清晰的思路，在市场风险面前能有正确的选择 □工作有热情，能圆满完成工作任务
四级	□精通本专业的大多数领域，对本专业相关的其他领域也有相当程度的了解 □沟通交流中能体现个人魅力，并对提高工作的效果和质量有明显的帮助 □人际关系良好，在工作中能体现出很好的效果 □判断能力很强，能够明确风险和利益 □工作很积极，能圆满完成工作任务，能对工作以外相关的事情予以关注、研究
五级	□具有广博的知识和技能 □沟通交流中能体现很高的语言水平和内涵，在这个过程中能顺利达成工作目的 □人际交往范围很广，个人的人脉是成就出色工作的关键之一 □有敏锐的市场眼光，工作中很少出现判断失误 □对工作抱有极高热情，能圆满完成工作任务，总能对工作提出有建设性的意见

3.祥顺高压气瓶厂销售人员任职能力等级的划分

以祥顺高压气瓶厂销售人员的角色定义来进行任职能力的等级划分，以角色定义中的任职要求，建立能力评估标准，见表11-2。

表11-2　　　　　　　　　　销售人员的能力评估表

评估标准	评估人			
	上级（50%）	同事（30%）	自评（10%）	客户（10%）
专业知识（10%）				
营销知识（10%）				
人际关系（10%）				
协调能力（10%）				
沟通能力（10%）				
组织能力（10%）				
判断能力（10%）				
决策能力（10%）				
计划能力（10%）				
执行能力（10%）				
得分				
综合评分				

表11-2中的打分标准为：差为1~3分；欠缺为4~5分；一般为6~7分；良好为7~8分；优秀为9~10分。

祥顺高压气瓶厂目前的销售人员所学专业集中在理工专业和营销专业，大部分人员只掌握其中一项专业技能，执行基于能力的薪酬方案能够促使销售人员提高他们所欠缺的其他能力。良好的人际交往与协调能力是一个优秀销售人员应必备的能力。组织能力、判断能力、决策能力、执行能力是销售人员工作中应具备的主要技能。只有能力得到提升，工作表现才会突出。

评估的综合评分=上级评估得分×50%+同事评估得分×30%+个人自评得分×10%+客户评估得分×10%

根据销售人员能力评估表的结果，将销售人员按照能力划分为五个等级，其具体情况见表11-3。

表 11-3 祥顺高压气瓶厂销售人员能力等级划分表

能力等级	一级	二级	三级	四级	五级
考评分数	50～60分	60～70分	70～80分	80～90分	90分以上

4.祥顺高压气瓶厂销售人员薪酬构成的确定

祥顺高压气瓶厂是一家成熟的企业，销售人员与其他市场因素相比，对销售业绩的影响相当，应以高固定、低提成的薪酬结构来激励和稳定销售人员。根据该厂的行业特性以及销售人员应该具备的能力来确定销售人员的薪酬构成：

销售人员的工资=固定工资（70%）+浮动工资（30%）

固定工资=基本工资+能力工资+工龄工资

基本工资由考勤、工作态度、团队合作三个因素确定。能力工资部分一方面要体现销售人员的能力，另一方面学历也是不可或缺的。能力工资根据能力等级划分确定，应能激励现有较高学历的员工进一步深造，以获得更大的发展空间。工龄工资是稳定员工最好的办法，其让员工有存在感、价值感以及对企业的认同感，能增强员工对企业的忠诚度。

由于祥顺高压气瓶厂的产品销量比较稳定，销售提成部分浮动不算很大，因此加上奖金部分即为浮动工资，奖金根据企业的盈利情况来发放。

浮动工资=销售提成+奖金

5.祥顺高压气瓶厂销售人员薪酬方案的确定

祥顺高压气瓶厂销售人员薪酬方案中的基本工资采取每月考核的形式，能力工资的评估每半年进行一次，评估定级后实行半年。

（1）固定工资部分（见表 11-4 至表 11-8）

表 11-4 销售人员基本工资考核表

考核内容	考核人	
	上级（70%）	同事（30%）
工作态度		
合作精神		
得分		
综合得分		

表 11-4 中的打分标准为：合格为 30～40分；良好为 40～45分；优秀为 45～50分。

表 11-5 销售人员基本工资水平

考核得分	60～80分	80～90分	90分以上
考核结果	合格	良好	优秀
工资水平	200元	300元	400元

表 11-6　　　　　　　　　　　销售人员考勤工资水平

出勤率	90%以下	90%~95%	95%以上	全勤
工资水平	无	50元	100元	200元

表 11-7　　　　　　　　　　　销售人员工龄工资等级

工龄	1年	3年	5年	8年	8年以上
学历等级	一级	二级	三级	四级	五级
工资水平	50元	150元	250元	400元	600元

表 11-8　　　　　　　　　　　销售人员能力工资水平

工资等级		工资水平				
五等	三级					7 000元
	二级					6 500元
	一级					6 000元
四等	三级				6 000元	
	二级				5 500元	
	一级				5 000元	
三等	三级			5 000元		
	二级			4 500元		
	一级			4 000元		
二等	三级		4 000元			
	二级		3 500元			
	一级		3 000元			
一等	三级	2 500元				
	二级	2 250元				
	一级	2 000元				

　　各行各业都需要销售人员，但是对销售人员的素质要求各不相同。一些行业对于销售人员的学历要求不高，但案例企业对于销售人员的学历有较高的要求，获得相对较高的学历对于销售人员自身而言需付出相当的成本，无论是经济成本还是时间成本。因此对于高学历的销售人员在薪酬上一定要体现出补偿效应，这样才能激励销售人员自觉、主动地去花费时间提升自己，从另一个角度而言这也在无形中为企业未来发展做出了贡献。

（2）浮动工资部分

浮动工资部分中的销售提成仍然按照之前的公式计算，即：

提成工资=〔（总销售提成额－销售费用）×（个人销售回款额/销售回款总额）〕

奖金采取半年发放一次的形式，根据公司的业绩考核确定，并一次性发放以鼓励销售人员。

六、祥顺高压气瓶厂销售人员实施新薪酬方案的配套措施

1.祥顺高压气瓶厂销售人员实施新薪酬方案的难点

将基于能力的薪酬方案运用在销售岗位上这种方法还不成熟，仍在探索阶段，因为这个过程中还有一些难点尚未解决。

第一，如何准确地确定员工的能力等级。建立能力评价系统这个过程至少包括能力评估的机构、能力评价的要素和能力评价的等级三个方面的内容，这个过程是复杂的。能力评估机构可由企业自身的主要人员和外部聘请的专家共同组成。能力评价要素要结合企业的实际情况，除了要突出企业的特点外，还要保证这些要素与员工的业务相关。

第二，如何有效地利用员工所掌握的知识和技能。鉴于员工知识、技能和业绩之间并没有必然的因果关系，故须对上述问题有所考量。

第三，实施能力工资后，企业对培训的需求必然会增大，企业在培训方面投入的成本也会随之增多，这也是企业要面临的一个难题，也就是说要解决如何让企业和员工共同承担培训费用。

第四，市场环境是时刻变化的，所以能力评价体系也要根据实际情况随时进行调整。企业要不断更新和丰富能力评价的要素、能力评价的要求，并对员工的能力等级定期进行重新评价。这样才能既保证能力评价体系适应企业发展的需要，又促使员工持续不断地进行学习和创造效益。

第五，大多数企业在进行薪酬决策时，除了会考虑员工的能力外，还需要考虑职位数量和内容、目标完成情况等因素。因此即便使用基于能力的薪酬方案也不能100%地基于能力——基于能力的薪酬方案并不是要完全取代传统的基于职位和绩效的薪酬方案，而是要与它们融合，并针对不同的企业和不同的环境而有所侧重。

2.祥顺高压气瓶厂销售人员实施新薪酬方案的配套措施

一套新的薪酬方案必须有适合的配套措施才能良好实施，才能发现不足和继续改进。

结合祥顺高压气瓶厂的情况，新薪酬方案的顺利实施必须得有以下条件加以保障：

第一，必须有专业的人才进行员工的能力评价。

第二，要有新方案实施反馈机制，以听取实施意见，并选择有意义的建议进行

方案的调整。

第三，要不断更新和丰富能力评价的要素、能力评价的要求，并对员工的能力等级定期进行重新评价。

第四，应设计一套可量化的销售费用明细，不能只凭主观经验来签字报销，从而减少员工的不公平感。

总体而言，薪酬方案的改变需要一个比较长的时间来逐渐适应，在改变的过程中必定会存在一些问题，这需要企业的所有员工，上至高层，下至基层员工的共同努力才能顺利实施。

案例十二 盛泰贸易公司外派人员薪酬管理

一、公司背景

（一）公司简介

盛泰贸易公司主要从事电子出口销售、劳务输出贸易、外资吸引、外经、边贸、外事等业务，在经营过程中，公司凭借良好的信誉，与中亚各国的一些大型公司建立了良好的商贸关系。盛泰贸易公司拥有健全的销售网络，并制定了完善的内控制度。在对外派人员的薪酬管理方面，盛泰贸易公司外派人员的薪酬包括本地薪酬和外派薪酬。本地薪酬是基本工资+外出服务补贴。外派薪酬只包括基本工资和简单的福利。

（二）盛泰贸易公司人员现状

1.盛泰贸易公司人员职位表

盛泰贸易公司有200名职工。其中，外派人员87名，本地人员113名。从人员分布来看，外派人员占总人数的40%以上。外派人员对于盛泰贸易公司来说非常重要，所以外派人员的保留、激励和吸引，是盛泰贸易公司继续扩张的关键所在。

2.盛泰贸易公司外派人员的学历结构

盛泰贸易公司87名外派人员中，有着专科学历的有43人，有着本科学历的有40人，有着研究生学历的有4人。从外派人员学历上分析，盛泰贸易公司高学历的外派人员比例较低，如图12-1所示。

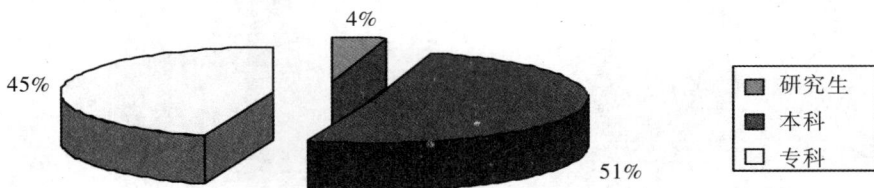

图12-1 盛泰贸易公司外派人员学历构成

二、盛泰贸易公司外派人员薪酬管理存在的问题及其原因分析

（一）盛泰贸易公司外派人员薪酬管理存在的问题

盛泰贸易公司外派人员的薪酬包括本地薪酬和外派薪酬。本地薪酬是基本工资+外出服务补贴。外派薪酬只包括基本工资和福利。盛泰贸易公司在吉尔吉斯斯坦的外派人员的薪酬见表12-1。

表12-1　　　　　　　　　**盛泰贸易公司外派人员的薪酬表**　　　　　　　　单位：元/月

年份	外派薪酬		本地薪酬	
	基本工资	福利	基本工资	外出服务补贴
2010	3 000	500	1 500	580
2011	3 200	500	1 500	580
2012	3 400	500	1 500	580
2013	3 600	500	1 500	580
2014	3 800	500	1 500	580

1.外派人员的薪酬结构单一，缺乏激励性

科学有效的激励机制能够让员工发挥出最大的潜能，使企业价值最大化。激励的方法很多，但是薪酬可以说是其中一种最重要的、最易运用的方法。它是企业对员工的回报和答谢，以奖励员工对企业所付出的努力、时间、学识、技能、经验，是企业对员工所做贡献的认可。在员工的心目中，薪酬不仅仅是自己的劳动所得，它在一定程度上代表着员工自身的价值，故设计和实施一个具有激励性的薪酬体系，对企业管理效率的提升具有不可估量的促进作用，更是人力资源管理提升的一个重要方面。而盛泰贸易公司的外派人员薪酬结构只包括基本工资（母公司+所在地公司）和福利。这种薪酬管理制度很难起到足够的激励作用，会使外派人员感觉干多干少都一样，这样就使盛泰贸易公司的外派人员在工作中缺少积极性，从而导致无法提高企业的效益。

2.外派人员的福利缺乏灵活性

盛泰贸易公司的薪酬管理体制只注重薪酬的总量，而实际上，在薪酬总量相等的情况下，不同的薪酬发放方式会产生不同的激励效果。

每个外派人员所处的环境都不相同，所以他们的的需求也不尽相同。对于其而言，对环境的不适应使他们的需求大大增加，如果企业只一味地发放单一的工资，就无法满足员工的各种需求，这样就会降低外派人员工作的积极性，降低员工对企业的忠诚度，使企业在付出了大量资金后却得不到员工的好感。

3.本地薪酬与外派薪酬之间难以平衡

盛泰贸易公司还处在跨国经营初期阶段，对如何发放外派人员的外派薪酬缺少了解，只能笼统地将外派人员在母公司的薪资标准定为在海外工作的薪资标准。这

种方法虽然注重维持外派人员的生活水准，让外派人员与本国员工有相同的购买力，但是由于本地和外派地的生活水平不同，这种外派人员薪酬发放制度就可能让外派员工有机可乘，也可能让外派人员产生不满情绪。在生活水平低于母公司所在地的地区，外派人员除去生活开支可能会有较多的薪酬剩余，但在生活水平高于母公司所在地的地区，外派人员的薪资可能只够平时的生活开支。同时，税收也是外派人员较为关注的问题。由于国内有统一的个人所得税政策，只要外派地限于国内，公司就不需要关注个人所得税的问题。但是，一旦员工被派往国外，由于不同国家个人所得税政策不同，外派人员可能会面临双重税收——母公司所在国和外派国的个人所得税缴纳政策不同。有些国家会采取"基于居住地"的税收政策，有些国家则会采取"基于国籍（如美国、波兰）"的个税政策，于是增加了这个问题的复杂性，不可避免会对员工产生或大或小的影响。这可能会引起外派员工的排斥心理，毕竟没有人喜欢多纳税。解决这个问题会花费外派人员很多的时间和精力。

（二）盛泰贸易公司外派人员薪酬管理存在问题的原因分析

1.对外派人员的重视程度不够

对于盛泰贸易公司来说，外派人员的流失是一种很常见的事情，企业认为外派人员只要完成了外派任务，达到了企业预期的目标就足够了，盛泰贸易公司尚未认识到外派人员的重要性。外派人员在完成外派任务后能力和经验都会有很大的提高，如果他们回到企业，为企业效力绝对会成为企业的中坚力量。所以盛泰贸易公司在外派人员的问题上关注程度不够。

2.外派人员的薪酬管理制度不完善

由于外派地环境不同，所以外派人员的需求也会有所不同，但是盛泰贸易公司对于外派人员的薪酬实行盲目的统一制度，所有外派人员的薪酬模式都一样。并且对于外派地的区域经理没有一个明确的业绩审核标准，仅仅要求区域经理每年年终上交业务报告。

3.对外派人员的心理特点了解不够

大多数外派人员在外派后都会感到孤独和工作压力大，因为外派人员初到一个陌生的地方，朋友少、亲人少，加之同事之间互相沟通少，导致其很难排解孤独感。同时环境的变化导致外派人员的工作难以很快开展，这就造成了外派人员具有较大的工作压力。很明显盛泰贸易公司对于外派人员的心理特点了解不够，并没有对外派人员外派后的消极心理采取相应的对策。

三、完善盛泰贸易公司外派人员薪酬管理的必要性

薪酬体系设计得成功与否是与企业生死攸关的大事，薪酬方案是否适合企业的运作是企业能否立于不败之地的关键。跨国公司要想成为成功经营的典范，且效益能够蒸蒸日上，很大程度上与其好的薪酬设计密不可分。完善的薪酬制度不仅可以吸引人才，同时可以为企业留住人才，所以对盛泰贸易公司来说，完善的外派人员

薪酬管理制度可以为企业带来巨大的利润，同时还能拓展盛泰贸易公司的国际视野，有助于寻找新的商业机会。同时，对于外派人员来说，其也非常重要，它是外派人员的生活保障，并关系到员工的发展前景。

（一）从企业的角度

美国一项人力资源调查显示，人员外派失败所造成的损失，至少是该人员年薪的2~5倍，而外派人员为企业所带来的利润则远远高于企业为员工的支出。完善的薪酬制度有利于吸引和留住企业的核心、关键人才，有利于企业的物质和文化变革。完善的薪酬制度可以促进企业的可持续发展。所以盛泰贸易公司必须注重人员的外派。如果人员外派失败，将会给企业带来很多的问题。盛泰贸易公司要想挽回损失，降低外派失败率，就必须重视外派人员。

1.企业人力资源大量流失

随着业务的发展，盛泰贸易公司效益呈现上升趋势，但是外派人员失败率高一直是困扰企业的一个重要问题。员工不愿意去，或去了不愿意回来，或回国后即跳槽，这对企业而言是一个巨大的挑战。盛泰贸易公司现有外派人员47人，外派期满回国人员15人，回国后回公司工作的3人，外派失败率高达75%，未满外派期的外派人员大多也无回母公司工作的意愿。如果盛泰贸易公司不能完善自己的薪酬制度，必将导致更多的外派人员流失。外派人员回国后，经验和能力都会有很大程度的提升，善用其对盛泰贸易公司来说是一笔宝贵的财富。相反，他们的流失则会放慢盛泰贸易公司的发展速度。

2.资金的浪费

一般企业在确定外派人员后，对外派人员都会进行一定的培训。外派人员到外派地后也可能进行一些培训。如果企业再需要人员外派，还要再进行一些人员的选拔和培训。如果盛泰贸易公司的薪酬制度不能做到吸引和留住员工，则盛泰贸易公司前期对外派人员所付出的招聘、培训等费用都将化为乌有。当企业再需要外派人员时，又需要重新招聘、选拔和培训。形成一个恶性循环对盛泰贸易公司造成的资金浪费是不可估量的。

（二）从外派人员自身的角度

薪酬制度是外派人员最关注的一个问题，因为它牵扯到企业每一位外派人员的切身利益，直接影响外派人员的生活水平。外派人员外派后会遇到如住房、外地消费、子女教育等问题。如果外派期限较长，还会遇到搬迁等问题。这些问题的解决都需要企业在薪酬方面给予补助，如果无法解决这些问题，对于员工的工作积极性和其对企业的忠诚度都有不小的影响。另外，薪酬是外派人员在外派地工作能力的直接体现，也是外派人员选择企业的一个重要标准。外派人员往往通过薪酬水平来选择企业和衡量自己在企业中的地位，所以完善的薪酬制度对外派人员来说至关重要。

四、完善盛泰贸易公司外派人员薪酬管理的原则及对策

（一）完善盛泰贸易公司外派人员薪酬管理的原则

为改进和完善盛泰贸易公司境外机构薪酬管理制度，充分调动派往海外机构工作人员的积极性，促进海外机构各项工作的发展，根据公司整体薪酬制度改革的总体安排，外派人员薪酬体系设计遵循以下基本原则：

1.效率优先，兼顾公平

企业在人员外派时首先要考虑的是外派人员到外派地的效率问题。如果外派人员在外派地效率太低，会导致企业浪费大量的资金，而错过了商业机会。同时，外派人员的薪酬应和总部同级人员的薪酬水平相当。薪酬的公平性是员工非常看重的一个问题，所谓"不患寡，而患不均"，员工之间总不免相互比较，跟与自己同等级的员工比较，跟与自己不同等级的员工比较，跟外界同业者比较。当企业内部员工发现与外派人员薪酬不相当时，便会心生不满，而有能力的员工就会另谋高就。薪酬极大地影响着招聘、士气和人员流动，薪酬发放带来的不公平会极大地影响员工工作的热情，因而一个能够发挥激励作用的薪酬体系必须是以薪酬公平为前提条件的。

2.按绩取酬，使员工个人收入与贡献挂钩

薪酬激励可以提高员工的工作积极性，可以使员工对于公司产生一定的依赖感和归属感。而在固定工资的基础上发放奖金能达到更好的效果，因为可以让员工知道多劳即可多得，使员工更努力工作。同样，外派人员的薪酬也要建立在有效的绩效评估基础上，如果外派人员没有业绩压力，他们工作的积极性就会降低。

3.分类管理

外派地环境、外派人员年龄和性格等方面的差异，会导致外派人员的种类有所不同。企业不能对所有的外派人员都实行统一的薪酬管理制度。这主要表现在福利薪酬方面，不同外派人员的薪酬需求不同。如果对外派人员都实行统一的薪酬制度，可能会使一些外派人员产生不满情绪，导致其缺乏工作热情。所以，企业要对外派人员有一定的了解，做到需求不同薪酬不同。但是，不能员工要什么，企业就给什么。企业必须注重对成本的控制。

（二）完善盛泰贸易公司外派人员薪酬管理的对策

1.利用高薪政策留住员工

盛泰贸易公司发放给外派人员的薪酬在国内来说也只是中等收入水平，外派人员在外派期满回国后，就不会再安于现状。对于有了资金积累和能力积累的他们来说，另找一家薪资较高的企业或者做个体都是比较好的选择，所以大多数外派人员回国后就离开了母公司另谋他职。对于外派人员来说，薪酬的高低很大程度上决定了他们回国后的去向。盛泰贸易公司要想留住这些优秀的回国人员，就必须提高基

本薪酬水平，同时提高激励薪酬、津贴、福利的发放力度。这样对于盛泰贸易公司吸引人才和留住外派人员都有很大的好处。

2.各种薪酬类型相结合，调动员工积极性

薪酬的不同组成部分的激励作用是不同的，而企业采用的往往是这些部分以一定比例组合而成的薪酬体系，由于不同企业的薪酬体系各部分所占比例不同，不同企业的薪酬体系的激励作用也不尽相同。盛泰贸易公司薪酬结构比较单一，无法起到应有的激励作用，也无法留住员工，这也是导致盛泰贸易公司外派人员流失的一个重要因素。

（1）基本薪酬

外派人员应该和与其处于相同职位的同事有着同样的薪酬水平，这可以通过工作评价和薪酬等级评定来确定。当然由于盛泰贸易公司和东道国环境不同，工作内容缺乏可比性，加上对外派人员的工作进行有效监管的难度很大，因此上述事项操作起来可能会遇到一定的困难。另外，对处于同一职位的内部员工和外派员工的薪酬水平进行调整时，也应该于同时按照同样的幅度进行。

（2）激励工资

发放激励工资时，外派人员收入的浮动部分必须与外派人员的工作绩效种类和级别密切相关。这种工资应该按照基本薪酬的百分比与工资每月同时发放。激励工资的数量要与员工绩效挂钩。

（3）特殊津贴

由于国内和外派地工作环境差异很大，企业向外派人员支付津贴的目的就在于对他们的生活成本进行补偿，使他们得以维持和国内相同的生活水平。这些津贴包括：①商品与服务津贴。当外派地的商品与服务价格水平高于母公司所在地时，企业要向外派人员提供商品与服务津贴。当外派地条件比较艰苦时，企业应向外派人员提供特殊津贴，津贴的方式和力度由母公司派专业人员调查后确定。②教育津贴。对有子女的外派人员来说，企业应为外派人员提供一定的教育津贴。③出国服务奖金。外派人员外派后环境的差异会给外派人员带来不少的麻烦，所以企业要主动向外派人员提供一定的出国服务奖金。

（4）外派人员特别奖励

对业绩突出的外派人员要给予特别的奖励，应根据公司的经济情况和外派人员贡献的大小，由公司决定奖励的程度和方式。

3.推行具有特色的自助福利计划

外派人员由于所处环境不同，需求也不同，如果统一地发放福利很难发挥福利的真正作用。了解外派员工的真正需求后，公司应尽可能地给予满足；不能满足的，也要向员工予以说明。让员工明白公司是在设身处地地为员工着想，这样投之以桃，报之以李，才能让外派人员对母公司拥有忠诚度。所以，盛泰贸易公司对外派人员应采用福利"自助餐"法。"自助餐"法是在保证外派人员生活水平不下降的前提下，只支付外派人员津贴的总量，而对津贴的分配使用没用严格的规定，这就使外派人员在支配津贴方面具有更多的灵活性，以更好地满足外派人员的各方面需求，对于提升盛泰贸易公司外派人员的忠诚度有很大的帮助。同时，外派人员在国内享受"五险一金"，不参加外派地的养老保险、住房保险以及其他获利性的保险，这样有利于外派人员外派期满后回母公司工作，提高外派的成功率。另外，企业可在外派地为员工购买工伤、生育等其他项目的保险。

岗位工资的确定对于一般非外派人员来说比较简单，但对外派人员不同。人员跨地区工作，会牵涉到生活习惯的改变和搬迁成本问题，企业必须确保多地区之间的薪酬体系对接，而且外派人员对公平性的要求也是外派人员薪酬管理中的一个关键考虑因素。这种公平性包括外派人员与国内同事薪酬的公平，外派人员与东道国同等职位人员薪酬的公平，以及母国外派人员与第三国外派人员薪酬的公平等。所以盛泰贸易公司应该采用资金平衡法来确定外派人员的薪酬。资金平衡法是从外派人员总体上考虑，使他们维持本国的生活水平，并通过生活激励使薪酬计划更具有吸引力。它需要考虑外派地的社会、法律、风俗、商品与服务价值、消费水平等因素，确定一个与母公司所在地的这些因素的综合比较值，来确定外派地薪金发放水平。应尽可能地让外派人员的收入和母公司同等职位人员的收入保持在同一水平上，这样就可以让外派人员的薪酬与母国的薪酬结构挂钩，强调了待遇平等，使外派人员的回国变得容易。并且，这样也便于沟通和理解。另外，在税务方面，为了保证派往国外的员工的个人所得税支出不变，人力资源部就需要设专门的人员研究不同国家的个人所得税政策。母公司暂时代扣数额应等于母国工资的应纳税额，然后由公司支付外派人员所在国的其他税款。

五、评价分析

涉外企业的外派人员的薪酬管理，从来都是具有争议的话题，也是企业薪酬管理的重点和难点。人力资源管理部门要本着公平性与特殊性兼顾的原则，保障企业的人才稳定，及海外市场的正常运营。案例企业考虑员工个人的能力、薪酬的激励作用和公平性，充分发挥薪酬各项构成的作用，尤其运用了针对外派人员的特殊津贴和特别奖励，以及具有特色的自主福利计划，对于该企业外派人员的激励和保留起到了较好的作用。

案例十三 T公司专业技术人员薪酬激励方案优化设计

一、公司概况

1.T公司简介

T公司属生产基本化工原料的氯碱行业，主营聚氯乙烯树脂（PVC）、离子膜烧碱、纳米PVC、盐酸等氯碱化工产品，并从事相关的物资流通和进出口业务。产品广泛应用于石油、化工、轻工、纺织、建材、国防等20多个行业，是全国大型氯碱化工企业之一。公司设立以来，充分依托所在地区的优势资源，坚持以先进技术改造传统产业，生产规模不断扩大，经营水平不断提升。公司生产的氯碱产品，是广泛应用于国民经济各领域的重要基础化工原料，符合国家的产业发展政策。公司的快速发展得益于公司不断创新的现代企业管理制度和高素质的人才队伍。公司的法人治理结构完善，董事会保持着富有成效的沟通决策机制。公司拥有熟悉氯碱行业生产经营特点的高级管理人员、掌握先进技术并将其运用于生产实践的核心技术人员、熟悉市场的专业营销人员，以及技术熟练、操作规范的一线员工，从而形成了公司特有的人才梯队，为公司的发展奠定了坚实的基础。

公司进行了有效的管理创新和机制创新，在生产系统方面实现了全程的计算机控制，并在财务、销售、质量等系统方面实施ERP项目管理，实现了管理流程的快捷高效，使公司的管理水平在全国同行业中处于领先地位。

2.T公司人力资源现状

公司的高速发展离不开一支高素质的人才队伍。T公司按照现代企业制度，以实用、高效为原则，结合公司的业务发展需要，建立了较为科学完整的组织架构，拥有独立的采购、生产和销售系统。自2010年以来，随着公司业务的发展，公司的人才规模也有所扩大，人才队伍的快速、健康发展保证了公司业务的快速开展。

（1）人力资源总量

截至目前，公司在职人员2 736人，其中经营管理人才372人，专业技术人才173人，技能人才2 191人。

（2）人力资源结构

公司员工的年龄结构见表13-1。

表13-1　　　　　　　　　　　　　员工年龄结构表

类别	35岁以下	36～40岁	41～45岁	46岁以上
人数	2 042	466	148	80

从表13-1中可以计算出，35岁以下的占75%，36～40岁的占17%，41～45岁的占5%，46岁以上的占3%。

公司员工的学历结构见表13-2。

表13-2　　　　　　　　　　　　　员工学历结构表

博士	硕士	大学本科	大学专科	中专及高中	初中以下
0	8	312	894	945	577

从表13-2中可以看出，硕士研究生占0.3%，本科生占11%，大学专科生占32.7%，中专生占35%，初中以下学历者占21%。

（3）人力资源来源范围

表13-3　　　　　　　　　　　　人力资源来源范围表

疆内	疆外	国外
2 715	21	0

从表13-3中可看出，人力资源很大部分来自疆内，其中疆内占99.2%，疆外占0.8%。

（4）人力资源配置方式

表13-4　　　　　　　　　　　　人力资源配置方式表

委任或直接选聘	选任	市场化选聘
28	3	2 705

从表13-4中看出，通过市场化选聘方式选拔的人员占98.86%，委任或直接选聘的人数占1.15%，选任方式选拔的人员占0.1%。

（5）人力资源培训情况

该公司非常重视对人才的培养，曾被评为"中国企业教育先进百强单位"，公司对培训的重视使公司员工整体素质不断提高，也保证了业务的快速开展。表13-5是公司2010年以来的培训情况。

表13-5　　　　　　　　　　　　人力资源培训情况表

小计	企业自主培训	选派参加上级调训	选派参加挂职锻炼
24 633	24 446	187	0

T公司建立了较为科学完整的组织架构，拥有独立的采购、生产和销售系统。

随着公司业务的发展，公司的人才规模也得到了扩大，人才队伍的快速、健康发展是保证公司业务快速开展的关键因素之一。该公司目前人力资源呈现出以下特点：

（1）技术人员所占比重较大，其中，经营管理人员占总人数的13.60%，专业技术人员和技能人员占总人数的86.18%。

（2）公司人员偏年轻化，表现为35岁以下员工的数量占总人数的75%。

（3）员工学历水平较高，拥有大学专科以上学历的人数占总人数的43.7%。

（4）市场化选聘为人员配置的主要方式，在人员配置方式中，市场化选聘人数的比重为98.86%，委任或直接选聘的比重为1.15%，选任人数的比重为0.1%。

（5）重视员工培训。为使公司人员整体素质不断提高，保证业务快速开展，自2004年以来参加培训人数达24 633人，其中企业自主培训人数为24 446人，选派参加上级调训的人数达187人。

二、T公司专业技术人员薪酬激励现状及存在的问题

1.T公司专业技术人员现状

公司现有在职人员2 736人，其中经营管理人才372人，专业技术人才173人，技能人才2 191人。

专业技术人才主要是指具有中高级以上职称的专业技术人员，其占员工总数的6.10%，他们是公司中拥有专业技术的领军人才，在工作中发挥着不可替代的作用。技能人才主要是指初级专业技术人员，占员工总数的80.08%，他们在企业中发挥着中流砥柱的作用，他们管理和维修各类设备，使其高效运转，完成公司的生产目标，保证企业正常运营，他们参与项目开发、工程建设，并优化化工工艺流程、提高工程质量，为实现企业战略目标打下了坚实基础。

公司现有的专业技术人员主要是指拥有一定知识技能，从事技术性工作的群体，他们分布于公司的各个层级。其中，高级专业技术人员主要负责技术研发工作，中级专业技术人员负责工程项目的管理与开发，初级专业技术人员从事工程建设及日常生产维护工作。

公司专业技术人员的年龄构成见表13-6。

表13-6　　　　　　　　　　　技术人员年龄构成表

类别	35岁以下	36~40岁	41~45岁	46岁以上
比例	70%	16%	9%	5%

从表13-6中可以看出，公司专业技术人员35岁以下的占70%，说明该公司的专业技术人员队伍较年轻。

公司技术人员学历构成见表13-7。

表 13-7　　　　　　　　　　　**技术人员学历构成表**

类别	硕士以上学历	本科以上学历	大专学历	中专及以下
比例	0.25%	12.7%	37.3%	49.75%

从表13-7中可以看出，公司技术人员拥有大专以上学历的占到50.25%，说明公司专业技术人员的学历水平较高，但还有待进一步提高。

公司技术人员职称构成见表13-8。

表 13-8　　　　　　　　　　　**技术人员职称构成表**

类别	高级	中级	初级	无
比例	8%	44%	36%	12%

从表13-8中可以看出，公司技术人员具有中级以上职称的占到52%，说明该公司专业技术队伍的技术技能水平较高，工作经验较丰富，是一个成熟的技术群体。

综合以上专业技术人员年龄、学历、职称结构的分析，可以得出如下结论：该公司拥有一个年轻但技术水平较高的专业技术团队，他们不断学习，不断进取，为公司实现战略目标奉献了巨大的力量。

2.T公司专业技术人员薪酬激励现状

该公司在结合自身实际情况的前提下，坚持责、权、利对等，本着公平、公正、公开的原则建立了专业技术人员薪酬管理体系。其中，专业技术人员的薪酬由岗位薪酬、绩效薪酬、津贴薪酬、奖金、福利补贴构成。

岗位薪酬依据各岗位责任、岗位技能、劳动环境、劳动强度等要素，结合地区和行业薪资标准确定，见表13-9。

表 13-9　　　　　　　　　**专业技术人员岗位薪酬标准**　　　　　　　　单位：元

职称	岗位	工资标准
高级	一级	7 750
	二级	6 730
	三级	5 750
中级	四级	4 900
	五级	4 170
	六级	3 550
	七级	3 030
	八级	2 600
初级	九级	2 250
	十级	1 970
	十一级	1 750
	十二级	1 580
	十三级	1 450
	十四级	1 350
	十五级	1 270
员级	十六级	1 200

　　绩效薪酬是公司支付给员工的完成公司经营目标的奖励。绩效薪资标准约为技术序列8级以下（不含8级）职位绩效薪酬标准岗位薪酬（含加班、职位津贴）的0.67倍。

　　津贴薪酬包括职位津贴、工龄津贴、加班津贴、运转班津贴、夜班津贴、误餐津贴、高温津贴、委派津贴。职位津贴是公司依据不同职位支付给员工的津贴。工龄津贴标准为工作一年按照10元计算，最高为350元。每年年初由公司人力资源部统一核增工龄津贴。加班津贴是按国家法定节假日、休息日加班薪资标准向员工支付的津贴薪资。运转班津贴主要针对生产区域的操作人员进行发放。辅助津贴包括误餐津贴和高温津贴。误餐津贴是指公司支付给在岗员工的误餐补助，标准为100元/人·月，按实际出勤天数计发。高温津贴为根据不同区域的气温条件发放的不同标准的津贴。委派津贴是公司对委派到距公司本部100千米以外（含100千米）地区从事生产经营工作的管理、技术人员发放的津贴补助。委派津贴标准按委派工作地距公司本部距离确定，一般为25元/天。委派津贴按照在委派地区的工作时间计发。

　　奖金是在完成公司经营目标和专项任务目标的情况下，根据目标完成情况发放季度奖、年度奖、专项奖。发放标准为公司普通员工按标准发放年终奖、季度奖，公司任命的中层正职（技术序列相应岗位）按普通员工3倍发放年终奖、季度奖，公司任命的中层副职（技术序列相应岗位）按普通员工的2.4倍发放年终奖、季度奖，公司委任的各经济实体处室正职（技术序列相应岗位）按普通员工的2倍发放年终奖、季度奖，公司委任的各经济实体处室副职（技术序列相应岗位）按普通员工的1.5倍发放年终奖、季度奖。

　　福利补贴是公司以货币或实物的形式支付给员工的福利收入，福利补贴由法定福利和补充福利构成。法定福利是公司依据国家及地方政府相关规定为员工缴纳的各类社会保险和住房公积金。补充福利有节假日福利、员工及员工子女教育奖励等，补充福利的发放由相关部门按相关文件的规定执行。

三、T公司专业技术人员薪酬激励方案存在的问题

　　由T公司专业技术人员薪酬激励方案现状可以看出，该公司的薪酬激励方案坚持了对内具有公平性，对外具有竞争性，对员工具有激励性的原则，在薪酬方案设计方面，薪酬构成较完整且水平设计较合理，主要体现在岗位薪酬设计方面。但通过对薪酬激励方案的进一步具体分析及对相关工作人员的访谈，发现还存在如下一些问题。

　　1.薪酬激励方案的构成有待进一步完善

　　从该公司专业技术人员现行薪酬激励方案可以看出，现行专业技术人员的薪酬主要由岗位薪资、绩效薪资、津贴薪资、奖金、福利补贴组成，每项薪资中包含的内容不同，激励效果也不同。

在现行方案中，高级专业技术人员与中初级专业技术人员的激励方式基本一致，不能很好地体现对高级专业技术人员的关注，故设计针对高级专业技术人员的薪酬激励方案很有必要。在现行福利补贴中包括法定福利和企业自主福利，但相对来说，企业自主福利项目还不够完善，支付方式也不是非常灵活。专业技术人员作为企业的一员，除去企业正常提供的诸如社会养老保险、失业保险、医疗保险、工伤保险等在内的强制性福利以外，由于其工作的特殊性，其在福利上有更多的需求。在专业技术人员福利支付方式上要强调个性化福利，给予他们选择的自由。在奖金方面，所有员工都设有季度奖、年终奖，虽然根据专业技术人员设置了专项奖，但还不是很全面。奖金的设计是针对技术人员的劳动成果即技术成果而言的，奖金的发放是以技术的成果为基准，而不论技术成果的获得者或持有人是谁，奖金发放的额度是以成果的大小或成果的效益而定。福利和奖金作为激励专业技术人员薪酬的重要组成部分，是否设计得合理完善对能否有效提高员工的工作积极性、主动性和忠诚度，降低员工流失率有很重要的影响。因此，设计完善有效的薪酬激励方案很有必要。

2.奖金激励方面没有很好地体现长期激励的效果

通过分析该公司专业技术人员薪酬激励现状和对该公司相关人员的访谈了解到，该公司的激励奖金中主要有季度奖、年度奖和专项奖，从激励时间来看集中在季度和年度，缺乏长期的激励机制，不利于降低专业技术人员的流失率。通常企业为了调动员工的积极性，鼓励员工多做贡献，把奖金作为重要的激励手段，而与生产或营销类的员工相比，专业技术人员的工作成果在很多时候不容易在短期内显现出来。如果过度关注短期的绩效，就会使他们放弃能为企业带来长期利益的活动，转而投入到"短平快"的项目中去，不利于企业的长远发展。

在知识经济和越来越激烈的国际化竞争的双重挑战下，我国企业专业技术人员的离职率越来越高，跳槽现象也较普遍。而专业技术人员离职的重要原因之一就是企业对其长期薪酬激励效果不够，主要指的是股权激励，包括员工持股计划和管理层持股计划等。企业是否采取长期薪酬激励计划很大程度上关系到专业技术人员的去留，如何制定和完善企业长期激励机制需要被认真考虑。

3.福利补贴方面没有体现出对专业技术人员学习费用的补贴

专业技术人员凭借已经掌握的技术和经验来为企业创造性地解决问题，而许多领域的知识更新的速度都非常快，专业技术人员需要付出相当多的时间和金钱学习新的理论和各种专业知识，而这部分的投资又很难在短期内直接通过工作绩效体现出来。

据调查和访谈公司相关工作人员了解到，该公司为专业技术人员提供了相关专业技术培训，大多是针对初级专业技术人员的基础性培训，对中、高级专业技术人员也提供了培训学习的机会，但知识覆盖面不是很广，且人员覆盖率还不够高，还不能够完全满足企业发展的需要。为了使其掌握先进的专业技术和理念，就需要专业技术人员根据自己的需求去自主学习，而企业也应作出更多的努力去鼓励专业技术人员主动学习新理论，接受新知识，掌握新技能，以满足企业发展需要，这种鼓励可以体现为对专业技术人员学习费用的承担或根据实际情况予以部分承担。

四、T公司专业技术人员薪酬激励方案优化设计

（一）T公司专业技术人员薪酬激励方案优化设计的基本思路及原则

T公司专业技术人员薪酬激励方案优化设计的基本思路是：结合企业的行业特点、经营战略和文化背景以及专业技术人员的素质和需求，坚持公平性、激励性、经济性、竞争性的原则，使短期激励与长期激励相结合，对不同层级的专业技术人员采取相应的激励措施。

专业技术人员薪酬激励方案优化设计思路如图13-1所示。

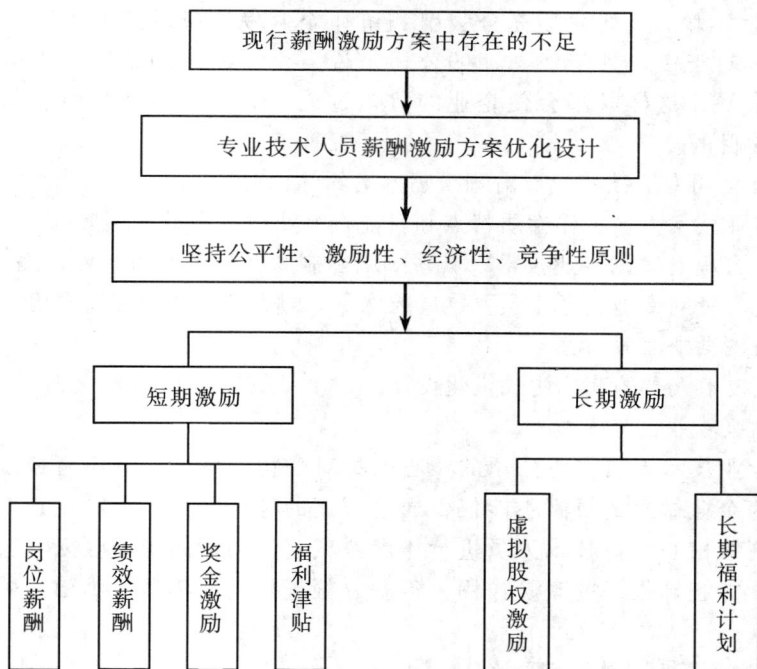

```
┌─────────────────────────────────────┐
│        现行薪酬激励方案中存在的不足        │
└─────────────────────────────────────┘
                   │
┌─────────────────────────────────────┐
│     专业技术人员薪酬激励方案优化设计       │
└─────────────────────────────────────┘
                   │
┌─────────────────────────────────────┐
│  坚持公平性、激励性、经济性、竞争性原则     │
└─────────────────────────────────────┘
          ┌────────┴────────┐
    ┌──────────┐       ┌──────────┐
    │  短期激励  │       │  长期激励  │
    └──────────┘       └──────────┘
   ┌──┬──┬──┬──┐        ┌────┬────┐
  岗位 绩效 奖金 福利      虚拟 长期
  薪酬 薪酬 激励 津贴      股权 福利
                        激励 计划
```

图13-1 专业技术人员薪酬激励方案优化设计思路图

T公司薪酬激励方案优化设计的原则包括：

（1）公平性。公平是薪酬激励设计的基础，是员工衡量薪酬方案产生认同感和满意度的标尺。薪酬激励对员工是否具有公平性，这将极大地影响员工对企业的满意度和忠诚度，进而影响员工的工作积极性。公平性首先是企业之间的薪酬激励公平，即外部公平，是与同行业其他企业的薪酬激励水平相比而言的；其次是公司内部员工之间的薪酬激励公平，即内部公平性；最后是同种工作岗位上的

薪酬公平,即个人公平。由于不同员工的绩效、技能、资历等方面存在着很大的差异,在此原则下,同种工作岗位上的不同员工所获得的公平报酬在数量上是有差异的。

(2)激励性。通过薪酬激励体系来激励员工的责任心和工作积极性是最常见和最常运用的方法。科学合理的薪酬激励体系不但解决了人力资源所有问题中最根本的分配问题,也是对员工的激励方式中最持久、最根本的方式。制定薪酬激励体系就要在不同职务之间反映出岗位的差别,拉开档差,防止绝对平均化,使薪酬激励性得到充分的发挥。

(3)经济性。从短期来看,企业的业务收入扣除成本费用后,要将人工费用所占比控制在上市公司所要求的范围内,从长期来看,公司在支付人工成本后,要有盈余和利润,这样才能可持续发展。

(4)竞争性。这里强调的是在设计薪酬激励时必须考虑到同行业市场的薪酬激励水平和竞争对手的薪酬激励水平,保证企业的薪酬激励水平在市场上具有较强的竞争力,这样才能充分吸引和留住企业发展所需要的关键性人才。一般情况下,对于一个处于成熟期的公司来说,企业的薪酬激励水平应该略高于行业平均水平,这样既不会使企业的负担过重,又可以达到吸引、激励和留住优秀员工的目的。

(二)T公司专业技术人员薪酬激励方案的优化设计

针对专业技术人员工作性质特点和目前在专业技术人员薪酬激励中存在的种种问题,设计合理有效的专业技术人员薪酬激励制度就显得尤为重要。编者结合T公司实际情况,针对专业技术人员不同的层级,从薪酬激励时间长短的角度来设计专业技术人员的薪酬激励方案。

1.专业技术人员的薪酬构成优化设计

(1)高级专业技术人员

高级专业技术人员作为公司的核心人员对公司的发展起着不可或缺的重要作用,他们为企业做出的贡献不能仅仅通过短期的考核和回报来满足,实施年薪制则可以对高级核心专业技术人员进行年度考核,使他们的工资收入与公司的经营业绩挂钩,能起到很好的激励作用。年薪总额包括基本年薪、绩效年薪、奖金和福利。

年薪总额=基本年薪+绩效年薪+奖金+福利

基本年薪是维持高级专业技术人员个人和家庭正常生活所必需的,是专业技术人员进行"劳动力再生产"的必要条件,体现的是劳动力的价值,这部分收入按月发放。

绩效年薪可理解为风险收入,体现的是专业技术人员的经营业绩。

奖金包括短期激励奖金和长期激励奖金,其中长期激励奖金以股票的形式发放。

福利是为高级专业技术人员提供的,包括法定福利和企业自主福利,以保障其工作和生活的顺利进行。

（2）中、初级专业技术人员

中、初级专业技术人员为企业正常运营提供了有力的保障，他们在专业技术岗位上用专业技能为企业做出了巨大的贡献，在给他们的薪酬回报中也应该体现出他们所在岗位的价值。因此，针对中、初级专业技术人员采用岗位工资制，即根据各岗位的技术高低、责任大小、劳动强度和劳动条件等因素确定其薪酬水平。岗位工资制主要由岗位薪酬、绩效薪酬、津贴薪酬、奖金和福利构成。

薪资总额=岗位薪酬+绩效薪酬+津贴薪酬+奖金+福利

岗位薪酬是依据各岗位责任、岗位技能、劳动环境、劳动强度等要素，结合地区和行业薪资标准确定的。

绩效薪酬是公司支付给员工的完成公司经营目标的奖励。

津贴薪酬除公司已有的职位津贴、工龄津贴、加班津贴、运转班津贴、夜班津贴、误餐津贴、高温津贴、委派津贴外，还应该补充知识价值津贴。

奖金是在完成公司经营目标和专项任务目标的情况下，根据目标完成情况发放季度奖、年度奖、专项奖等短期激励奖金，也包括如股权激励等长期奖励奖金。

福利是公司以货币或实物的形式支付给员工的福利收入，福利补贴由法定福利和补充福利构成。

2.基本工资优化设计

本部分结合公司实际情况及专业技术人员工作的特殊性，对原有薪酬激励方案进行分析，发现原方案在基本工资设计方面有一定的可取之处，但针对不同层级岗位设计基本工资时还存在一些不足，现对其存在的不足之处进行如下设计：

基本工资是保障专业技术人员基本生活需求的部分，对于高级专业技术人员，年薪制的基本工资是指基本年薪，对于中、初级专业技术人员，岗位工资制的基本工资则是指岗位工资。由于该公司岗位工资设计较合理，且岗位工资标准具有一定的竞争性，能够起到有效激励作用，因此，在此不对其进行设计。

针对高级专业技术人员，年薪制的基本工资的计算公式及方法如下：

年薪总额=基本年薪+绩效年薪+奖金+福利

基本年薪=基本年薪基数×经营差异系数（K值）×30%

基本年薪基数=年薪基数×基数调节系数

其中：基本年薪基数设计为7万元（注：年薪基数是根据专业技术人员承担责任的大小，按企业职工平均工资基数的2～3倍计算，该公司职工年平均工资基数约为35 000元）。

基数调节系数：按照收入和利润的差异划分成不同档次，按表13-10查询。未来当业务规模扩大以后，此表可以继续延展，即主营业务收入每增加4亿元，基数调节系数增加0.1，同样净利润每增加0.4亿元，基数调节系数也增加0.1。

表13-10　　　　　　　　　　　　　　　　　基数调节系数表

基数调节系数		主营业务收入				
		<0	0～4亿元	4亿～8亿元	8亿～12亿元	>12亿元
净利润	>1.2亿元	0.5	0.9	1	1.1	1.2
	0.8亿～1.2亿元		0.8	0.9	1.0	1.1
	0.4亿～0.8亿元		0.7	0.8	0.9	1.0
	0～0.4亿元		0.6	0.7	0.8	0.9
	<0	0.5				

经营差异系数（K值）=0.15×资产规模分值+0.3×主营业务收入分值+0.3×净资产收益分值+0.15×员工工资分值+0.1×劳动生产率分值

资产规模分值、主营业务收入分值、净资产收益分值通过表13-11可查出取值范围，再利用插值法可得到较为精确的分值，其中劳动生产率分值直接利用分值计算表查出取值，见表13-11。劳动生产率分值以人均工业增加值作为计算依据。

表13-11　　　　　　　　　　　　　　　　　分值查询表

总资产规模/主营业务收入范围（亿元）	资产规模分值/主营业务收入分值范围	净资产收益率范围	净资产收益分值范围	劳动生产率/人均工业增加值（万元）		劳动生产率分值
				制造型企业	投资型企业	
<1	1	<0	1	<10	<25	1
1～2	1～1.15	0～10%	1.1	10～20	25～50	1.1
2～4	1.15～1.3	10%～20%	1.2	20～30	50～75	1.2
4～8	1.3～1.45	20%～40%	1.3	30～40	75～100	1.3
8～14	1.45～1.6	40%～80%	1.4	40～50	100～150	1.4
14～22	1.6～1.75	>80%	1.5	>50	>150	1.5
22～32	1.75～1.9					
32～44	1.9～2.05					
>44	2.05					

员工工资分值=企业员工平均工资/所在地区在岗人员平均工资

3.奖金优化设计

奖金作为一种工资形式，其作用是对员工与生产或工作直接相关的超额劳动给予奖励，奖金是对劳动者在创造超过正常劳动定额以外的社会所需要的劳动成果时，所给予的物质补偿。奖金一般分为短期激励奖金和长期激励奖金。

（1）短期激励奖金

公司除了根据经营目标和专项任务目标完成的情况发放季度奖、年度奖和专项奖外，为了体现激励的及时性、针对性，还应对作为浮动工资的绩效工资加以合理设计，以及时发挥薪酬激励作用。

①高级专业技术人员的绩效薪资设计

绩效年薪=基本年薪基数×经营差异系数（K值）×70%×经营业绩考核系数

基本年薪基数、经营差异系数可根据上文给出的公式及表格计算，经营业绩考核系数可依据企业经营业绩考核级别及考核分数确定，反映在公司年度经营业绩的完成情况上，取值上限为2，见表13-12。

表13-12　　　　　　　　　　　经营业绩考核系数表

经营业绩完成比例（%）	经营业绩考核分数 （分）	经营业绩考核系数
101%以上	A级 （90～100）	2
91%～100%	B级 （80～89）	1.6
81%～90%	C级 （70～79）	1.2
71%～80%	D级 （60～69）	0.8
60%～70%	E级 （50～59）	0.4

②中、初级专业技术人员的绩效薪资设计

初级专业技术人员的绩效与公司的经营业绩相关，因此，他们的绩效薪资即效益工资的分配系数直接由岗级确定，工资岗级系数见表13-13。

表13-13　　　　　　　　　　　工资岗级系数表

岗级	9	10	11	12	13	14	15	16
系数	3.1	2.8	2.5	2.2	2.0	1.8	1.6	1.4

初级专业技术人员的效益工资计算公式如下：

效益工资=平均奖金×系数

平均奖金=所分得生产奖金÷员工人数总和

生产奖金是公司根据其每个月生产任务的完成情况发放给员工的工资，它与当月生产目标的完成情况紧密挂钩，每月发到各个部门的奖金总额是波动的。各个分厂根据员工岗位的重要性制定员工的奖金分配系数，技术人员的系数由岗级确定，比普通员工要高。

初级专业技术人员每月效益工资的百分比同岗位工资一样，与设备运转率和配件使用成本两项指标挂钩，这么做是为了更好地激励技术人员每月都实现生产任务、努力工作。

工程技术人员效益工资的取得没有变化，因为他们没有直接参与生产活动，所以他们的效益工资取的是平均值，计算公式如下：

效益工资=部门所分得的生产奖金÷部门人数

中级专业技术人员的绩效与其参与的项目有关，因此，项目奖金为中级专业技术人员绩效薪资的重要组成部分。

项目奖金可以每半年发放一次，并以员工在半年中实际完成的项目为计算单位，是他们在各个项目中得到的奖金总和。技术人员在一个团体项目中得到的项目奖金计算公式如下：

$$P=Q×K_1×K_2×K_3÷W$$

其中：P为技术人员在单个项目中得到的项目奖金；

Q为该项目经费总额，由相关专家对该项目评估后得出。

K_1为提取系数，是该项目的奖金占项目经费总额的比重。根据项目类型的不同和经费的不同，K_1也是不同的，见表13-14。

K_2为责任系数，是根据技术人员在项目中担负的不同责任而设立的系数，见表13-15。

K_3为奖金系数，是每位技术人员取得项目奖金的系数，它也是由岗位级别确定的，见表13-16。

W是参与项目的每个技术人员$K_2×K_3$的结果相加的总和，即$W=\sum(K_2×K_3)$。

表13-14 项目提取系数表

	A	B	C
50万元以内	5%	4%	6%
50万元到100万元	4%	3.5%	4.5%
100万元到300万元	3%	2.5%	3.5%
300万元到500万元	2%	1.5%	2.5%
500万元以上	1%	0.8%	1.2%

注：表中A表示生长线建设项目；B表示技术改造项目；C表示承接外部单位的项目。

表13-15 项目责任系数表

类型	系数
项目主要负责人	1.5
项目次要负责人	1.2
项目普通负责人	1.0

表 13-16　　　　　　　　　　　　　　**项目奖金系数表**

岗位	1	2	3	4	5	6	7	8	9	10
系数	2.0	1.9	1.8	1.7	1.6	1.5	1.4	1.3	1.2	1.1

（2）长期激励奖金

T 公司作为一家上市公司，用股票期权的方式来激励占有重要地位的专业技术人员具有一定的可行性，且有利于激励和留住高级专业技术人员。虚拟股份制激励方案设计如下：

原始股权数的分配方法：

①持有者的虚拟股权分配额（S_n）的计算方法为：先用年度红利总额（Y）除以系数总额（$\sum X_n$），求出标准值，再乘以各自的分配系数（X_n），计算公式如下：

$S_n = (Y / \sum X_n) \times X_n$

②根据岗位的性质和特点确定不同的分配系数 X_n，见表 13-17。

表 13-17　　　　　　　　　　　　　　**分配系数表**

岗位	X_n
总经理	6
副总经理、总工程师	5
部长	4
主任设计工程师、副部长	3
主管及一般工程师	2

③新加入者的资格认定及股权数分配。

员工（新来或升职）在有资格享受虚股的岗位工作 6 个月以上并经总经理批准即可享受股权分配，其所应分配的股权数不少于公司实行虚股制时有着同等职务人员所拥有的原始股权数。如果发生降职，则立即生效，所属原始股权数从降职当月起调整为与新岗位相称的股权数。

在其获得虚股的当年，员工可参与股利分配的股权数等于：

实际拥有股权数×获得股权后当年工作月数/12

原来没有享受虚股，在一年的中途（任新职不满一年）才享受虚股的员工，当年的原始股份不能进行现金兑现。

如果是原来就享受虚股的员工，一年中有升职（任新职不满一年）的，则当年的原始股份的现金兑现以原始的股份数计算。

如果是原来就享受虚股的员工，一年中有降职的，则当年的原始股的现金兑现以降职后的股份数计算。

④股份的实现与增值。

原始股权数的兑现期限为 5 年，逐年兑现。5 年（含）后员工如果离开公司，可兑现全部原始股权数。

如果5年内均在公司服务，则1～4年每年其股份的兑现按下面的公式进行：

兑现额=原始股权数/5+当年股利×50%×R（R为年终个人考核系数）

第5年届满时，其股份的兑现按下面公式进行：

兑现额=原始股权数/5+（上年度股权数−原始股权数）×1+当年股利×R

如果未满5年就离开，则离开那年其股份的兑现按下面的公式进行：

A.干满1年才离职：

兑现额=原始股权数/5+（上年度股权数−原始股权数）×1+当年股利×R

B.未干满1年中途离职：

兑现额=（本年度股权数−原始股权数）×1

每年兑现股利的50%后，剩下的50%可作为下一年的股份增值，计算公式为：

第1年年终分红 $PI=$（每年的 $Y/\sum S_1 - n$）$\times S_1 \times 50\% \times R$

第2年年初分红 $S_2 = S_1 +$（每年的 $Y/\sum S_1 - n$）$\times S_1 \times 50\%$

以此类推，直到全部兑现。

⑤虚拟股权的认定。

在赠予虚拟股份时，公司与员工签订一份《原始股权证》，员工与公司各保留一份，以后每一年在股权发生变化时，财务部将填一份《虚拟股份变动认定表》并交相关员工确认，财务部与员工各保留一份。

⑥虚拟股份的丧失

持股人有参与同业竞争及其他有损公司利益等活动或严重违反规定被开除者，公司可取消其全部股份。

因工作能力或公司减人等原因要让某一员工离职的，如果是年终时离职，可正常计算兑现额，如果是中途离开，则当年不再享受股利分配和原始股份的现金兑现，但增值部分应返还，计算公式为：

兑现额=（本年度股权数−原始股权数）×1

虚拟股份的设置、购买、转让与分配的最终解释权归公司董事会所有。

对于中、初级的专业技术人员的长期激励主要体现在培训上，公司可以积极主动地了解专业技术人员的培训需求，并根据实际情况给予满足，对于专业技术人员主动提出的专业技能学习要求应尽力满足并大力支持。公司应结合发展战略，制定适合于企业的长期培训规划，并提供一定比例的培训经费专门用于专业技术人员的培训，以提高专业技术人员的技能素质，为其长远发展打下基础。

4.福利优化设计

对于企业来说，一个完善的员工福利计划，不仅可以作为企业吸引并留住人才的重要手段，同时还能获得专业的人力资源风险管理和经济的公司财务安排。对于员工来说，则可以得到周到全面的保障和长远的财务规划、投资和管理，免除后顾之忧，全心投入工作、享受生活。

（1）法定福利

法定福利是公司依据国家及地方政府相关规定为员工缴纳的各类社会保险（养

老保险、医疗保险、失业保险、工伤保险、生育保险）和住房公积金。法定福利是针对全体员工发放的以保障全体员工基本利益的一项费用。

（2）企业自主福利

专业技术人员作为企业的一员，除去企业正常提供的法定福利及企业自主福利计划的通用福利（交通补助、住房补助、子女入托补助、节日补贴、员工大事补贴、健康体检计划、服装补贴）以外，由于其工作的特殊性，可以制定灵活的弹性福利制，即"自助餐式的福利"，就是说专业技术人员可以从企业所提供的一份列有各种福利项目的清单中自由选择其所需要的福利。

针对高级专业技术人员，可以在非工作报酬方面提供节假日带薪休假、自由工作时间、亲属照顾、工作场所灵活化、经验性回报、非现金奖励和地位认可、荣誉授予等福利方式。

针对中、初级专业技术人员，在服务方面可提供集体旅游，并免费提供咨询服务，使其参与民主化管理。在职业生涯发展方面，可提供在工作场地学习和发展的机会、专项专业技术培训的机会、工作调动的机会及专业技术学习学费报销等福利方式。

津贴是对劳动者在特殊条件下的额外劳动消耗或额外费用支出给予补偿的一种工资形式，不与劳动者劳动的技术业务水平及劳动成果直接对应和联系。从一定意义上说，津贴是公司对员工提供的一种福利补贴方式。

根据专业技术人员的工作特殊性，应增发知识价值津贴，计发标准根据当地薪酬水平可设计如下：中专70元/月；大专150元/月；本科300元/月；硕士研究生800元/月；博士研究生2 200元/月。

五、专业技术人员薪酬激励优化方案实施的保障措施

1.以制度形式规范新方案实施

本次设计的专业技术人员薪酬激励优化方案还存在一些不足，如要实施还需进一步结合实际情况对其进行完善。对于现行专业技术人员薪酬激励方案的优化部分还需以制度形式加以规范，以便在实际实施过程中有章可循，否则，优化方案将无法发挥其应有的激励功能。

2.针对专业技术人员建立有效的绩效考核体系

实际上，专业技术人员业绩管理和一般的业绩管理体系设计原理没有太大的差别，都应该依据最基本的原理来进行设计。但专业技术人员的业绩评估重点是不同的。考核专业技术人员应重结果轻行为，重外评轻内评，重价值评估轻产出评估。

（1）重结果，轻行为

对于专业技术人员来说，应该特别强调这一点。在考核指标体系中如果过于强调对行为的考核，会带来一系列的错误导向。员工可以做正确的事，但不一定会产生有利于组织目标的结果。如果过于强调行为，员工会更关心做事的方式，而不是

做事的结果。"重结果"应该用四个维度来测量：质量、数量、时间和成本，强调投资回报。

（2）重外评，轻内评

内部评价，包括进度、预算等评估是必要的，但过分强调内部评价是很危险的，因为内部评价很可能不太关心研发对企业的实际价值。内部评价作为公司内部的质量控制工具是很重要的。但是，出于评价的目的，应该强调外评。外部评价非常重要，作用比较大。

（3）重价值评估，轻产出评估

只对科研产出进行评估是不够的，必须对科研为企业带来的价值进行评估，即对研发效果进行评价。

（4）评价系统要尽量客观

在评价专业技术人员业绩时，数量是非常客观的指标，而质量和成本数据往往是十分主观的。尽管不可能用十分客观的方式测评质量，但在设计评价过程时可以尽量减少主观性。一个比较简单的方法便是尽可能地用外在的数据来评价研发业绩的质量。

（5）考核指标和企业战略要结合起来

在设计考核指标时，结合企业的特定阶段，根据企业对员工的要求，重点在于设计首要指标和次要指标。同时，应体现和企业战略的结合。

3.建立有效的信息反馈系统

在薪酬制度实施过程中，及时的沟通、多方面的信息反馈是很有必要的。从本质意义上讲，薪酬是对人力资源成本和员工需求之间权衡的结果，这就要求人力资源部门通过员工访谈会、薪酬满意度调查、员工信箱等多种方式收集信息，公司其他部门积极响应，建立有效的信息反馈系统，为薪酬制度的顺利实施和进一步的调整、完善打好基础。

4.加强专业技术人员的培训工作

知识经济时代对知识的扩散和运用提出了更高的要求。培训在职员工成为企业越来越重要的社会功能，企业将成为"学习型组织"。因为只有不断提高职工的科技文化素质，发挥以智能为核心的人力资本的潜能，才能增强企业的综合实力和市场竞争能力。对于技术人员和企业来说，最重要的资产是知识，由于技术与工作方式的飞速发展，技术人员必须不断地学习新技术，学习现代科学技术。这样，企业与职工形成了命运共同体，培训对于二者都是不可缺少的。

T公司需树立长远的对职工教育培训的战略思想，形成一套科学长远的教育培训计划，对科技人员的智能、技能开发、培训、考核、监督、检查等各个环节，都做出硬性的规定，鼓励科技人员增长知识和技能。

5.结合市场和企业经营情况对新方案进行修正

本次专业技术人员薪酬激励优化方案只是根据T公司目前的实际情况而设计，随着公司的发展和外界环境的变化，各项管理制度将得到进一步规范，当各职能部门管理健全、规模达到一定程度时，薪酬结构的进一步细化设计将势在必行。公司需根据内外环境变化、市场需求及企业发展战略进行必要的薪酬调整。薪酬调整涉及两个方面的内容：一是整体薪酬调整，其中包括薪酬水平调整、员工固定收入调整和员工工资波动幅度的调整；二是员工薪点数的调整，薪点数的调整直接关系到员工的薪酬水平。

案例十四 A公司管理人员基于能力的薪酬体系设计

一、A公司管理人员的薪酬管理

1.A公司简介

A（集团）股份有限公司（以下简称A公司）主要从事聚氯乙烯树脂（PVC）、离子膜烧碱、工业盐、电石、焦炭等化工产品的生产和销售。公司的产品广泛用于石油、化工、轻工、纺织、建材、国防等20余个大行业。产品主要供应西北、华东、华南和华中地区，还出口到俄罗斯、哈萨克斯坦、乌兹别克斯坦、巴基斯坦、印度、越南等国家，并远销南美洲和非洲。

公司自成立以来，连续多年保持年均40%以上的经济发展速度，生产能力已达到年产90万吨聚氯乙烯树脂、65万吨烧碱，跻身全国氯碱行业前三位。A公司作为地区循环经济试点单位，已基本形成了煤、电、化工、节能减排四位一体的循环经济产业链，公司生产装置工艺技术达到世界先进水平。生产过程中产生的电石废渣用于制水泥熟料，废水采用国内先进的膜法、生化法清洁生产技术处理后回用和绿化，实现了资源循环、综合利用。公司在发展的同时带动了所在地区煤炭、电力、电石、石灰、原盐、石油、化工、造纸、运输等上下游行业的发展。A公司将在深入实施优势资源转换战略、发展循环经济、带动上下游产业发展和解决社会就业问题等方面发挥更重要的作用。

2.A公司组织结构

A公司属于中等规模的国有上市公司，设有股东大会、监事会、董事会、审计委员会、战略委员会、提名委员会、薪酬委员会等。它的内部组织结构比较规范，设有总经理、副总经理、财务总监、人力资源部经理和审计部经理等职位。其中管理上实行总经理负责制，下设制造部及其他13个职能部门，部门经理是各个部门最高负责人并直接向总经理汇报。

3.A公司管理人员人力资源现状

A公司截止到2010年9月底人员共计5 772人，其中管理人员188人（含事业部及中层管理人员）。管理人员中35岁以下61人，占管理人员总数的32.5%，36～40岁63人，占33.5%，41～45岁36人，占19.2%，46岁以上28人，占14.8%，见

表14-1。

表14-1　　　　　　　　　　A公司管理人员的年龄结构

年龄	35岁以下	36～40岁	41～45岁	46岁以上	总计
人数（人）	61	63	36	28	188
比重（%）	32.5	33.5	19.2	14.8	100

A公司硕士学历人数为1人，占管理人员总数的0.5%，大学本科学历人数为79人，占42.1%，大学专科学历人数为95人，占50.5%，中专及高中学历人数为12人，占6.4%，初中及以下学历人数为1人，占0.5%，见表14-2。

表14-2　　　　　　　　　　A公司管理人员的学历结构

学历	硕士	大学本科	大学专科	中专及高中	初中及以下	总计
人数（人）	1	79	95	12	1	188
比重（%）	0.5	42.1	50.5	6.4	0.5	100

从该公司管理人员的年龄结构来看，有66%的管理人员年龄在40岁以下，因此该公司的管理人员整体处于青年状态。从该公司管理人员的学历结构来看，56.9%的管理人员属于中专及高中与大学专科学历，大学本科与硕士学历管理人员只占42.6%，其中硕士学历管理人员仅有0.5%。由此可看出，该公司的管理人员虽然整体比较年轻，但学历偏低，整体文化素质有待提高。

二、A公司管理人员薪酬体系简介

1.公司管理人员薪酬体系简介

公司管理人员现有薪酬体系采用职位薪酬体系，主要以岗位薪资、津贴薪资、福利补贴为固定工资，以绩效薪资、奖金为浮动工资，见表14-3。

表14-3　　　　　　　　　　薪资结构表

月薪资总额				
固定工资			浮动工资	
岗位薪资	津贴薪资	福利补贴	绩效薪资	奖金

（1）岗位薪资依据各职位责任、岗位技能、劳动环境、劳动强度等要素，结合地区和行业薪资标准确定。

（2）绩效薪资是公司支付给员工的完成公司经营目标的奖励。具体绩效薪资标准见表14-4。

表 14-4 绩效薪资标准

工作年数	实习期满转正	1年	5年	8年	10年	14年	>14年	>14年
从事本专业年数	实习期满转正	1年	3年	4年	5年	7年（6年有初级职称、5年有中级职称）	>7年（有中级职称）	9年（有中级以上职称）
管理序列级别	8	7	6	5	4	3	2	1
绩效薪资	岗位薪资×0.67	岗位薪资×0.67	岗位薪资×0.67	岗位薪资×0.67	岗位薪资×0.67	岗位薪资×0.67	岗位薪资×0.67	岗位薪资×1

（3）津贴薪资，包括职位津贴、工龄津贴、加班津贴、运转班津贴、夜班津贴、误餐津贴、高温津贴、委派津贴。

（4）奖金，在完成公司经营目标和专项任务目标的情况下，可根据目标完成情况发放季度奖、年度奖、专项奖。

（5）福利补贴，公司以货币或实物的形式支付给员工的福利收入，福利补贴由法定福利和补充福利构成。

2.管理人员岗位薪酬

A公司管理人员岗位薪酬见表 14-5。

表 14-5　　　　　　　　　A公司管理人员岗位薪酬　　　　　　　　单位：元/月

	2014年	2015年	2016年
高层管理人员	6 000	6 500	7 000
中层管理人员	4 000	4 500	5 000
基层管理人员	2 000	2 500	3 000

注：本表统计截止到2016年9月30日。

三、A公司管理人员现行薪酬体系存在的问题与原因分析

通过对A公司人力资源、薪酬体系、绩效考核体系现状的分析以及对A公司中层及基层管理人员的访谈、调查研究，得出以下结论：A公司沿用的是原国有企业的薪资制度，管理人员的薪酬构成主要由岗位薪资和绩效薪资组成，其中薪资的标准主要是工作岗位与工作年数，该企业管理人员工资主要分为三个档次，即基层管理人员、中层管理人员、高层管理人员。每个档次的标准工资差距为2 000元，此工资制度职位间的岗位薪资差距较大，又由于公司管理职位晋升通道狭窄，对于大多数晋升无望的员工激励性较低。随着公司的发展，管理人员总数在企业人员总数中所占比重日益增长，因此该公司管理人员尤其是占比重较大的基层管理人员对目前薪酬水平的内部不公平、不能体现自身价值的现象比较

不满。

（一）A公司管理人员现行薪酬体系中存在的问题

1.现行的岗位薪酬体系不合理

A公司的薪酬体系采用的是以岗位标准工资为主要结构的薪酬制度，很多员工的薪酬都是由进入企业的时候所签订的劳动合同决定的，而数额的多少很大程度上取决于员工的职位高低和工作年限而非工作能力和工作表现。然而作为管理人员，希望自己的薪酬主要由工作能力所决定，基于能力的薪酬制度能够体现出企业对于管理人员个人能力的肯定，薪酬能够随着个人能力的提高而提高，这样也能激励他们不断学习，不断提高个人技能。

2.不能真正区分和体现管理人员的价值

A公司的管理人员属于知识型员工，其劳动成果是知识密集型服务，很难通过岗位的价值来衡量员工的劳动成果。A公司管理人员薪酬的主要构成部分岗位薪资直接取决于工作岗位和职务，而与个人能力的高低没有关系，管理人员会认为自己的能力与所获得的报酬不成正比，其劳动成果不能得到认可，不能体现出自身的价值。

3.现行薪酬体系缺乏激励性

有效的企业薪酬制度能够对员工起到很大的激励作用，一方面，它可以影响员工的工作行为、工作态度以及工作绩效，即产生激励作用，从而直接影响到企业的生产效率；另一方面，高的薪酬是对员工工作能力的一种肯定，展现了员工在企业中的价值，是其个人职业生涯成功的一种标志，可以激发其工作的满足感和成就感，使他们的潜力得以发挥。岗位薪资的主要激励形式是岗位晋升，然而由于A公司的晋升标准主要是工作年限与工作资历，且中层以上管理人员（包括中层管理人员）实行的是岗位轮换制，因此管理人员的岗位晋升通道单一。

4.以职位为基础的薪酬模式不利于学习型组织的建立

管理型员工往往需要通过不断的学习来提高管理水平，公司为他们构建良好的学习环境至关重要。然而，由于现有的岗位薪酬主要由岗位薪资和绩效薪资组成，其中绩效薪资的标准是根据工作年限而不是员工的工作绩效或个人能力。这使员工缺乏学习的动力，他们能力的提高并不会带来报酬的增加，相反，只要工作年数增加就会带来报酬的增加，因此这种环境不利于学习型组织的建立。

（二）A公司管理人员现行薪酬体系中存在的问题的原因分析

1.薪酬管理角度

根据企业生命周期理论，当企业从发展初期向成长期过渡的过程中，企业的管理模式也要发生相应的变化，这一点同样适用于薪酬管理体系。一成不变的薪酬管理体系不但不会促进企业的发展，反而会阻碍企业的发展。而该公司正是由于种种原因至今延续着成立初期的薪酬管理体系。

2.高层管理人员角度

该公司前身是一家国有企业，因此其高层管理人员的官僚主义较严重。官僚主义使得部分管理人员不愿意接受当前利益受损，因此官僚主义不利于薪酬体系的改革。

3.现有薪酬体系角度

岗位薪酬体系的支付标准主要是工作岗位和工作年限，这种支付标准在激励管理人员方面的局限性日益突出。这就需要建立一种适应企业内、外部条件，并对管理人员有一定的激励性，从而为企业创造出更多财富的薪酬体系。

四、A公司管理人员基于能力薪酬体系设计的必要性分析与设计的基本思路

1.A公司管理人员基于能力薪酬体系设计的必要性分析

实行基于能力的薪酬体系可以很好地解决A公司目前在薪酬管理方面存在的主要问题，满足员工的需求，有利于企业的持续发展，其作用主要体现在以下几点：

（1）制定针对管理人员的基于能力的薪酬体系，满足管理人员的需求。员工普遍希望薪酬能够与个人能力挂钩，体现出个人价值。本次正是基于员工个人能力设计薪酬制度，制定出明确的薪酬体系。同时，员工薪酬的高低主要取决于个人能力大小，通过对个人能力进行有效的评价来确定其薪酬水平，有效地解决了内部公平性问题。

（2）提高企业竞争力，促进企业自身的发展。员工的个人能力、工作态度与服务的质量息息相关。基于能力的薪酬体系满足了员工的需求，在很大程度上增强了薪酬的激励效果，提高了员工的满意度，提高了工作质量。同时，基于能力的薪酬体系激励员工不断学习，不断提高和发展个人能力，从而推动企业整体能力的提高，有利于企业建立竞争优势。

2.A公司管理人员基于能力薪酬体系设计的基本思路

本案例中管理人员基于能力的薪酬体系设计将基本工资的设计作为重点。基于能力的薪酬体系的基本工资部分主要是能力工资，因此能力工资将是设计的重点，能力工资参照薪酬调查结果，设定出与能力等级和层级所对应的工资水平，基于能力薪酬体系设计的基本思路如图14-1所示。

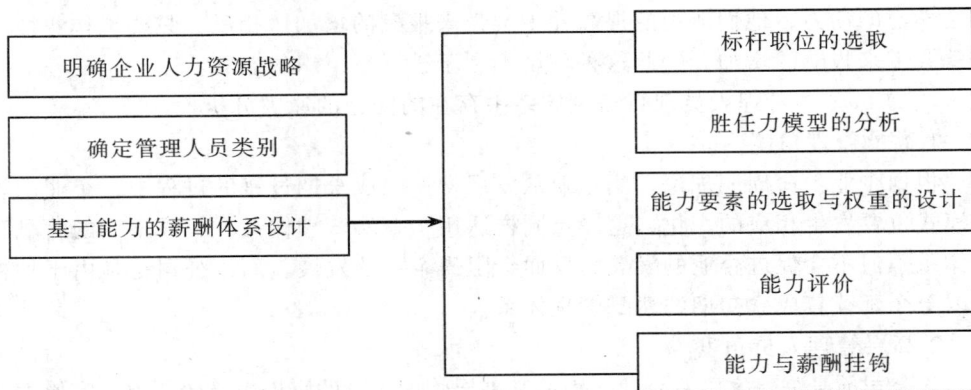

图14-1　管理人员基于能力薪酬体系设计的基本思路

五、A公司管理人员基于能力的薪酬体系设计

1.A公司管理人员基于能力薪酬体系设计的原则

（1）效率优先兼顾公平的原则。企业工资的发放必须向为企业持续创造价值的员工倾斜，不能根据职位的高低和工龄的长短予以发放，应对员工所创造的业绩予以合理的回报。

（2）能力导向原则。薪酬体系应该重点关注员工的个人能力，并以此作为确定员工个人报酬的重要依据，引导员工个人能力的不断提升。

（3）可持续发展与激励原则。薪酬的确定必须与企业的发展战略相适应，必须以企业整体效益的提高为目标。通过薪酬来吸引人才、留住人才、激活资源，提高员工的积极性与创造性，最终提高企业的核心竞争力。

2.A公司管理人员基于能力薪酬体系的设计

（1）选取标杆职位。

对于企业中一些专家级的人员、专门从事管理工作的人员来说，他们所从事的工作很可能是开拓性的、创造性的、非常规性的，所以很难用岗位描述或者岗位说明书中的若干条工作职责和工作任务来表达清楚。能力薪酬模式注重员工能力的培养和潜能的发掘，以对员工的能力评估结果作为确定薪酬高低的依据，对最有能力的员工给予最高的报酬。

A公司的职位结构中管理类主要可以分为三个层级：高层管理人员、中层管理人员、基层管理人员。由于公司的管理人员较多，在进行能力评估的时候，不可能针对所有的管理人员进行评估，只能从三个层级中选择标杆职位作为评估对象，这是进行基于能力薪酬体系设计的前提，见表14-6。

表14-6　　　　　　　　　　公司管理人员的标杆职位选择

高层管理人员	中层管理人员	基层管理人员
总经理	人力资源部部长	招聘主管
副总经理	审计部部长	人事专员
财务总监		

（2）管理人员胜任力模型的分析。

若将管理人员按照一定的标准进行初步划分，确定管理人员的能力素质模型之前必须进行管理人员胜任力模型分析，本案例运用关键事件分析法对管理人员胜任力标准进行初步分析，见表14-7。

从分析过程中可看出，管理人员的工作属于事务性的，其中最重要的能力包括协调、沟通、决策能力。除了这些能力外，管理人员还需要有相应的知识、技能等，其具体表现为表14-8中的任职资格要求。

表 14-7 关键事件分析法

维度	成功事件	失败事件
S（situation）	2016年7月该公司生产任务较重，在这种情况下生产车间有20名劳务工因不满当前工资，准备在7月中旬集体辞职，这对当月的生产任务造成压力，该问题由该生产车间组长向公司薪资主管提出	2016年1月该公司生产车间有1名员工在工作时受伤，需要公司给予合理的赔付
T（target）	在劳务工短缺的情形下，需要留住这20名劳务工，使当月生产任务顺利完成	考虑到公司的形象与公司的人工成本，应按照法律规定给予合理又人性化的赔付
A（action）	薪资主管针对该问题首先向生产车间组长了解情况，进行同行业劳务工支付水平调查，发现确实低于同行业支付水平300元/月·人，接着又做了成本预算，然后将此事与上级领导协商，最后立即决定给这20名劳务工加薪	在单方面与工伤员工协商好后，在尚未得到上级领导审批的情况下，同意给予15万元的工伤赔付款
R（result）	成功留住了准备辞职的劳务工，使该月的生产任务顺利完成，虽然人工成本上涨了，但减少了生产任务延期所带来的损失，最终为企业创造了收益	在领导不同意该处理方式后，不能兑现对工伤员工的承诺，导致工伤员工的家属来到企业吵闹，影响企业形象，最后还需通过法律手段解决该问题，增加了人工成本

表 14-8 任职资格要求

资格因素 层级	知识技术能力	压力程度	工作责任	工作条件
高层管理人员	学历：大学本科及以上学历 工作经验：5~7年以上管理工作经验 管理技术：有高的管理能力和丰富的管理知识，协调各方的关系	工作压力大，脑力辛苦程度高，工作量大	工作责任大，负责整个企业的发展方向	工作条件舒适
中层管理人员	学历：大学本科及以上学历 工作经验：1~5年以上管理工作经验 管理技术：有较高的管理能力和较丰富的管理知识，协调部门间的关系	工作压力较大，脑力辛苦程度较高，工作量较大	工作责任较大，负责企业内部某一部门的工作	工作条件较舒适
基层管理人员	学历：大专及以上学历 工作经验：1年以上管理工作经验 管理技术：有较高的管理能力和较丰富的管理知识，协调部门间的关系	工作压力一般，脑力辛苦程度一般，工作量适度	主要负责本职位的工作	工作条件一般

（3）选取能力报酬要素。

在选取能力报酬要素之前，运用访谈法在公司内部做了调查。针对选择的报酬要素和各要素的重要性，访问了公司基层管理人员及近10%的员工，并对访问结果做了一个分析总结。同时，根据A公司的自身特点以及管理人员的胜任力模型，首先选择一级能力报酬要素——知识技术/能力因素、责任因素、压力程度因素和工作条件因素，然后选择了二级能力报酬要素——知识技术/能力因素有7个二级要素，责任因素有5个二级要素，压力程度因素有3个二级要素，工作条件因素有3个二级报酬要素，详见表14-9。

表14-9   选取报酬要素

一级报酬要素	二级报酬要素	一级报酬要素	二级报酬要素
知识技术/能力因素	1.学历要求 2.工作经验 3.沟通能力 4.专业技术知识 5.管理技术 6.创新能力 7.人际交往能力	责任因素	1.负责范围 2.成本控制 3.人员管理 4.工作协调 5.决策影响范围
压力程度因素	1.工作压力 2.脑力辛苦程度 3.工作量大小	工作条件因素	1.工作环境舒适度 2.工作地点稳定性 3.工作时间特征

（4）对能力报酬要素赋予权重和对应的点值。

在进行能力评估时，要对所选取的一级报酬要素和二级报酬要素进行定义。为了便于进行能力评估，并且可以使评估结果更加直观，因此定义一级要素的权重总分为1 000分。根据在公司内部针对各报酬要素重要性的调查，运用比较加权法对能力要素赋予相应的权重，具体见表14-10。

表14-10   配对比较

能力要素	A（责任）	B（压力程度）	C（知识技术/能力）	D（工作条件）
A	—	2	2	2
B	—	—	—	2
C	—	2	—	2
D	—	—	—	—

首先确定测评指标中重要程度最小的那个指标，如本案例中的工作环境要素，将其他指标与它进行比较，判断其他指标的重要程度，然后进行归一化，得到各个测评指标的权重系数。因此，本案例中的一级要素的权重分值为：知识技术/能力因素占总分的25%，为250分；责任因素占总分的40%，为400分；压力程度因素占总分的20%，为200分；工作条件因素占总分的15%，为150分。定义二级报酬要素，要对其进行等级的划分并且要明确每一等级所对应的点值，详见表14-11。

表 14-11　　　　　　　　　　　报酬要素的界定与各等级权重和点值

一级要素	二级要素	等级	分数	定义
知识技术/ 能力因素 （25%，250分）	学历要求 （20分）			指利于执行工作职责所要求的最低学历，根据正规受教育水平判断
		1	5	初中、高中、中专
		2	10	大学专科
		3	15	大学本科学历
		4	20	硕士以及硕士以上
	工作经验 （20分）			指达到工作所需基本要求后，还需要具备随经验不断积累才能掌握的技能，根据实际工作时间和经历来判断
		1	5	1年以内
		2	10	1~3年以内
		3	15	3~7年以内
		4	20	7年以上
	沟通能力 （30分）			指工作过程中所需要的口头交流和表达的能力
		1	10	工作中需要与工作对象进行交流，对表达能力要求一般
		2	20	工作中需要与工作对象进行交流，对表达能力要求较高
		3	30	工作中需要与工作对象进行交流，对表达能力要求高
	专业技术 知识 （30分）			指利于执行工作职责所需要具备的专业技术知识和技能
		1	10	基本不需要专业知识
		2	20	只需要常识性的专业知识和技能，该知识和技能很容易被掌握
		3	30	所需的专业知识和技能要求高，该知识和技能很难被掌握
	管理技术 （60分）			指顺利、高效履行工作职责所应具备的管理知识、管理素质和能力
		1	15	工作基本不需要管理知识
		2	30	工作需要基本的管理知识
		3	45	工作需要较强的管理能力和较丰富的管理知识来协调各方的关系
		4	60	需要高超的管理能力和决断能力，没有该知识技能将会影响公司正常运行
	创新能力 （60分）			指利于履行工作职责所必需的创新精神和能力
		1	20	全部工作都是程序化、规范化的，无须创新
		2	40	工作基本规范化，需要少许创新
		3	60	工作性质本身要求开发和创新
	人际交往 能力 （30分）			指与客户或其他人员进行人际交往的能力
		1	10	基本不需要与客户或其他人员进行人际交往
		2	20	需要与客户或其他人员进行人际交往
		3	30	要求员工与客户或其他人员进行人际交往的能力高

续表

一级要素	二级要素	等级	分数	定义
责任因素 （40%，400分）	负责范围 （80分）			指对工作结果承担多大的责任，以及工作结果对公司影响范围的大小
		1	20	工作结果对公司影响范围很小
		2	40	工作结果对公司某一部门内的团队有一定影响
		3	60	工作结果对公司某一部门有一定影响
		4	80	对工作结果承担的责任较大，工作结果对公司有一定的影响
	成本控制 （80分）			指在履行职位工作中担负的控制成本费用的责任
		1	20	工作仔细或成本意识较强，减少了部门内小组的成本、费用
		2	40	工作仔细或成本意识较强，减少了部门内科室的成本、费用
		3	60	工作仔细或成本意识强，减少了企业某部门的成本、费用
		4	80	工作仔细或成本意识强，减少了企业的成本、费用
	人员管理 （60分）			指在职权范围内担负的正式指导与监督的责任
		1	15	所监督的人员数量和层次为部门小组
		2	30	所监督的人员数量和层次为部门科室
		3	45	所监督的人员数量和层次为企业内某一部门
		4	60	所监督的人员数量和层次为企业内所有部门
	工作协调 （60分）			指在正常工作中需与企业内外人员进行协调，以建立和保持工作关系的层次和范围
		1	20	在正常工作中需与部门内人员进行协调
		2	40	在正常工作中需与部门间人员进行协调
		3	60	在正常工作中需与企业内外部人员进行协调
	决策影响范围 （120分）			指在正常工作中需要参与的决策，其责任的大小以该决策影响的范围和程度作为标准
		1	30	常做一些小的决定，影响与自己有工作关系的部分员工
		2	60	需要做一些大的决策，但须与其他部门负责人共同协商方可执行
		3	90	需要参加最高层次决策，但必须得到高层领导认可方可执行
		4	120	工作中需制定高层决策，并决定是否可以执行

一级要素	二级要素	等级	分数	定义
压力程度因素（20%，200分）	工作压力（60分）			指工作的艰巨性和重要性以及内容跨度
		1	20	不需要迅速决定，工作常规化
		2	40	有时需要迅速做出决定，工作较艰巨，内容有一定的跨度
		3	60	经常需要迅速做出决定，任务多样化，经常觉得任务艰巨，工作时间紧张，工作内容跨度大
	脑力辛苦程度（60分）			指在工作时所需注意力的集中程度
		1	20	只从事简单脑力劳动，不需要高度集中精力
		2	40	部分工作时间必须高度集中精力，从事较高强度的脑力劳动
		3	60	大部分时间必须高度集中精力，从事高强度的脑力劳动
	工作量大小（80分）			指每天工作的繁重程度，根据完成每天的工作需要持续忙的时间长短和工作量的大小判断
		1	20	工作较轻松
		2	40	工作有时较忙，但忙的时间短且有规律性，工作量一般
		3	60	工作很忙，但忙的时间短且有规律性，工作量较大
		4	80	工作很忙，且忙的时间持续长甚至加班加点，工作量大
工作条件因素（15%，150分）	工作环境舒适度（50分）			指工作环境硬件、软件设施的好坏，环境的舒适程度
		1	12	以室内工作为主，工作条件较好，环境舒适
		2	25	以室内工作为主，工作条件环境一般
		3	37	兼有室内外工作，工作条件、环境较差
		4	50	以室外工作为主，工作条件、环境很差
	工作地点稳定性（50分）			指工作时是否经常变换工作地点，根据工作地点的变化和外出时间长短判断
		1	12	工作地点基本固定，偶尔外出且有规律
		2	25	工作地点基本固定，需要少量外出，没有规律性
		3	37	工作地点不固定，需要大量外出，但是有规律性
		4	50	工作地点不固定，需要大量外出，没有规律性
	工作时间特征（50分）			指对工作要求的特定起止时间的控制程度
		1	12	按正常时间上下班
		2	25	基本按正常时间上下班，偶尔会迟到和早退
		3	37	上下班时间视工作具体情况而定，但有一定规律
		4	50	上下班时间视工作具体情况而定，没有规律可循

（5）根据点值评价选取的标杆职位。

将所选取的标杆职位运用所确定的报酬要素来进行评价，计算出这些职位的点值，见表14-12。

表14-12　　　　　　　　　根据点值评价选取的标杆职位

一级报酬要素	职位 / 二级报酬要素	总经理		副总经理		财务总监		人力资源部部长		审计部部长		招聘主管		专员	
		等级	点值	等级	点值	等级	点值	等级	点值	等级	点值	等级	点值	等级	点值
知识技术能力因素	1.学历要求	3	15	3	15	4	20	3	15	3	15	3	15	2	10
	2.工作经验	4	40	4	40	4	40	3	30	3	30	3	30	2	20
	3.沟通能力	3	30	3	30	2	20	2	20	2	20	2	20	1	10
	4.专业技术知识	3	30	3	30	2	20	2	20	3	30	3	30	2	20
	5.管理技术	4	60	3	45	3	45	3	45	3	45	2	30	1	15
	6.创新能力	3	60	3	60	2	40	2	40	2	40	2	40	1	20
	7.人际交往能力	3	30	3	30										
责任因素	1.负责范围	4	80	4	80	4	80	3	60	3	60	2	40	1	20
	2.成本控制	4	80	4	80	4	80	3	60	3	60	2	40	1	20
	3.人员管理	4	60	4	60	3	45	3	45	3	45	2	30	1	15
	4.工作协调	3	60	3	60	4	60	2	60	2	60	2	40	1	20
	5.决策影响范围	3	90	3	90	3	90					1	30	1	30
压力程度因素	1.工作压力	3	60	3	60	3	60	2	40	2	40	1	20	2	20
	2.脑力辛苦程度	3	60	3	60	3	60	2	40	2	40	1	20	1	20
	3.工作量大小	4	80	3	60	3	60	2	40	2	40	1	20	1	20
工作条件因素	1.工作环境舒适性	1	12	1	12	1	12	1	12	1	12	2	25	2	25
	2.工作地点稳定性	2	24	2	24	2	24	2	24	2	24	1	12	1	12
	3.工作时间特征	2	24	2	24	2	24	2	24	2	24	1	12	1	12
总　分		895		860		800		658		665		498		322	

（6）根据点数高低对所评价职位排序，并划分出点值范围确定薪资等级结构。

对所选择的职位运用报酬要素进行评价之后，每一个所选的职位都有一个评价总值，应根据这些职位的总点值进行排序，来初步确定等级，见表14-13。

表 14-13   根据职位总点值排序

职位	总经理	副总经理	财务总监	人力资源部部长	审计部部长	招聘主管	专员
总分	895	860	800	658	665	498	322
排序	1	2	3	5	4	6	7

由于等级较多，对划分点值的范围进行归等，这样可以更直观地与其他职位进行比较。我们将点值划分为 8 个等级，以 80 分为区间值，然后将上述职位根据评价的总点值确定其相应的等级，见表 14-14。

表 14-14   划分点值范围确定职位等级

职级	薪点范围	高层管理人员	中层管理人员	基层管理人员
8	881～920	总经理		
	841～880	副总经理		
7	801～840			
	761～800	财务总监		
6	721～760			
	681～720			
5	641～680		审计部部长	
			人力资源部部长	
	601～640			
4	561～600			
	521～560			
3	481～520			招聘主管
	441～480			
2	401～440			
	361～400			
1	321～360			专员
	281～320			

进行标杆职位评价之后，需要对公司管理人员的所有职位进行基于能力的要素评价。为体现客观性和公正性，需要建立一个评价专家组，评价专家组成员在公司各个层次的管理人员中选择，高层管理者 1～3 人，中层管理者 2～4 人，基层管理者 4～5 人，共 10 人。给每一位评价人员准备职位说明书、报酬要素定义分级表、

评分表等，进行一些必要的讲解或培训，然后对所有职位进行评价，确定所有职位的薪资等级。职位薪资等级确定之后，企业的基本工资体系的确定就有了依据，这样就为公司建立了职位薪酬体系。

六、实施基于能力的薪酬体系的难点与保障措施

（一）实施基于能力的薪酬体系的难点

该公司管理人员已经习惯了原来的薪酬体系，是否愿意接受新的薪酬体系是一个难点。另外，公司的薪酬管理不是一个孤立的系统，需要在公司各个经营管理方面相互作用、相互配合下才能有效发挥作用。因此，为了确保新的设计方案能够顺利实施，发挥其保障、激励功能，还需要综合考虑多方面因素，并制定一些必要的配套措施。

（二）实施基于能力的薪酬体系的保障措施

1.重视薪酬沟通，取得员工支持和配合

在企业制订和执行薪酬方案的时候，进行有效的沟通是非常重要的。这是因为，如果无法取得员工和其他管理人员的理解和配合，纵使设计再完善的薪酬体系也无法取得预期的效果。企业在方案制订完毕后，应针对方案中薪酬改革的思路、原则和方法，对员工进行有效的宣传沟通。

2.完善企业管理制度，保证方案顺利进行

完善企业管理制度需要从以下方面入手：一是加强职工教育，努力提高在职人员能力素质；二是推进企务公开，加强民主管理，促进和谐企业建设；三是加强企业文化建设，开展丰富多彩的文体活动，形成企业凝聚力；四是保护在职人员的合法权益。

3.建立健全薪酬管理组织

一是成立专门的薪酬管理委员会，负责各种制度的审核和薪酬系统实施的监督。二是明确组织分工，人力资源部负责薪酬福利制度的制定、薪酬的考核发放、员工各种福利账户的管理，计划财务部门负责资源统筹、各项业务指标的目标值确定以及年度指标完成情况的确定。

第五篇　薪酬调查设计与实施案例

1.薪酬调查的内涵和方法

薪酬调查是指企业通过收集市场薪酬信息来分析、判断和掌握其他企业所支付的薪酬状况的过程。市场薪酬调查是了解市场薪酬水平的重要手段，是解决薪酬管理中外部公平性问题的基础工具。通过实施市场薪酬调查，企业可以根据调查结果并根据自己的战略来设计和调整自己的薪酬水平、薪酬结构、薪酬体系、薪酬管理政策等内容。

对企业来说，薪酬调查一般有两种方法：一种是自行组织进行调查；另一种是把自己的需求提交给外部专业薪酬调查公司，委托它们完成调查。自己进行薪酬调查可以节省成本，调查结果可能更符合自己公司的要求，但可能由于缺乏专业调查技术人才，导致调查结果难以令人满意。委托外部专业薪酬调查公司进行调查，在竞争对手的真实性信息方面具有一定的优势，但可能花费较高，且调查结果未必能满足公司的实际需求。

2.薪酬调查的目的

企业进行市场薪酬调查的目的主要是了解市场薪酬水平及其动态，保持企业薪酬分配的对外竞争力，做到外部公平。具体来说，薪酬调查的目的有：①调整薪酬水平；②调整薪酬结构；③整合薪酬要素；④估计竞争对手的劳动力成本；⑤了解其他企业薪酬管理实践的发展和变化趋势；⑥促进薪酬审计。

3.薪酬调查的流程

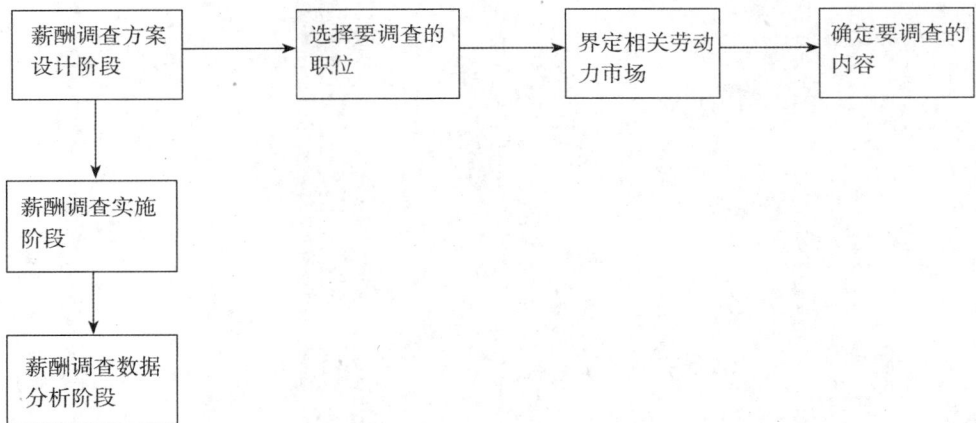

（1）根据需要审查已有的薪酬调查数据，确定调查的必要性

如果企业现有的薪酬调查数据已经能够满足企业的要求，就没有必要再进行市场薪酬调查。如果现有的薪酬信息和数据难以满足企业的需要，那么就需要考虑下一步应该如何来开展薪酬调查，是自己组织进行调查还是委托第三方或是与第三方合作共同进行薪酬调查。

（2）确定需要进行调查的职位和层次

在确定进行薪酬调查之后，需要明确的就是要对哪些层次的何种职位进行调查，是要调查某些类型的职位，还是要调查所有类型的职位。在确定了要调查的职位范围之后，调查企业还需要进一步明确在调查中使用的典型职位，因为限于调查的时间和费用，一般不会对全部的职位开展薪酬调查。另外，在选定被调查职位时，调查者必须提供最新的总体职位描述，同时，所采用的职位名称也应当是比较标准或通常被使用的职位名称。

（3）界定劳动力市场范围，确定调查目标企业

相关劳动力市场的划分需要从 3 个维度进行考察，分别是职业划分、地理划分、行业／产品市场。在确定调查的市场范围时，一般是先确定调查哪些职位，然后确定不同的职位类别在地理范围与产品市场上的交叉，进而形成相关的劳动力市场定位。调查企业数目可根据企业人力、物力、财力、时间及目的而有所不同，通常需要调查至少 10 家企业。

可供选择调查的企业主要有 5 类：①同行业中同类型其他企业；②其他行业中有相似岗位或工作的企业；③与本企业雇用同一类劳动力，可构成人力资源竞争对手的企业；④本地区在同一劳动力市场上招聘员工的企业；⑤经营策略、信誉、报酬水平和工作环境均合乎一致标准的企业。

（4）确定需要进行调查的薪酬信息

需要进行调查的薪酬信息主要有：①组织与工作信息，包括组织规模、财务信息、人员结构、市场份额等；②薪酬战略信息，包括薪酬战略目标、薪酬政策等；③与薪酬水平及薪酬结构有关的信息；④薪酬体系的其他信息，如薪酬等级结构、薪酬要素组织、薪酬管理方式等。

（5）设计薪酬调查问卷并实施调查

设计调查问卷应考虑包含以下几方面的信息：被调查企业的组织信息、薪酬战略信息、薪酬水平信息、薪酬结构方面的信息、职位权限范围方面的信息、任职者及其任职岗位的一些信息、其他信息。

设计调查问卷时需要注意以下问题：①每个问题只涉及一个信息，并要为回答者留出足够的书写空间；②调查问卷要尽量简单明了，要使被调查者容易理解和回答；③在关键字和关键句下面画横线或加粗；④在问卷的结尾留下开放式问题；⑤提供调查者的联系方式以便被调查者有疑问时可以及时与调查者联系。

（6）核查调研信息

在调查问卷被回收以后，调查者首先要做的就是对每份调查问卷进行分析，判断该份问卷是不是有效问卷以及每个数据是否可用。

（7）统计分析调查数据

薪酬调查中进行统计分析的常用方法主要有以下几种：

①频度分析：指将得到的与某一职位相对应的所有薪酬调查数据从低到高排列，然后看落入每一薪酬范围之内的公司的数目。

②趋中趋势分析：具体又可分为简单平均数、加权平均数（以目标公司中从事该职位的员工人数作为权重）、中位数三种分析方法。

③离散分析：包括标准差分析和四分位／百分位分析。

④回归分析：一般可用回归分析来分析两个或多个变量之间的相关关系，并可以用得到的函数关系式进行预测。

（8）形成薪酬调查结果分析报告

薪酬调查数据分析完之后，一般还要将最后的分析结果进行整理，并编写薪酬调查分析报告。在薪酬调查获取市场薪酬数据的基础上进行薪酬水平决策，类型有领先型薪酬策略、追随型薪酬策略、拖后型薪酬策略、混合型薪酬策略。影响薪酬策略的主要因素有：公司战略、人员类别、薪酬在公司总成本中所占的比重、公司的支付能力、企业文化。

案例十五 电力企业员工薪酬调查报告

一、绪论

1.调查背景

西部大开发战略实施以来，新疆提出"优势地区优先发展，进而辐射和带动其他地区"的战略思想，把全疆最具发展优势和潜能的天山北坡经济带推上了高速度、超常规、跨越式发展的快车道。天山北坡经济带位于以乌鲁木齐市、石河子市和克拉玛依市为轴心的新疆准噶尔盆地南缘天山北坡中段，包括乌鲁木齐市、昌吉市、米泉市、阜康市、呼图壁县、玛纳斯县、石河子市、沙湾县、乌苏市、奎屯市、克拉玛依市等，总面积约9.54万平方千米。

随着我国"十三五"规划的提出，节能减排力度在不断加强，电力企业"上大压小"政策加速实施，企业的人力资源基本处于饱和状态，高层次人才难引进，关键人才留不住，多余人员出不去是普遍存在的问题。如何吸引人才，通过激励来留住人才和发挥人才的作用是企业面临的一项难题。薪酬管理作为人力资源管理的重要手段，是行业内公平竞争和企业赢得优势，实现全面、协调、可持续发展的重要因素。科学有效的薪酬制度是增强组织凝聚力、提升员工工作效率和降低人员流动率的关键。

现在本地区薪酬调查的数据比较缺乏，无论是官方还是媒体等其他机构很少对此进行调查，企业缺乏相关数据做指导，很难使自身薪酬在本行业范围内具有竞争性。而人才的吸引和保留主要依靠的是具有竞争力的薪酬，企业需要相关数据作为参考。

2.调查意义

（1）本调查报告通过调查目标地区的电力企业员工155名，了解薪酬分布区间等相关信息。

（2）在分析总结总体薪酬水平的同时，找出影响电力企业员工薪酬的因素，为行业提供相应的信息或资料，以便形成公平竞争环境。

（3）为企业更好地运用薪酬提高工作效率、降低人员流动率，为个人就业、择业提供相应的薪酬数据参考。

3.调查目的

首先，通过实地问卷发放、电话访谈、问卷电邮、网络问卷等方法获取第一手资料，充分把握新疆天山北坡经济带区域电力企业薪酬现状（以乌鲁木齐市、昌吉市、石河子市、克拉玛依市、五家渠市为例）。

其次，运用统计分析的方法找出影响该地区电力企业员工薪酬的因素，为行业提供相应的信息或资料，以便形成公平竞争环境；为企业更好地运用薪酬提高工作效率、降低人员流动率，为个人就业、择业提供相应的薪酬数据参考。

4.调查思路（如图15-1所示）

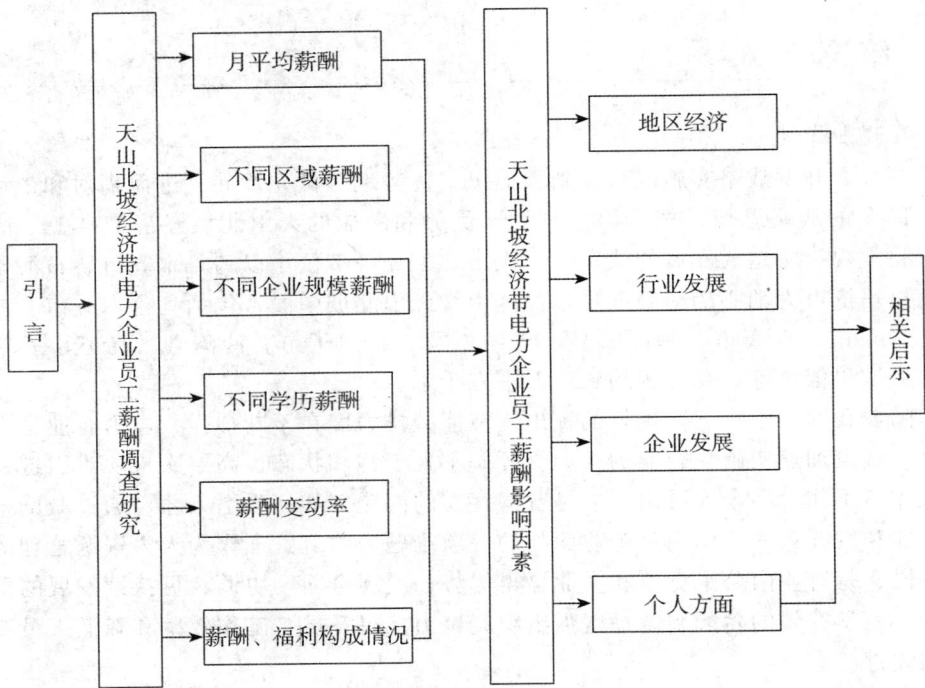

图 15-1 调查思路

二、电力企业员工薪酬调查说明

1.主要概念界定

（1）天山北坡经济带：天山北坡经济带位于以乌鲁木齐市、石河子市和克拉玛依市为轴心的新疆准噶尔盆地南缘天山北坡中段，包括乌鲁木齐市、昌吉市、五家渠市、米泉市、阜康市、呼图壁县、玛纳斯县、石河子市、沙湾县、乌苏市、奎屯市、克拉玛依市等，总面积约9.54万平方千米。本调查中涉及的"天山北坡经济带"主要以乌鲁木齐市、昌吉市、石河子市、克拉玛依市、五家渠市为代表。

（2）电力企业：指依法取得电力业务许可证，即"供电营业许可证"，且从事供电业务的企业。

2.调查对象

本案例所调查的"天山北坡经济带"主要以乌鲁木齐市、昌吉市、石河子市、克拉玛依市、五家渠市为代表。在上述5个地区中，我们选取了6家比较企业，此次调查共发放问卷183份，回收问卷155份。

3.调查内容

调查的内容包括：不同企业的规模、所在地，员工个人性别、年龄、学历、工龄、岗位的平均薪酬区间、薪酬构成、福利构成、奖金比例、调薪频率等。

三、电力企业员工薪酬调查

1.月平均薪酬频数分布

由图15-2和表15-1可知，天山北坡经济带电力企业员工月平均薪酬在1 800元以上，大都集中在2 001~4 000元。最高值与最低值的数额差距较大，高出233个百分点。平均薪酬为3 242.10元，比本行业全国水平3 977元低22.67%，虽未达到全国本行业平均水平，但在本地区主要行业薪酬水平中仅次于金融业和采矿业，处于较高水平。

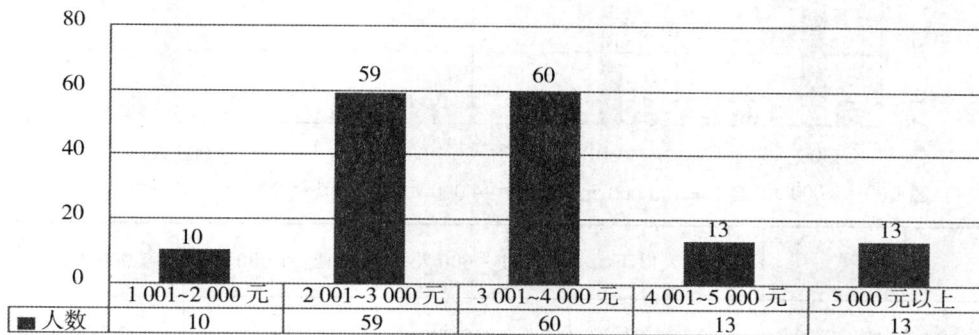

人数	1 001~2 000元	2 001~3 000元	3 001~4 000元	4 001~5 000元	5 000元以上
人数	10	59	60	13	13

图15-2 天山北坡经济带电力企业员工薪酬频数分布

表15-1 薪酬的总体状况

薪酬总体水平	最高值	最低值	平均值
数额（元）	6 000	1 800	3 242.10

2.企业所在不同区域员工月平均薪酬调查状况

如图15-3所示，本次所调查的天山北坡经济带电力企业的155名员工中，克拉玛依市电力企业员工薪酬平均值最高，为3 783.70元，比5个城市平均薪酬3 242.10元高出16.7%，有3个城市未达到平均薪酬水平。

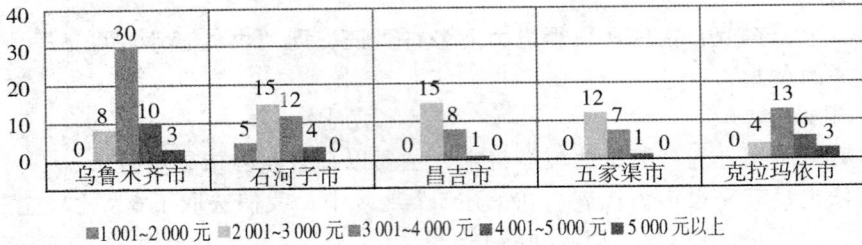

城市	乌鲁木齐市	石河子市	昌吉市	五家渠市	克拉玛依市
薪酬平均值（元）	3 656	2 899.75	2 805.10	3 067.90	3 783.70

图15-3 天山北坡经济带不同城市电力企业员工月平均薪酬频数分布

3.不同规模企业员工月平均薪酬调查状况

就规模来看，员工的平均薪酬基本上是随着企业规模的扩大而增加的。如图15-4所示，300人以下规模企业的员工薪酬平均值为2 683.67元，1 000人以上规模企业的员工薪酬平均值为3 797.30元，是300人以下规模企业薪酬平均值的1.41倍。由此可以看出，规模大的企业相对薪酬水平较高。

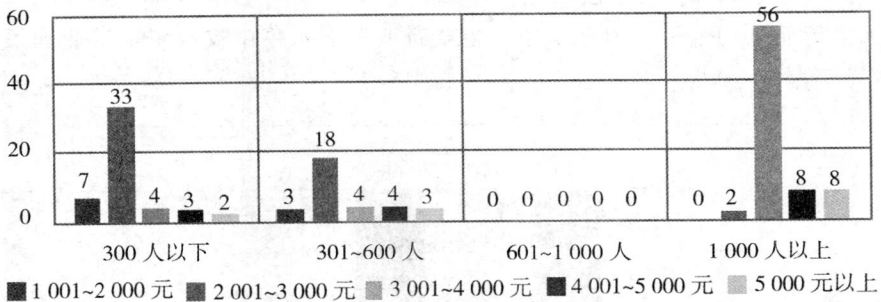

企业规模	300人以下	301~600人	601~1 000人	1 000人以上
薪酬平均值（元）	2 683.67	2 810.34	—	3 797.30

图15-4 电力企业员工月平均薪酬在不同企业规模中的分布状况

4.不同学历员工月平均薪酬调查情况

如图15-5所示，就薪酬水平来看，本科生薪酬平均值为3 663.15元，是中专及以下学历员工薪酬平均值的1.42倍，由此可以看出学历对于薪酬水平具有重要影响。因为学历具备信号功能，可以较客观地体现出自身的能力，所以学历的高低是制定薪酬的基础。

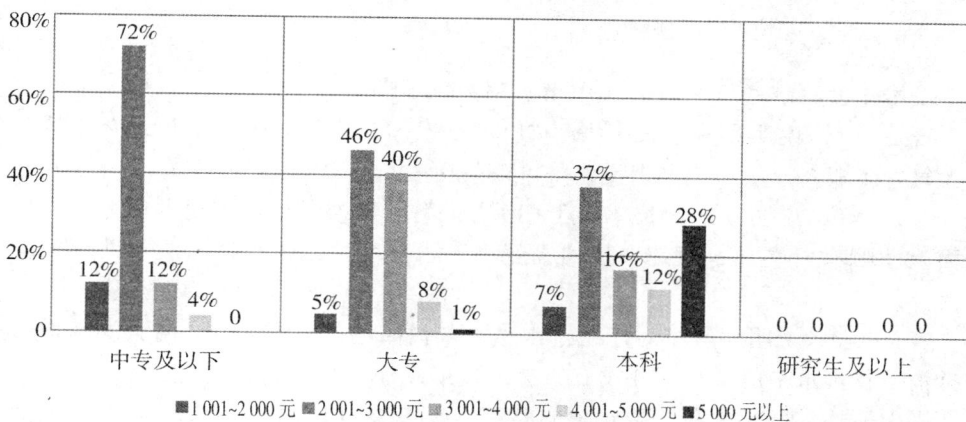

学历	中专及以下	大专	本科	硕士及以上
薪酬平均值（元）	2 580	3 052.05	3 663.15	—

图 15-5　天山北坡经济带电力企业不同学历员工月平均薪酬的分布状况

四、影响天山北坡经济带电力企业员工薪酬的因素

（一）地区经济、生活水平相关因素

1. 地区经济发展水平

在新疆，虽然乌鲁木齐市是首府，但是克拉玛依市凭借自身的油气资源，使自身经济总体水平要高于乌鲁木齐市，生活水平和生活成本也高于乌鲁木齐市，所以电力企业员工薪酬平均值也高出乌鲁木齐市 3.5 个百分点。

昌吉市作为地方城市，发展速度明显赶不上作为兵团城市的石河子市和五家渠市，主要原因是昌吉市工业起步较晚，而工业是用电大户，往往一个地方工业的发展会带动电力行业的发展。如 2012 年以来，五家渠市充分利用重大项目引入、重点工程建设的拉动作用，完成固定资产投资 132 亿元。随着五家渠市经济的快速增长，对供电可靠率提出了更高的要求。为满足用电需求，"十二五"期间，乌鲁木齐市电业局投资 15 亿元，在五家渠市新建 750 千伏变电站 1 座、220 千伏变电站 2 座、110 千伏变电站 4 座及配套线路，使得五家渠市电力企业得到了迅猛发展，对人才的需求量也大量增加，为了吸引人才，在薪酬水平上也会相应提高。以上这些表明，区域经济的发展（包括交通便利情况、生态环境等）是影响薪酬水平的重要原因之一。

2. 薪酬增长率与 CPI 增长率间的矛盾

薪酬增长率用公式可表示为：

$$薪酬增长率 = \sqrt[3]{\frac{末期薪酬总额}{初期薪酬总额}} - 1$$

CPI 增长率用公式可表示为：

$$CPI增长率 = \frac{本年CPI - 去年CPI}{去年CPI}$$

设本年度薪酬增长率为 a，CPI增长率为 b，则：

若 a−b>0，说明薪酬增长率大于CPI增长率，相当于薪酬正增长，企业员工会认为每月工资对于生活成本来说，是可以负担的。

若 a−b<0，说明薪酬增长率小于CPI增长率，相当于薪酬出现了负增长，虽然表面上薪酬有所增加，但是增加的幅度小于物价增长的幅度，无法帮助员工改善生活。

若 a−b=0，说明薪酬相对于物价水平并未提高也没有降低，此时薪酬的增长只是抵消了物价水平的增长，并没有给员工带来额外的利益。

综上所述，每年的薪酬增长率的制定，应参照CPI指数的变化，在可以接受的范围内，尽量使员工保证正常的生活外，还能有额外的收益。根据马斯洛的需求层次理论，在多种需要未获满足前，首先满足迫切需要；该需要满足后，后面的需要才显示出其激励作用。而作为人，最迫切的需要当属生理需求，如食物、水、空气、健康等。所以，只有满足了最基本的需求，才能用其他手段进一步激励员工，提高其工作效率。

（二）行业发展、企业发展相关因素

1.行业发展趋势

综合考虑能源消费总量控制影响、2012年全国经济运行与电力供需实际情况，2015年全社会用电量达到6.02万亿~6.61万亿千瓦时，"十二五"期间年均增长7.5%~9.5%，最大负荷达到9.66亿~10.64亿千瓦。2020年全社会用电量将达到8万亿~8.81万亿千瓦时，"十三五"期间年均增长4.6%~6.6%，2030年全社会用电量将达到11.3万亿~12.67万亿千瓦时，最大负荷达到18.54亿~20.82亿千瓦。"十二五"期间电力弹性系数为1左右，"十三五"期间电力弹性系数为0.80左右，西部地区电力需求增速高于东部地区。

在国务院32号文件中，将新疆定位为国家向西开放的桥头堡和枢纽站，而天山北坡经济带是新疆经济最发达的地区，是新疆现代工业、农业、交通信息、教育科技等最为发达的核心区域，对全疆经济起着重要的带动、辐射和示范作用。随着新疆"大企业、大集团"战略的实施，越来越多的企业和建设工程在天山北坡区域落户开工，加之新疆原有的大中型企业也多集中于此，对电力的需求更是日益增长。要发展"大企业、大集团"，就必须优先发展电力行业，因此对电力从业人员的需求也会节节攀升，势必会对行业薪酬水平造成重大影响。

2.企业发展阶段与规模

企业的战略目标要依靠优秀人才的优秀绩效来实现。无论企业处于什么发展阶段，吸引优秀人才和防止优秀员工流失始终是人力资源管理的核心问题之一。而设计良好的薪酬体系能有效地吸引优秀人才和防止优秀员工流失。企业要根据自身所处的不同发展阶段以及当期的竞争战略，设计适合企业本阶段发展并能够有效支撑其竞争战略的薪酬体系。

企业规模与员工薪酬水平也存在相关关系。员工的平均薪酬基本上是随着企业规模的扩大而增加的。300人以下规模企业的员工薪酬平均值为2 683.67元，1 000人以上规模企业的员工薪酬平均值为3 797.30元，是300人以下规模企业薪酬平均值的1.41倍。由此可以看出，规模大的公司相对薪酬水平较高。

3.员工的受教育程度

从调查分析结果来看，员工自身的受教育程度，即员工的学历对其薪酬有一定的影响。大多数企业在制定薪酬标准的时候会考虑到员工学历的问题。比如，在调查中，本科学历员工较专科及专科以下学历员工在薪酬平均值方面有一定的优势。本科生薪酬平均值为3 663.15元，是中专及以下学历员工薪酬平均值的1.42倍，比大专学历员工薪酬平均值高20个百分点。在高等教育逐渐普及的今天，本科生薪酬在未来涨幅不大，而技术型人才将倍受青睐，近年来接连出现的"用工荒"问题，也使技术专科学校毕业生迎来了职场的春天，其薪酬也有水涨船高的势头。

五、天山北坡经济带电力企业员工薪酬存在的问题

（一）月薪级差小

根据图15-6，有68.9%的企业员工薪酬变动率过小。以一线员工为例，其最佳薪酬变动率为10%～20%，在被调查对象中，薪酬变动率最大的为26%，最小的不到10%，为8.6%。月薪级差太小很容易造成新的平均主义思想，差距不合理使得薪酬应有的激励效果大大减弱。经济学中的锦标理论指出，薪酬和晋升是对员工最直接、最有效的激励措施，工资差距要足够大才能产生激励作用，同时企业里通常是职位越高，工资在晋升中获得的涨幅越大，倾斜的工资结构比平稳的工资结构更具有激励作用。因此，逐步拉大薪资差距将更强地刺激员工在企业内部发展，为企业创造更大的价值。

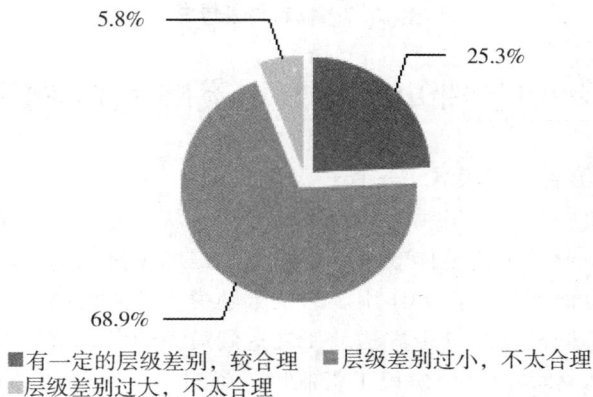

图15-6 天山北坡经济带电力企业员工薪酬变动率情况

（二）奖励行为不规范，缺乏完善的激励机制

目前，在被调查企业中，奖励已成为员工薪酬中很重要的一部分，奖励的规范与否往往决定着薪酬制度是否具有激励价值。如奖励不以公平、有效的绩效考核为前提，不与员工的表现、责任和绩效相联系，员工就会把奖励当作基本工资（奖金）收入的附加，得奖励是理所当然的事。多数企业由于不了解不同类型员工的真正需求，所采用的激励形式主要是物质激励，缺乏文化、精神激励机制，因此没法挖掘员工内在的精神动力，不能充分满足员工受尊重、获得成就、自我价值实现等高层次的精神需要，不能充分调动员工的积极性。

（三）福利成分单一

无论国内还是国外，电力行业属于高薪行业，因此人们普遍认为国内电力企业福利水平也应处于高端水平或正向高端水平过渡。通过调查发现，国内电力行业福利水平并不像想象中的那样高，而是福利成分都过于单一化，除了津贴就是补贴（如图15-7所示），并且绝大部分不区分岗位差异和贡献大小而金额相同，发挥不了应有的激励作用。

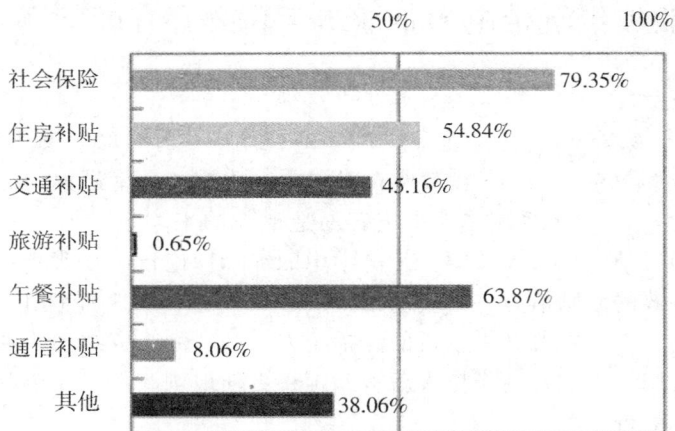

图15-7 福利构成情况

六、针对天山北坡经济带电力企业员工薪酬存在问题的对策与建议

（一）建立薪酬管理新模式——岗位激励模式

根据岗位性质的不同，运用不同的激励方式，从而充分调动企业员工的积极性和创造性，提高企业员工的整体效率。它注重的是满足员工的需求，实现的是薪酬在对员工激励性方面发挥的巨大作用。岗位激励模式的主要内容就是对企业里不同岗位的员工采取不同的薪酬管理方法，使之达到最大的激励效用。如企业中层管理人员及部分核心人才实行岗位协议工资制度。通过对每个岗位的评价确定价值量，通过对个人的工作经历、专业技术水平、管理能力、工作绩效、责任大小等因素进

行综合评价，主要负责人签订业绩考核责任书，以年初设定个人 KPI、年终总结差距的方式进行考核；考核结果作为评价企业工作业绩和负责人奖惩及选拔任用的重要依据，促进企业负责人及干部员工增强责任意识，提高经营管理水平。

（二）改善福利策略

企业应加大福利占薪酬总额的比重，实行复合型福利激励体制，在内部福利分配过程中要注意考虑岗位差异，充分发挥福利成分原有的激励效用，建立起"内部激励，外部竞争"的福利激励体制。

（三）重视先进奖励

有关研究表明，不同激励方式对员工生产率产生的影响也有所不同：当仅仅根据生产情况来设定目标时，员工的生产率平均提高16%；重新设计激励机制以使工作更为丰富化，生产水平提高了8%～16%；让员工参与决策的做法，使生产率水平提高不到1%；然而，以金钱作为物质刺激却使生产率水平提高了30%。这项研究为薪酬设计提供了客观依据：如果重视金钱激励，将会收到事半功倍的效果。

（四）加快建立核心骨干和核心员工长期激励机制的进程

核心骨干和核心员工是企业发展的中坚力量，建立长期有效的激励机制对企业生存和发展具有战略性意义。因此，企业必须建立适用、合理的价值分配体系和激励导向的薪酬制度体系以提高组织效率，降低组织成本。

员工们并不单纯对工资数额的多少不满意，常常是对分配的方式有意见，对薪酬结构是否体现公平是很担心的，因而建立严格的考核体系、良好的用人机制、适宜的薪酬制度，才能保证电力企业的可持续发展。

附录

新疆天山北坡经济带电力企业薪酬调查问卷

问卷说明：

1.本调查问卷问题简明扼要并易于回答。

2.本调查问卷采用匿名形式填写。

3.问卷的保密级为 A 级，任何信息都将严格受到保密，仅用作学术研究，您可以放心作答。

4.请按实际情况作答，否则将影响调查结果。

5.谢谢您的配合和大力支持。

第一部分　基本情况

1.您的性别：（　　　）

（A）男　　　　　　（B）女

2.您的年龄：（　　　）

（A）18～25岁　　　（B）26～35岁　　　（C）36～45岁　　　（D）45岁以上

3.您的学历程度：（　　　）

（A）中专及高中或以下　（B）大专　　　　　（C）本科　　　（D）硕士及以上

4.您的婚姻状况：（　　　）

（A）未婚　　　　　（B）已婚

5.您所处公司职位：（　　　）

（A）中、高层管理者　（B）基层管理者　（C）办公室科员　（D）一线工人

6.您企业的性质：（　　　）

（A）国有企业　　　（B）民营或私营企业　（C）外资企业

（D）合资企业

7.您所在公司的规模：（　　　）

（A）301人以下　　（B）301~600人　（C）601~1 000人　（D）1 000人以上

8.您所在的城市：（　　　）

（A）乌鲁木齐市　　（B）石河子市　　（C）昌吉市　　（D）五家渠市

（E）克拉玛依市

9.您的工作年限：（　　　）

（A）3年以下　　　（B）3~5年　　（C）6~10年　　　（D）10年以上

10.您在现在公司的工作年限：（　　　）

（A）3年以下　　　（B）3~5年　　（C）6~10年　　　（D）10年以上

第二部分　调查部分

1.您平均每月的总收入是多少？（　　　）

（A）1 001~2 000元，请填写具体大概值_____　　　（B）2 001~3 000元

（C）3 001~4 000元　　　　　　　　　　　　　（D）4 001~5 000元

（E）5 000元以上，请填写具体大概值_____

2.您所在职位薪酬的构成是（可多选）：（　　　）

（A）岗位工资　　（B）技能工资　　（C）工龄工资　　（D）绩效工资

（E）月度（季度）奖金　　（F）年终奖　（G）职称补贴　　（H）五险一金

（I）电话(交通)补贴　　（J）学历补贴　　（K）其他

3.您所在公司的福利有哪些？（可多选）（　　　）

（A）社会保险　　（B）住房补贴金　（C）交通补贴　　（D）旅游补贴

（E）午餐补贴　　（F）手机费　　（G）其他

4.您薪酬收入中奖金部分占总收入的比例为多少？（　　　）

（A）5%~10%　　（B）11%~20%　（C）21%~30%　　（D）30%以上

5.是否提供带薪年休假：（　　　）

（A）提供　　　　（B）不提供

6.您认为自己的薪酬水平与同行业其他公司相比：（　　　）

（A）远高于平均水平　　（B）略高于平均水平　（C）与平均水平持平

（D）略低于平均水平　　（E）远低于平均水平

7.您认为公司员工的工资层级差别是否合理？（　　　）

（A）有一定的层级差别，非常合理　　（B）不确定

（C）层级差别过小，不太合理　　　　（D）层级差别过大，不太合理

8.您对公司福利的看法是：（　　）

（A）多种福利　　　（B）基本上没什么福利　　　（C）福利形式单一

（D）完全没福利

9.您所在岗位基本薪酬调整的频率是：（　　）

（A）每三年一次　　（B）每两年一次　　　（C）每年一次　　（D）每年两次

（E）不定期

10.以自己的资历，您对自己的工资收入：（　　）

（A）非常满意　　（B）较满意　　　（C）不确定　　　（D）不满意

（E）非常不满意

11.加班工资的计算方法是否符合法律法规？（　　）

（A）绝对符合法律法规　　　　　（B）基本符合法律法规　　　（C）不确定

（D）有些地方不符合法律法规　　　（E）完全不符合法律法规

12.以下关于薪酬与生活的关系，哪个最接近您的实际情况？（　　）

（A）因为薪酬很高，自己的生活过得非常富裕

（B）目前的薪酬除维持基本生活外，有一定的节余

（C）我不太确定二者之间有什么关系

（D）目前的薪酬只能维持最基本的生活开支

（E）因为目前的薪酬太低，自己过得非常之贫苦

非常谢谢您完成了这份调查问卷！不知您是否有一些我们未在调查问卷中列出的观点需要表达。如果有，请把它们写出来。

案例十六 WQ地区工业园区企业薪酬调查报告

一、企业薪酬调查重要性分析

（一）薪酬调查的定义

薪酬调查是指企业通过搜集信息来判断其他企业所支付的薪酬状况的系统过程，这种调查能够向实施调查的企业提供市场上的各种相关企业（包括自己的竞争对手）向员工支付的薪酬水平和薪酬结构等方面的信息。需要说明的是，广义的薪酬调查包括市场薪酬调查和员工满意度调查。

薪酬调查可以帮助企业实现个性化和有针对性地设计薪酬的目的，重点解决薪酬的对外竞争性和对内公平性问题。通过薪酬调查可以了解市场薪酬状况，发现影响人才需求变化的环境因素，对薪酬的市场变化趋势进行有效的判定。

（二）薪酬调查的目的

1. 构建或评价薪酬结构

许多企业用市场薪酬调查来检验本企业职位评价的结果并构建薪酬政策曲线，这可以说是薪酬调查最重要的目的之一。如果组织内部职位评价形成的职位结构与外部市场形成的薪酬结构不合理，整合这两种结构是很重要的问题。

2. 对薪酬进行定期调整

大多数企业通常要定期地对薪酬进行调整。薪酬调整是在企业战略调整过程中利益的再分配，是薪酬管理过程中非常重要但恰恰被许多企业忽略的一项工作。薪酬调整通常一年一次，依据即为市场工资率。薪酬调整主要有两种：

（1）根据市场薪酬水平的变化趋势、组织的发展状况、经营管理模式的调整以及战略重心的转移对现行薪酬体系进行调整。

（2）根据职位变动、个人业绩、个人能力等对员工个人的薪酬水平进行调整。

3. 避免不恰当的薪酬开支

薪酬调查可以将企业的薪酬数据与市场数据进行比较，来检查企业所支付的薪酬与预想的水平是否一致，薪酬调查使薪酬专家可以正确地判断应该支付员工多少报酬，给员工的薪酬太少会削弱公司雇用并保留住高素质员工的能力，支付的薪酬太多则意味着机会成本增加。

所以，要调整企业的薪酬水平以便与之相适应，薪酬水平过高或过低对于雇主来说都不适宜。薪酬调查有利于企业制定符合自身的薪酬水平，避免不恰当的薪酬开支。

4.分析与薪酬有关的人事问题

如果员工的辞职率上升与薪酬有关，那么对竞争对手进行薪酬调查是非常必要的。首先，随着市场竞争的深化，人才的市场竞争也日益激烈。企业的薪酬只有在市场上具有足够的竞争力，才能留住既有的人才，并有足够的吸引力吸引外面的人才加盟。其次，物价指数上升时，原定的薪酬水平的购买力降低，如不进行调整，实际上相当于降低员工的收入水平，长此以往，员工必会另谋出路。

二、WQ地区工业园区企业薪酬调查

（一）WQ地区工业园区简介

该工业园区始建于2004年7月，规划面积61.5平方千米。农六师坚持以规划建设为基础、招商为重点、项目为中心、服务为根本的方针，扎实工作，使工业园区建设初具规模。

除制定特色鲜明、优势明显的建设规划外，农六师还努力强化招商服务功能，为投资者创造良好的投资环境。该师招商部门在准确把握的基础上用足用好各项政策，积极改进招商策略和方法，重点在以商招商、委托招商、产业链招商上取得突破，以形成企业和商会办园区、企业和商会招商的良性市场运作机制。

同时，该地区坚持"多予少取"的方针，认真清理园区的各项行政性收费，力求将园区建设成无收费园区。该地区还把服务和效率作为招商工作的中心环节，逐步建立起了项目一站式联合审批制度，为投资者提供宽松、优良、高效、满意的投资环境。

WQ地区工业园区从2004年至2008年年底共完成固定资产投资5.7亿元，其中基础设施投入1.07亿元，占总投资的18.8%。目前已完成了入驻项目配套的道路21千米、供电55.024千米、供水5.5千米、排水管网15千米、排污明渠7.6千米、道路绿化125亩、16吨蒸汽锅炉供热站1座等基础配套设施建设。在工业园区投资兴建了小企业创业基地通用厂房，创业基地占地面积110亩，规划建设14栋厂房，已完成通用厂房、道路、地坪、供（排）水等配套设施建设，已建设完成建筑面积4 947.4平方米的商务办公楼并投入使用，基本实现为入驻企业提供道路、供（排）水、供电等基础设施的配套。WQ地区实施了"一区多园"的战略布局，将园区分为北、东两区，北工业园区有纺织、机械制造、农用工业等8大行业，以及农畜产品精深加工和优势矿产资源转化两大支柱产业，并围绕这些优势主导产业，在园区规划设立食品加工、建材、化工等多个特色专业园区。

工业园区一期1.5平方千米已实现"七通一平"，北工业园区和东工业园区基础配套设施建设已进入全面实施阶段，增强了工业园区对投资项目的承载力。园区投资环境得到改善，增强了对投资企业的吸引力，进一步促进了园区的产业聚集，为园区经济注入了强劲的发展动力。北工业园区占地面积为34.5平方千米，东工业园区占地面积27平方千米，其中北工业园区主要接纳对环境影响较小的投资项目，重点发展技术、资金、劳动密集型产业；东工业园区重点发展以煤化工为主导、经济带动力强的化工、造纸、印刷等产业。此外，还根据该地区资源环境，在园区内大力发展绿色食品加工、煤化工、能源基础工业、制药、建材及新材料加工。

2010年，工业园区实现产值3.76亿元，增长5.3%，全年实现建筑施工产值8.97亿元，比上年增长49.1%。实现建筑业增加值2.61亿元，比上年增长9.5%。完成施工面积38.79万平方米，增长24.8%。

（二）薪酬调查的对象

本案例所调查的企业主要以WQ地区工业园区的企业为代表，总共选取了6家比较有规模的企业，包括3家内地企业和3家本土企业，企业性质主要以生产制造业的民营企业为主，企业的规模基本相同，以中小型企业为主。

（三）确定调查内容

调查的主要内容包括工业园区企业的薪酬结构、奖金、福利、员工福利满意度以及薪酬与员工离职的关系等。为了方便对工业园区企业员工薪酬进行对比分析，我们选取了车间普工、车间技工、车间管理人员、办公室基层员工这4个普遍性岗位的薪酬进行调查分析，对比本土企业和内地企业薪酬差异。通过对各个岗位的调查和了解，我们总结了6家企业的岗位类别和职位描述，见表16-1。

表16-1 工业园区企业岗位概述

岗位	岗位类别	职位描述
车间普工	操作工、一线员工等	通过对生产中心生产车间本机台的日常工作，达到按时完成交货，做到原料、电费、低值易耗品、人员成本的节省。协助车间经理完成公司下达给生产车间的考核指标和各项工作任务
车间技工	焊工、电工、维修工等	中专以上学历，有工作经验者有限，主要负责车间机器维修、现场运作管理，进行技术指导
车间管理人员	车间班长、师傅、车间主任	搞好生产计划管理、生产调度工作、全面质量管理以及安全生产等
办公室基层	办公室文员	大专及以上学历，主要负责文件整理、会议记录、档案的管理等
	会计	大专及以上学历，主要负责公司现金的日常管理及收付工作，银行账户的日常结算，及时清理账目，保管好现金、各种印章、支票等

（四）实施调查

此次调查共发放问卷175份，回收问卷161份。样本分布见表16-2。

表16-2　　　　　　　　　　　选取的样本容量及其分布

企业名称		频数	所占比例（%）
本土企业	企业1	36	22.36
	企业2	23	14.29
	企业3	22	13.67
内地来疆企业	企业1	18	11.18
	企业2	27	16.77
	企业3	35	21.73
总计		161	100

（五）分析调查结果

1.工业园区企业月平均薪酬频数分布

由图16-1和表16-3可知，工业园区本土企业和内地企业的薪酬大都集中在2 000～4 000元，平均值为3 000多元，最高值与最低值的数额差距较大，高出275个百分点。

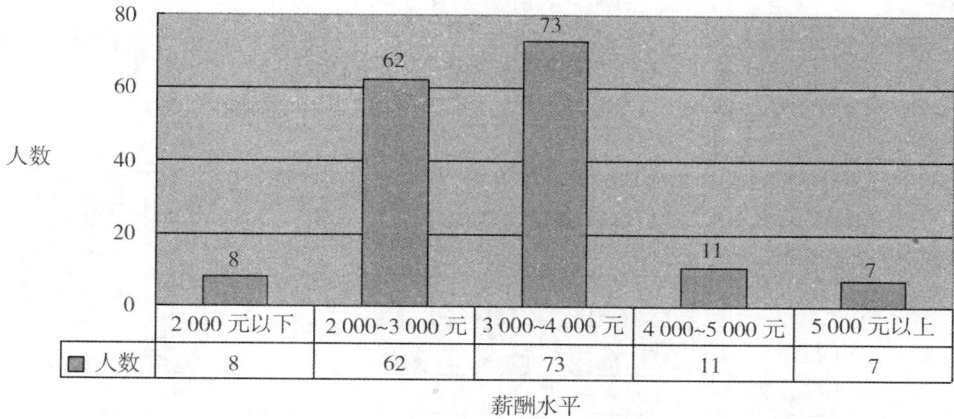

	2 000 元以下	2 000~3 000 元	3 000~4 000 元	4 000~5 000 元	5 000 元以上
人数	8	62	73	11	7

薪酬水平

图 16-1　工业园区企业员工薪酬频数分布

表16-3　　　　　　　　　　　月平均薪酬的总体状况

月平均薪酬水平	最高值	最低值	平均值
数额（元）	6 000	1 600	3 100

2.不同岗位员工月平均薪酬的调查状况

由图16-2得出，工业园区企业薪酬平均值最高的为车间技术类员工，达到4 000元左右，最低的为办公室人员。

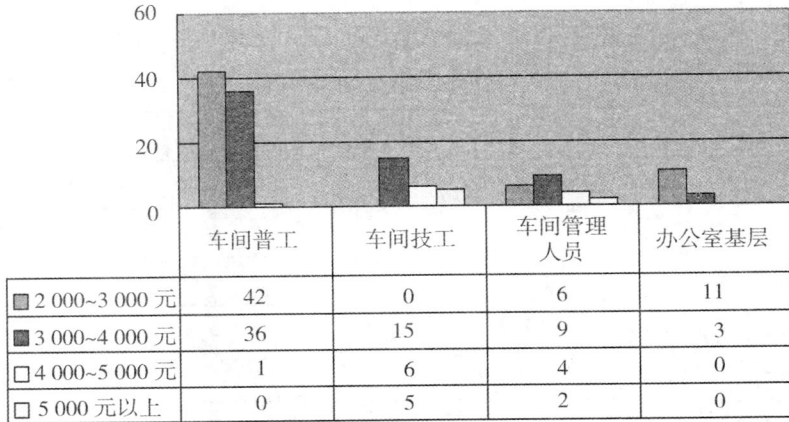

	车间普工	车间技工	车间管理人员	办公室基层
■ 2 000~3 000元	42	0	6	11
■ 3 000~4 000元	36	15	9	3
□ 4 000~5 000元	1	6	4	0
□ 5 000元以上	0	5	2	0

岗位	车间普工	车间技工	车间管理人员	办公室人员
薪酬平均值（元）	2 981	4 115.4	3 595.2	2 714.3

图 16-2　工业园区不同岗位员工月平均薪酬的调查状况

3.不同规模企业员工月平均薪酬的调查状况

就规模来看，员工的平均薪酬基本上是随着企业规模的扩大而增加的。如图16-3所示，100～299人规模企业的员工薪酬平均值主要集中在2 000～3 000元，500人以上规模企业的员工薪酬平均值集中在3 000～4 000元。同时，薪酬的平均值也随着企业规模的扩大而增加。由此可以看出，规模大的企业薪酬水平相对较高。

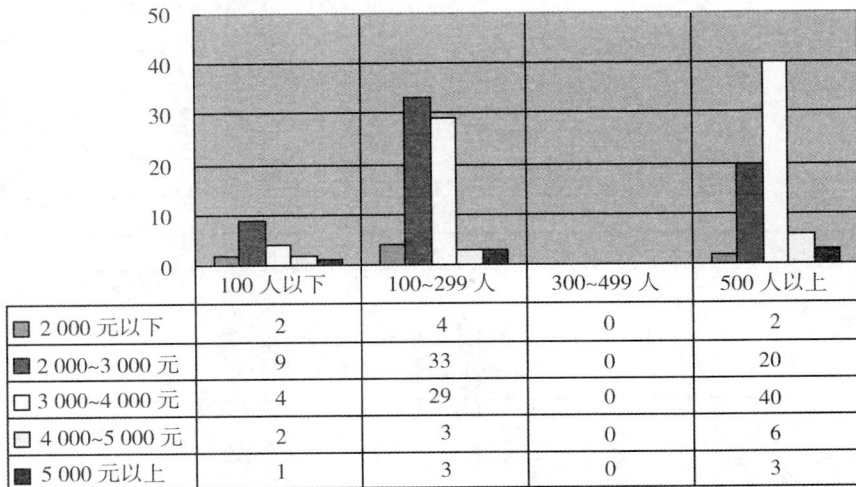

	100人以下	100~299人	300~499人	500人以上
■ 2 000元以下	2	4	0	2
■ 2 000~3 000元	9	33	0	20
□ 3 000~4 000元	4	29	0	40
□ 4 000~5 000元	2	3	0	6
■ 5 000元以上	1	3	0	3

企业规模	100人以下	100～299人	500人以上
薪酬平均值（元）	2 916.7	3 055.6	3 331

图 16-3　工业园区不同规模企业员工月平均薪酬的调查状况

4.不同营业额企业员工月平均薪酬的调查状况

由图16-4得出,300万~3 000万元营业额的企业的薪酬均值主要集中在2 000~3 000元,3 000万元营业额以上的企业的薪酬均值主要集中在3 000~4 000元,同时,企业员工的平均薪酬随着企业营业额的增加而增加。所以,营业额较高的企业员工的薪酬平均值大于营业额较低的企业。

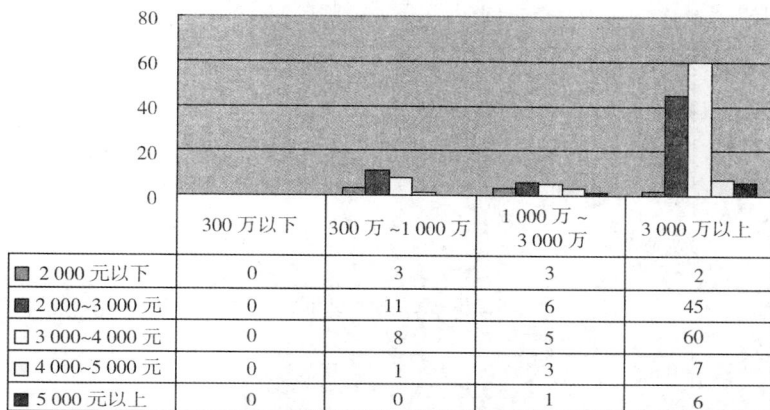

	300万以下	300万~1 000万	1 000万~3 000万	3 000万以上
■ 2 000元以下	0	3	3	2
■ 2 000~3 000元	0	11	6	45
□ 3 000~4 000元	0	8	5	60
□ 4 000~5 000元	0	1	3	7
■ 5 000元以上	0	0	1	6

企业营业额(元)	300万~1 000万	1 000万~3 000万	3 000万以上
薪酬平均值(元)	2 804.3	3 111.1	3 196.7

图16-4　工业园区不同营业额企业员工月平均薪酬的调查状况

5.不同学历员工月平均薪酬的调查状况

由图16-5可知,工业园区企业员工的学历主要集中在高中学历,主要原因是工业园区的企业大多为生产制造型企业,对员工学历要求不是很高,而且随着员工学历的增高,员工的平均工资也是不断增加的。

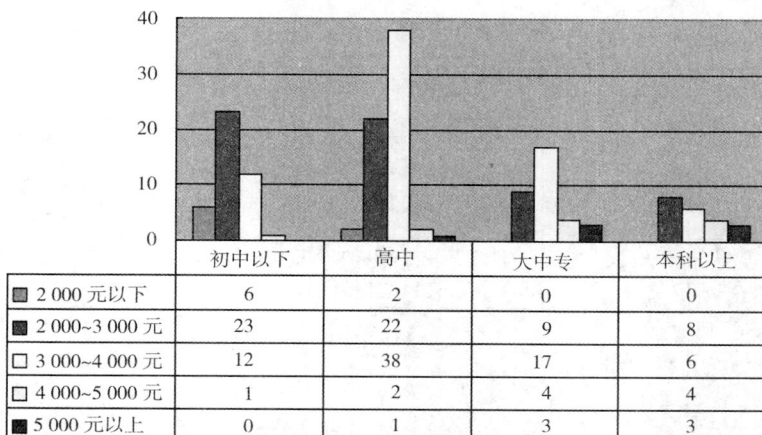

	初中以下	高中	大中专	本科以上
■ 2 000元以下	6	2	0	0
■ 2 000~3 000元	23	22	9	8
□ 3 000~4 000元	12	38	17	6
□ 4 000~5 000元	1	2	4	4
■ 5 000元以上	0	1	3	3

员工学历	初中以下	高中	大中专	本科以上
薪酬平均值(元)	2 619	3 161.5	3 530.3	3 595.2

图16-5　工业园区不同学历员工月平均薪酬的调查状况

三、基于薪酬调查的 **WQ** 地区工业园区企业的薪酬比较

（一）薪酬的构成及比例

1.内地企业薪酬的构成及比例（见表16-4）

表16-4　　　　　　　　　　**工业园区内地企业薪酬的构成及比例**

企业	岗位	薪酬构成	薪酬比例	薪酬调整频率
新光油脂有限公司	车间员工	计件工资+三险+加班工资+全勤奖+工龄工资	全部变动	不定期
	办公室员工	岗位工资+绩效工资+三险+全勤奖+工龄工资	固定（80%）变动（20%）	
新起重工有限公司	车间员工	计件工资+三险+加班工资+全勤奖+季度奖	全部变动	不定期
	办公室员工	岗位工资+绩效工资+三险+全勤奖+电话补贴	固定（70%）变动（30%）	
梅花氨基酸有限责任公司	车间员工	计件工资+五险+工龄工资+年终金+伙食补贴+交通补贴	全部变动	不定期
	办公室员工	岗位工资+绩效工资+五险+工龄工资+年终金+伙食补贴+交通补贴	固定（80%）变动（20%）	

2.本土企业薪酬的构成及比例（见表16-5）

表16-5　　　　　　　　　　**工业园区本土企业薪酬的构成及比例**

企业	岗位	薪酬构成	薪酬比例	薪酬调整频率
六孚纺织工业有限公司	车间员工	计件工资+三险+加班工资+全勤奖+工龄工资+补贴	全部变动	不定期
	办公室员工	岗位工资+绩效工资+三险+加班工资+工龄工资+全勤奖+补贴	固定（70%）变动（30%）	
帅府建材工程有限公司	车间员工	计件工资+三险+加班工资+月度季度奖+全勤奖+伙食补贴	全部变动	不定期
	办公室员工	基本工资+绩效工资+三险+加班工资+奖金+伙食补贴+电话补贴	固定（80%）变动（20%）	
方兴塑化有限责任公司	车间员工	计件工资+五险+工龄工资+补贴+全勤奖	全部变动	不定期
	办公室员工	岗位工资+绩效工资+五险+工龄工资+全勤奖+补贴	固定（80%）变动（20%）	

由表16-4和表16-5可知，工业园区本土企业和内地企业的薪酬构成相差无几。但在薪酬的比例中，车间员工基本是以变动薪酬为主，办公室员工主要以固定薪酬为主，所有的企业薪酬调整的频率基本上是不定期，主要是企业的薪酬制度尚不健全。

（二）薪酬水平

1.内地企业员工月平均薪酬频数分布（如图16-6所示）

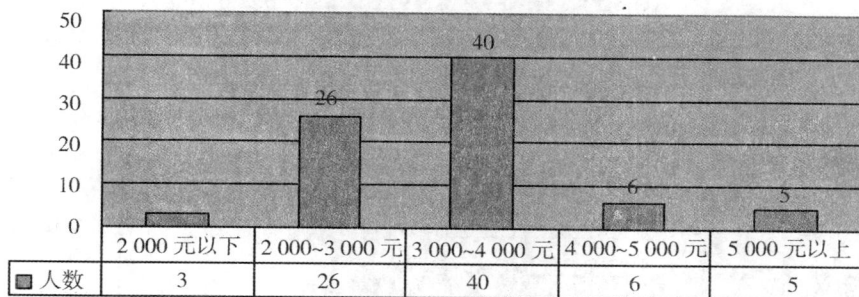

	2 000元以下	2 000~3 000元	3 000~4 000元	4 000~5 000元	5 000元以上
人数	3	26	40	6	5

图16-6　内地企业员工月平均薪酬频数分布

2.本土企业员工月平均薪酬频数分布（如图16-7所示）

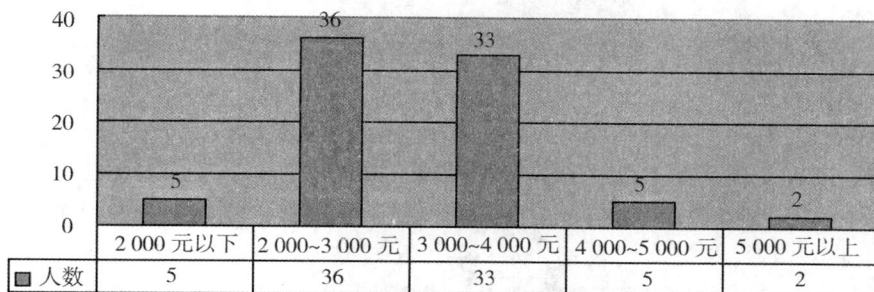

	2 000元以下	2 000~3 000元	3 000~4 000元	4 000~5 000元	5 000元以上
人数	5	36	33	5	2

图16-7　本土企业员工月平均薪酬频数分布

由表16-6可知，工业园区内地企业的月平均薪酬水平要高于本土企业，高出8.4个百分点。

表16-6　　　　　　　　月平均薪酬的对比状况

企业	内地企业	本土企业
月平均薪酬（元）	3 300	3 043.2

（三）奖金支付

1.工业园区本土企业员工奖金支付（如图16-8所示）

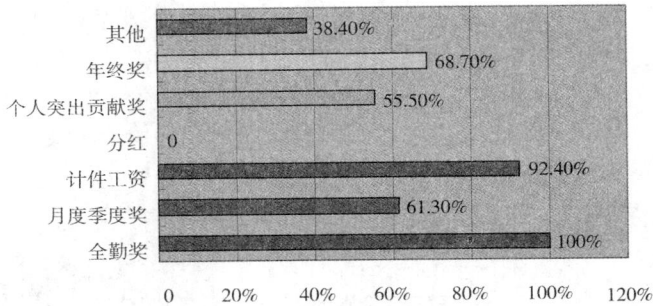

图16-8　工业园区本土企业员工奖金支付

2.工业园区内地企业员工奖金支付（如图16-9所示）

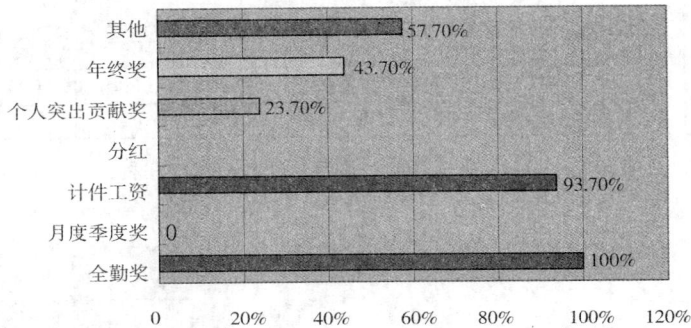

图16-9　工业园区内地企业员工奖金支付

　　通过调查发现，本土企业的奖金形式较于内地企业更丰富，主要是由于内地企业进驻工业园区时间较短，企业的薪酬制度还不够完善，奖金形式少，而本土企业虽然规模小，但是发展时间较长，薪酬制度比较完善。在对企业奖金形式的调查中还发现，全勤奖、计件工资基本大多数企业都有，可见工业园区企业基层车间员工比较多，企业更加重视车间生产和员工工作效率。

（四）员工福利

1.工业园区本土企业员工福利（如图16-10所示）

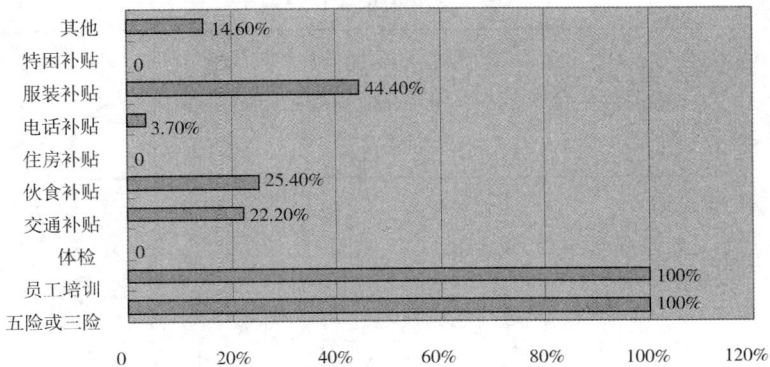

图16-10　工业园区本土企业员工福利

2.工业园区内地企业员工福利（如图16-11所示）

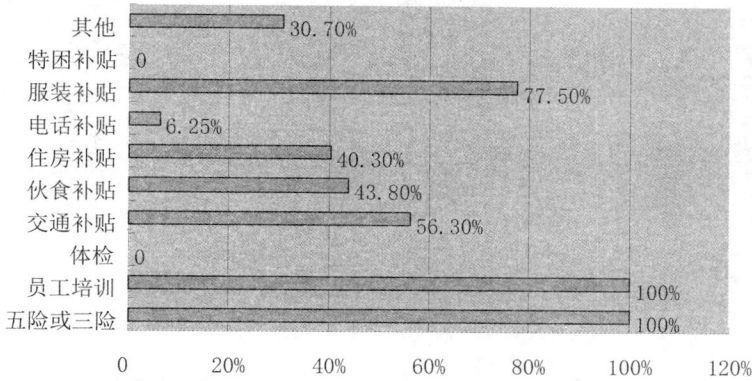

图 16-11　工业园区内地企业员工福利

通过调查发现，法定福利所有企业都有，但是企业大多给员工缴纳三险，对员工的保障还很欠缺；所有企业都对员工进行培训，可见企业比较重视员工的工作能力和经验。但是在调查中还发现内地企业的福利形式比较多，福利机制相比本土企业更加健全，主要原因是工业园区所有企业都几乎面临招工难的问题，而内地企业的员工大多数来自地区外，员工对福利的要求比较高，企业需要提供食宿，给予一定的交通补贴；而本土企业员工大多来自本地，员工居住地离工作地点比较近，所以企业基本不提供交通补贴等福利。

（五）员工福利满意度

如图16-12所示，从样本数据发现本土企业与内地企业的员工福利满意度的差异主要体现在不太满意上。本土企业有38%的员工不太满意企业福利待遇，内地企业有25%的员工不太满意企业福利待遇。主要原因是内地企业的福利形式多于本土企业。内地企业不太满意的比例低的主要原因是这些企业进驻该地区时间不长，薪酬体制不完善，而且员工对企业薪酬的认同感不强。

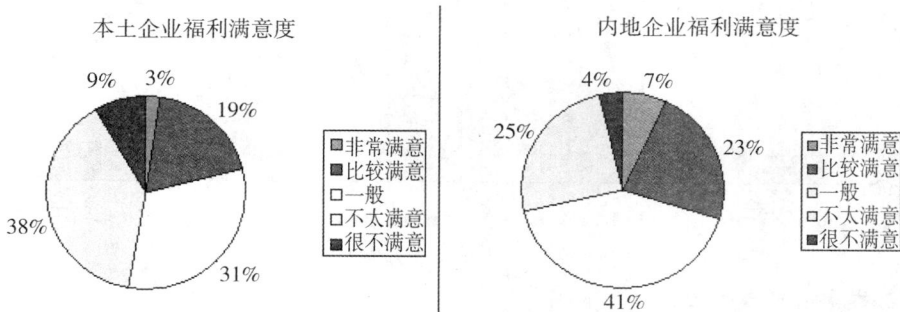

图 16-12　工业园区内地企业与本土企业福利满意度对比

（六）薪酬与员工离职

由图16-13可知，无论是内地企业还是本土企业，大多数员工认为员工离职和薪酬有一定的关系。只有少部分员工不确定或者认为二者关系不大。本土企业员工认为二者有一定关系的占65.43%，主要原因是本土企业薪资水平低于内地企业导致部分员工流失。内地企业员工认为二者有一定关系的占75.27%，主要原因是内地企业污染较严重，劳动强度较大，导致大量员工流失。

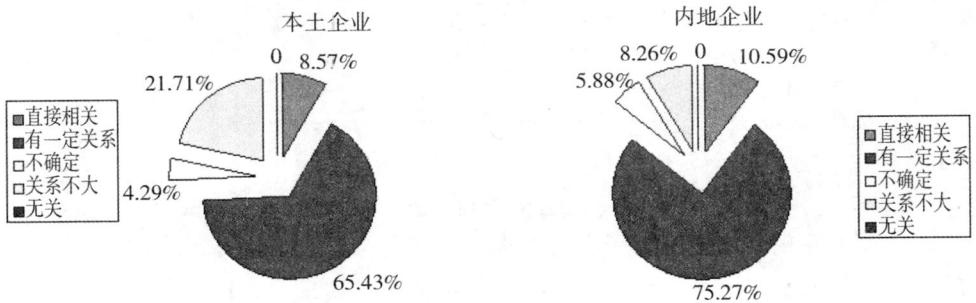

图16-13　工业园区内地企业与本土企业薪酬和员工离职对比

四、工业园区本土企业薪酬管理的不足

（一）薪酬水平方面的不足

1.薪酬缺乏内部一致性

在本土企业的薪酬满意度调查中，被调查员工在回答"您对自己努力付出与工资回报二者公平性的感受"时，有46%的人认为不公平或非常不公平，如图16-14所示。这个问题反映了员工的自我公平感，与工作的付出相比，只有38%的员工基本感到公平。

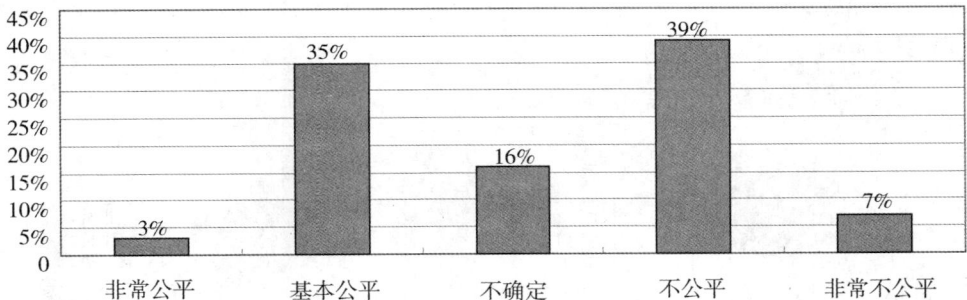

图16-14　本土企业薪酬公平性

2.薪酬水平缺乏外部竞争性

由于工业园区的进一步扩大，进驻企业的数量不断增加，加上进驻企业资金雄厚、规模较大，内地企业工资水平相对于本土企业占有优势，所以本土企业基层员工的薪酬与内地企业相比缺乏竞争力，从而导致基层员工对薪酬管理的不满，不利于基层员工潜能的发挥及企业目标的实现。

（二）薪酬的构成、奖金及福利方面的不足

（1）在薪酬的构成上，本土企业的车间员工都是以计件工资为主，基本工资太低，这虽然可以调动员工的积极性，多劳多得，但是如果企业效益低迷、订单较少，员工就会缺少基本的生活保障。

（2）在奖金方面，本土企业只有全勤奖等形式，奖金形式过于单调，奖金的数额较小，导致员工对奖金不够重视，认为奖金可有可无，这就没有发挥出奖金的激励作用。同时，企业由于不了解不同类型员工的真正需求，所采用的激励形式主要是物质激励，缺乏文化、精神激励机制，因此没法挖掘员工内在的精神动力，不能充分满足员工受尊重、获得成就、自我价值实现等高层次的精神需要，不能充分调动员工的积极性。

（3）本土企业没有形成科学合理的薪酬管理制度，员工的工资标准是约定俗成的或由企业领导随意确定，员工的各种工资性项目的核算缺乏明确的依据和科学的方法，员工无法通过薪酬制度来了解自己的收入构成。

（4）福利体系很不完善，对于《劳动法》规定的那些法定福利项目本土企业都没有按照规定执行。如在本土企业中，依法为员工上缴养老保险的比例很低。关于企业福利项目，本土企业在这方面普遍做得不好，更谈不上有完善的福利体系。

（5）缺乏有效的沟通，本土企业员工薪酬管理尤其是福利不能被员工理解，导致薪酬的回报率低。在薪酬管理的整个过程中，薪酬沟通是不可或缺的一个组成部分，它应当贯穿于薪酬方案从制订到实施、控制、调整的全过程。而本土企业管理者在相关决策过程中，与员工缺乏恰当的沟通，认为薪酬管理只是管理者的事情，与普通员工无关，薪酬决策者也没有意识到自己工作中很重要的一部分是向员工"推销"自己的薪酬体系，当员工与决策者们有意向进行薪酬谈判时，决策层往往将自己的意志强加于对方，导致薪酬沟通受阻，造成员工情绪不满，继而影响员工的生产率。

五、优化WQ地区工业园区本土企业薪酬管理的建议

（一）薪酬水平方面的建议

（1）关注员工薪酬内部公平观的建设。既然公平观念深刻地影响着员工对公平性的判断，企业在薪酬管理过程中就必须大力建设与企业文化和薪酬制度相一致的内部公平观。要致力于引导员工树立合理的评价标准，建立内部一致的薪酬公平观。

（2）关注职位相对价值，同工同酬，不同工则不同酬。这里的"同酬"不是指相同的薪酬绝对值，而是指相同的薪资带。企业内部各个职位在工作要求、工作责任等方面是各不相同的。在制定薪酬的过程中，要充分关注员工劳动的多样性，确定企业内部各职位的相对价值。不同职位的薪酬水平的排列形式必须保持公平性和

一致性，在薪酬水平等级的多少、不同薪酬水平之间级差的大小及确定薪酬级差的标准等方面体现出公平性。

（3）关注个人绩效，按绩分配。区别同一职位上的胜任者、合格者和不合格者，将这些差异在薪酬制度中加以体现，确保员工的薪酬与其绩效一致。

（4）薪酬调查重在解决薪酬的对外竞争力问题。企业在确定薪酬水平时，需要参考劳动力市场的工资水平，有必要进行相关调查。企业在进行薪酬调查的对象选择时，一般是选择与自己有竞争关系的公司或同行业的类似公司，重点考虑员工的流失去向和招聘来源。然后根据调查结果选择本公司的薪酬策略。

（二）薪酬的构成、奖金及福利方面的建议

（1）在薪酬的构成上，在以计件工资为主的同时适当增加基本工资的数额，使员工基本生活得到很好的保障。对于办公室文员，要增加可变薪酬的比率，使员工真正认识到绩效考核的重要性，从而调动员工的工作积极性。

（2）根据岗位性质的不同，运用不同的奖金方式，从而充分调动企业员工的积极性和创造性，提高企业员工的整体效率。它注重的是满足员工的需求，实现的是薪酬在对员工激励方面发挥的巨大作用。同时，增加奖金的形式和数额，使员工认识到奖金的重要性。

（3）薪酬只是短期内人力资源市场供求关系的体现，而福利则反映了企业对员工的长期承诺。工业园区本土企业对基层员工实施的福利只有法定福利，而除此之外的企业补充保险以及员工服务福利没有涉及，企业应考虑到基层员工的生活压力、发展空间受限等特点给予一定的员工服务福利。

（4）增强沟通交流。在前面提到本土企业基层员工对薪酬福利满意度不是很高，员工时有抱怨，但领导从未重视，这样自然会削弱薪酬制度的激励和满足功能，一种封闭式制度会伤害人们平等的感觉。而平等是实现薪酬制度满足与激励机制的重要成分之一。企业不仅需要获得一个有效的薪酬管理体系，更重要的是让公司及所有员工了解薪酬分配的战略思想，这需要企业管理层与员工进行有效的双向沟通。

六、结束语

"内具公平性，外具竞争性"是企业薪酬体系的建设目标。其中薪酬制度的对外竞争性主要是通过外部薪酬调查，掌握市场薪资水平并结合本公司的实际情况来实现的。所谓薪酬调查，就是应用各种正常的手段，来获取相关企业各职务的薪酬水平和相关信息，然后对调查的数据进行统计分析，在此基础上，公司结合人事战略和经营业绩，确定公司薪酬水平的市场定位。了解某个地区某个行业的薪酬水平已成为企业人力资源管理的重要题目。

薪酬调查可以帮助企业实现个性化和有针对性地设计薪酬的目的，重点解决薪酬的对外竞争力和对内公平性问题。通过薪酬调查可以了解市场薪酬状况，发现人才需求变化的环境因素，对薪酬的市场变化趋势进行有效的判断。薪酬水平是由市场供求关系决定的。企业的薪酬水平相对于市场的偏离，将可能带来员工高流失率，对企业的长远发展将产生不利影响，因此，企业有必要通过薪酬调查，发现薪酬在市场变化过程中的平衡点，解决薪酬设计中存在的问题，从而推动人力资源管理工作的进一步提升。

附录

WQ地区工业园区企业薪酬调查问卷

问卷说明：

1.请您根据实际情况选择，以保证调查结果的准确性。

2.此调查问卷数据收集整理后的信息将反馈给贵公司加以借鉴参考。

3.本调查问卷的保密级为A级，数据结果仅作为研究之用，您所填写的有关信息都将受到严格保密，不作他用，请您放心作答。

一、调查企业的基本信息

1.贵公司的名称（全称）：＿＿＿＿＿＿＿＿＿＿＿＿＿＿＿＿＿＿＿＿＿

2.贵公司的性质：（　　　）

A.国有企业　　　　B.合资企业　　　　C.民营企业　　　　D.其他

3.贵公司所在的行业：（　　　）

A.生产制造业　　　B.交通、仓储、邮电、通信业　　　C.电子产业

D.社会服务业（包括金融、保险、证券服务业）　　　　E.其他（填写）＿＿＿

4.贵公司的员工数量：（　　　）

A.100名以下　　　B.100～299名　　　C.300～499名　　　D.500名以上

5.公司的营业额：（　　　）

A.50万元以下　　　B.50万～300万元　　　　C.300万～1 000万元

D.1 000万～3 000万元　　　　　　　　E.3 000万元以上

6.贵公司总部所在地：＿＿＿＿＿＿＿＿＿＿＿

二、被调查人员基本信息

您的职位：　　　　工龄：　　　　年龄：

性别：　　　　学历程度：　　　　所学专业：

三、企业薪酬调查

1.您所在职位薪酬的构成是：（多选）

A.岗位工资　　　B.技能工资　　　　C.工龄工资　　　　D.绩效工资

E.月度（季度）奖金　　　　　F.年终奖　　　　　G.职称补贴

H.五险一金　　　I.电话(交通)补贴　　　J.其他：

2.每月固定工资和奖金在薪酬总额中大致所占的比例：

固定工资（　　%）　　　　　奖金（　　%）

3.您目前的月薪总额：

A.2 000元以下　　　　B.2 000～3 000元　　　　C.3 000～4 000元

D.4 000~5 000元　　　　E.5 000元以上

4.岗位基本薪酬调整的频率：

A.三年一次　　　　　　B.两年一次　　　　　　C.每年一次

D.每年两次　　　　　　E.不定期

5.贵公司的奖金有哪些形式：（多选）

A.全勤奖　　　　　B.（月度、季度）奖　　　C.销售提成　　　D.计件工资

E.分红　　　　　　F.个人突出贡献奖　　　　G.年终奖　　　　H.其他

6.贵公司的福利有哪些形式：（多选）

A.五险一金　　　B.带薪休假　　　　　　C.员工培训　　　D.体检

E.交通补贴　　　F.伙食补贴　　　　　　G.住房补贴　　　H.电话补贴

I.服装补贴　　　J.特困补贴　　　　　　K.其他

7.您对公司福利的满意度：

A.非常满意　　　B.比较满意　　　　　　C.不确定

D.比较不满意　　E.非常不满意

8.您认为目前薪酬中最能调动您积极性的因素有：

A.基本工资　　　B.奖金　　　　　　　　C.福利　　　　　D.其他

9.您认为公司目前的薪酬能否反映您对公司的贡献：

A.完全可以　　　B.基本可以　　　　　　C.不可以

10.您认为自己的薪酬水平与同行业其他公司相比：

A.远高于平均水平　　B.略高于平均水平　　C.与平均水平持平

D.略低于平均水平　　E.远低于平均水平

11.您认为公司员工辞职与薪酬的关系是：

A.因为薪酬的不合理直接导致　　　B.和薪酬有一定关系　　　C.不确定

D.和薪酬关系不大　　　　　　　　E.和薪酬毫无关系

12.如果您对本次调查问卷涉及的问题还有想要表达的观点，请在以下空白处填写您的想法、观点或希望被关注的问题：

非常感谢您完成了这份调查问卷！

案例十七 新疆经管类应届毕业生起点薪酬调查

一、绪论

（一）调查背景

近年来，大学毕业生人数年年创新高。国家人力资源和社会保障部的调查显示，2009年有610万大学生毕业，2011年全国大学毕业生人数达660万，2012年大学毕业生人数在680万左右，2013年大学毕业生人数在700万左右，就业形势相当严峻，大学毕业生就业难依然是备受社会各界关注的问题之一。受工作经验、社会阅历等影响，应届大学毕业生就业问题更是社会关注的热点，而薪酬又是应届毕业生期待、担心、渴望的焦点问题。

经管类专业作为近年来发展较快、毕业人数逐年增加的专业，其应届毕业生的薪酬问题尤为突出。据了解，在我国，关于大学生就业薪酬的调查较为普遍，但是对经管类应届毕业生的起点薪酬调查成果并不突出，尤其是对西部开发重点地区之一——新疆的经管类应届毕业生起点薪酬调查更是少之又少，我们希望通过对乌昌地区经管类应届毕业生起点薪酬现状的调查，找出起点薪酬现状中存在的问题，为应届毕业生、企事业单位、高校等提供相应的信息或资料，为新疆留用人才、建设和谐新疆起到一定的作用。

（二）调查方法及思路（图17-1）

本案例运用文献研究法、问卷调查法、统计分析法等论证新疆经管类应届毕业生起点薪酬现状存在的问题，最终找出相应的建议与对策。

运用文献研究法研究薪酬影响因素的理论基础，通过阅读文献大致了解经管类应届毕业生的就业现状、影响起点薪酬的因素、现状调查中存在的问题等，为问卷内容的设计奠定了一定的基础。

问卷发放过程中采用了实地问卷发放、电话访谈、电子问卷邮寄等方法，分别对应届毕业生和企业进行问卷发放，获取大量的一手数据。

运用统计分析法进行数据分析。对收集到的数据进行分析，得出新疆经管类应届毕业生起点薪酬的现状，并针对存在的问题得出对市场、企业、学校和个人的建议与对策。

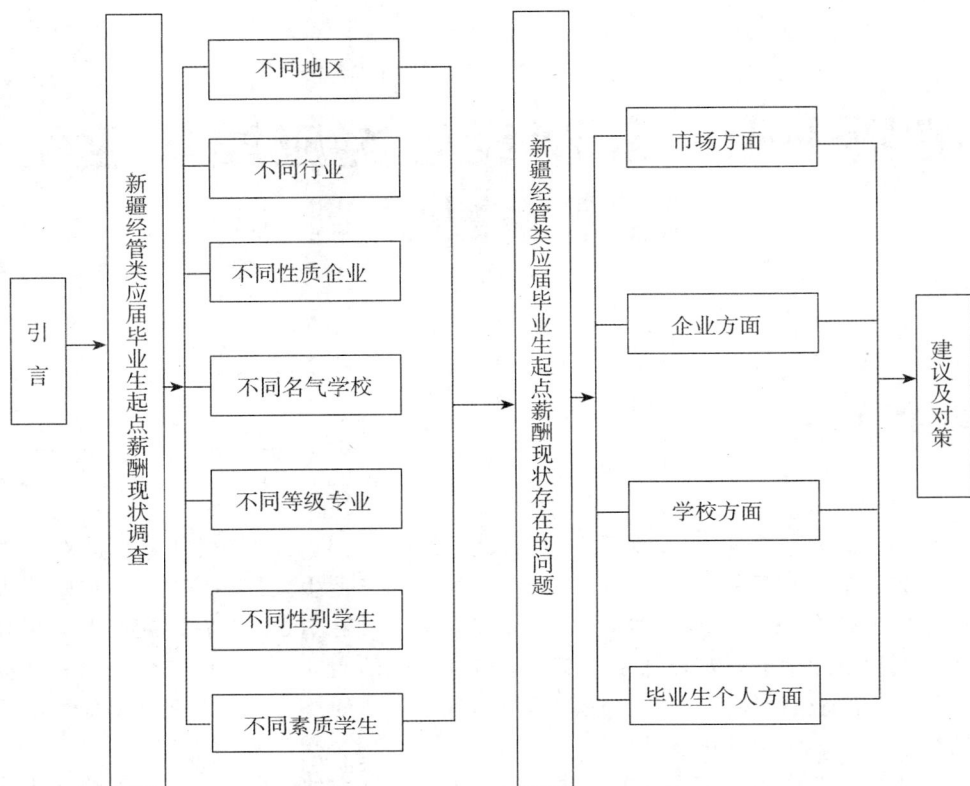

图 17-1　调查方法及思路

二、新疆经管类应届毕业生起点薪酬现状调查说明

（一）起点薪酬概念界定

薪酬是员工因向所在的组织提供劳务而获得的各种形式的酬劳。狭义的薪酬指货币和可以转化为货币的报酬。广义的薪酬分为经济类报酬和非经济类报酬两种，经济类报酬指员工的工资、津贴、奖金等，非经济类报酬是指员工获得的成就感、满足感或良好的工作氛围。

本案例所调查的起点薪酬是应届毕业生初入社会后，拿到的第一份正式工作的非实习期间按月发放的报酬，属于经济类报酬。

（二）起薪调查目的

第一，通过调查了解新疆经管类应届毕业生起点薪酬的现状，包括起薪水平、分布区间等。

第二，通过本次的起点薪酬调查，希望能够对起点薪酬的影响因素进行总结和归纳，得出对市场、企业、学校和毕业生个人的启示。

（三）起薪调查对象

第一，本案例所调查的经管类应届毕业生为2013年从乌昌地区5所大学毕业的本科生，这5所大学分别是石河子大学（商学院）、新疆大学、新疆农业大学、新疆财经大学、昌吉学院，共发放问卷171份，回收问卷150份。样本分布见表17-1。

表17-1 　　　　　　　　　　　　选取的样本容量及其分布

毕业生所在的高校名称	频数	所占比例（%）
新疆大学	33	22
新疆财经大学	30	20
新疆农业大学	24	16
石河子大学（商学院）	42	28
昌吉学院	21	14
总计	150	100

三、乌昌地区经管类应届毕业生起点薪酬现状调查

（一）起点薪酬频数分布

由图17-2和表17-2可知，经管类应届毕业生的起薪在1 200元以上，大都集中在1 801～3 000元，这一段工资多集中在国有企业和民营企业。起点薪酬的最高值与最低值的数额差距较大，高出400个百分点。平均薪酬与起点薪酬中值较为接近。

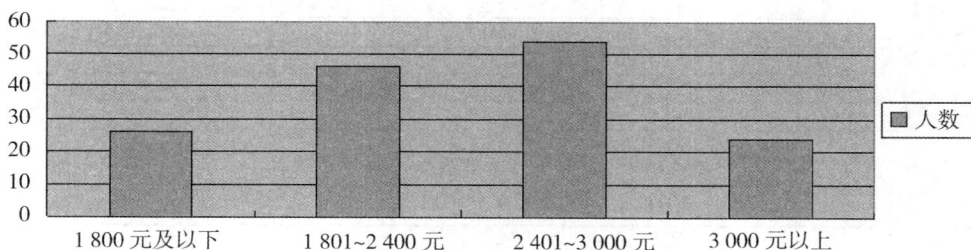

图17-2　经管类应届毕业生起点薪酬频数分布

表17-2 　　　　　　　　　　　　起点薪酬的总体状况

起点薪酬总体水平	最高值	最低值	中值	平均值
数额（元）	6 000	1 200	2 500	2 612.2

（二）毕业生起点薪酬在不同区域中的调查状况

本案例所调查的150名经管类应届毕业生，就业地点主要集中在北疆地区，计107人，占总数的71.33%，见表17-3。调查显示，北疆地区的起点薪酬均值要比南疆高出7.5个百分点。总体上来说，北疆地区就业形势和就业起薪好于南疆地区，如图17-3和表17-4所示。

表 17-3   乌昌地区经管类应届毕业生就业区域分布状况

地区	就业人数（人）
克拉玛依	9
哈密	10
石河子	14
昌吉	22
乌鲁木齐	24
伊犁	17
北疆其他地区	11
喀什	17
库尔勒	12
阿克苏	5
南疆其他地区	9

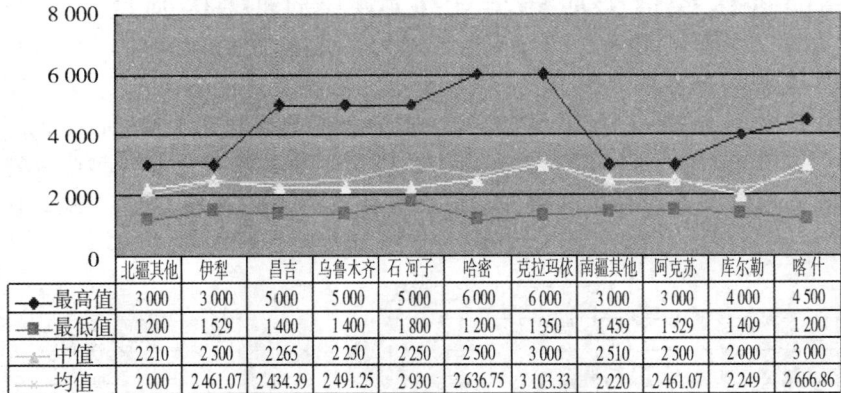

	北疆其他	伊犁	昌吉	乌鲁木齐	石河子	哈密	克拉玛依	南疆其他	阿克苏	库尔勒	喀什
最高值	3 000	3 000	5 000	5 000	5 000	6 000	6 000	3 000	3 000	4 000	4 500
最低值	1 200	1 529	1 400	1 400	1 800	1 200	1 350	1 459	1 529	1 409	1 200
中值	2 210	2 500	2 265	2 250	2 250	2 500	3 000	2 510	2 500	2 000	3 000
均值	2 000	2 461.07	2 434.39	2 491.25	2 930	2 636.75	3 103.33	2 220	2 461.07	2 249	2 666.86

图 17-3   各就业区域的起点薪酬分布状况

表 17-4   就业区域总体状况

地区	人数（人）	最高值（元）	最低值（元）	中值（元）	平均值（元）
北疆地区	107	6 000	1 200	2 425	2 579.54
南疆地区	39	4 500	1 200	2 502.50	2 399.23

（三）毕业生起点薪酬在不同行业的调查状况

在表 17-5 中，其他行业主要指零售业、医药行业等。从图 17-4 中可以看出，经管类应届毕业生多数选择在社会服务业、生产制造业这两大行业中就业。从事电子行业的经管类应届毕业生最少。而就起点薪酬来看，平均薪酬最高的为电子行业，其次是社会服务业，生产制造业，交通、仓储、邮电、通信业，排名最后的是其他行业。

表17-5　　　　　　　　　　　　调查行业人数分布状况

行业名称	就业人数（人）
生产制造业	54
交通、仓储、邮电、通信业	14
电子行业	4
社会服务业（包括金融、保险、证券服务业）	66
其他行业	12

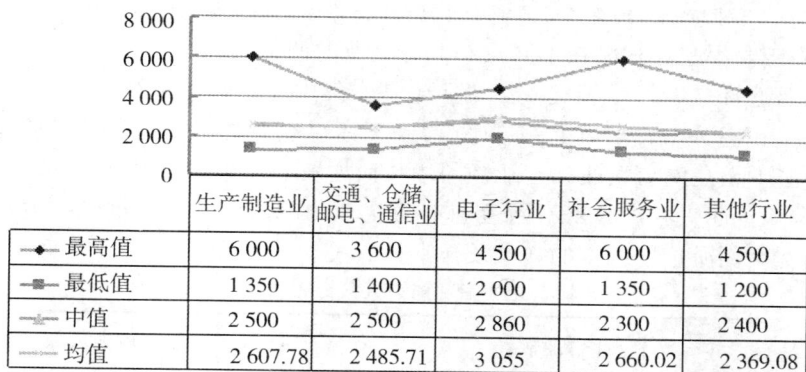

	生产制造业	交通、仓储、邮电、通信业	电子行业	社会服务业	其他行业
最高值	6 000	3 600	4 500	6 000	4 500
最低值	1 350	1 400	2 000	1 350	1 200
中值	2 500	2 500	2 860	2 300	2 400
均值	2 607.78	2 485.71	3 055	2 660.02	2 369.08

图17-4　经管类应届毕业生起点薪酬在行业中的分布状况

（四）经管类应届毕业生起点薪酬在不同规模企业的调查状况

从就业的人数来看，经管类应届毕业生选择的企业规模集中在100～999人，此规模企业的平均起点薪酬集中在2 500～2 600元，呈正态分布，如表17-6和图17-5所示。就规模来看，企业的最高起薪、最低起薪、中值、均值基本上是随着企业规模的扩大而增长的。但是经管类应届毕业生的平均薪酬在各个规模的企业中基本集中在2 400～2 700元。

表17-6　　　　　　　　　　　　调查企业规模人数分布状况

企业总人数	就业人数（人）
20人及以下	10
21～99人	34
100～499人	46
500～999人	40
1 000人以上	20

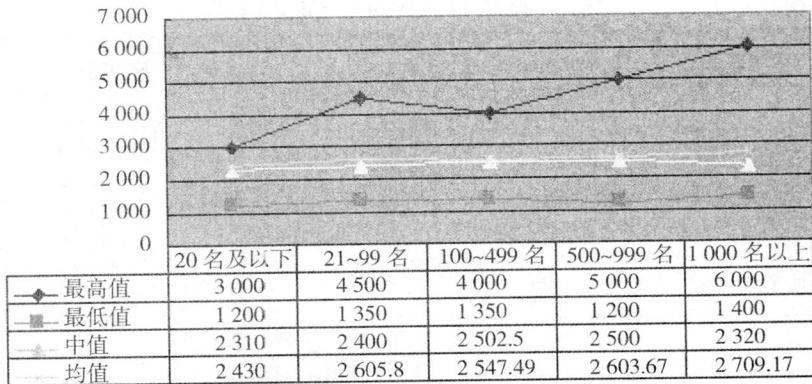

	20 名及以下	21~99 名	100~499 名	500~999 名	1 000 名以上
最高值	3 000	4 500	4 000	5 000	6 000
最低值	1 200	1 350	1 350	1 200	1 400
中值	2 310	2 400	2 502.5	2 500	2 320
均值	2 430	2 605.8	2 547.49	2 603.67	2 709.17

图 17-5　经管类应届毕业生起点薪酬在企业规模中的分布状况

（五）毕业生起点薪酬在不同盈利能力企业的调查状况

从就业选择来看，经管类应届毕业生基本集中在年营业额在 50 万 ~ 3 000 万元的企业，呈正态分布，如表 17-7 和图 17-6 所示。企业的最高起薪、最低起薪、中值、均值基本上是随着企业年营业额的增长而增长的，呈波浪式上升的状态。经管类应届毕业生的平均薪酬在不同盈利能力企业中基本集中在 2 400 ~ 3 000 元。当然，这与本案例所选取调查的样本及样本量有关。

表 17-7　　　　　　　　　　　调查企业盈利能力人数分布状况

年营业额	就业人数（人）
50 万元以下	28
50 万 ~ 300 万元	34
301 万 ~ 1 000 万元	43
1 001 万 ~ 3 000 万元	36
3 000 万元以上	9

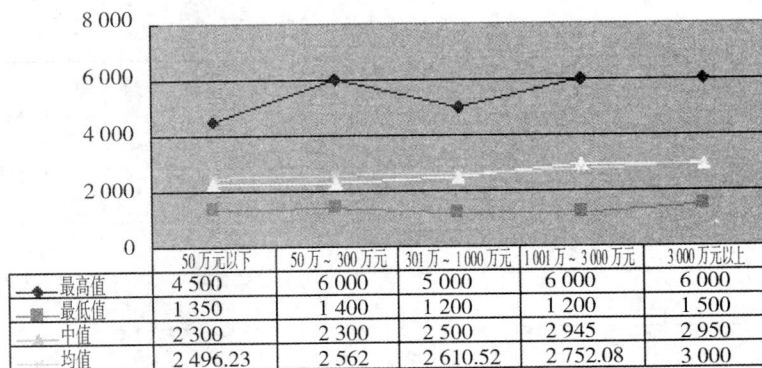

	50 万元以下	50 万 ~ 300 万元	301 万 ~ 1 000 万元	1 001 万 ~ 3 000 万元	3 000 万元以上
最高值	4 500	6 000	5 000	6 000	6 000
最低值	1 350	1 400	1 200	1 200	1 500
中值	2 300	2 300	2 500	2 945	2 950
均值	2 496.23	2 562	2 610.52	2 752.08	3 000

图 17-6　经管类应届毕业生起点薪酬在企业不同盈利能力中的分布状况

（六）毕业生起点薪酬在不同性质企业的调查状况

调查企业人数分布状况见表17-8。从图17-7中可以看出，中外合资企业平均起点薪酬和起薪中值均名列第一，其次是事业单位，国有企业和民营企业平均起点薪酬基本相同，而外商独资企业排名最后。

表 17-8　　　　　　　　　　调查企业性质人数分布状况

行业名称	就业人数（人）
国有企业	66
事业单位	40
中外合资企业	6
外商独资企业	6
民营企业	32

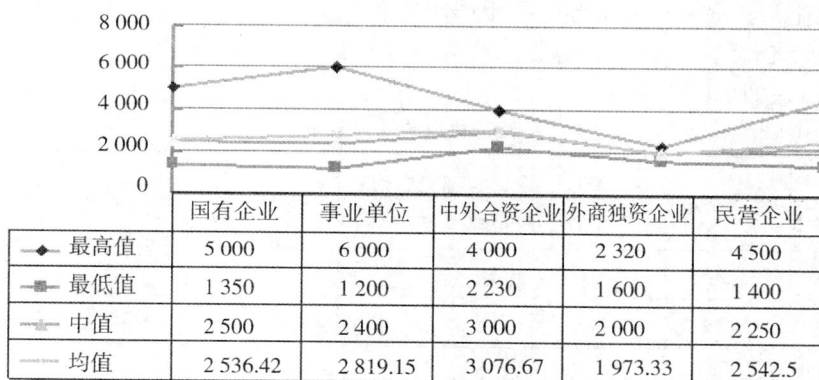

	国有企业	事业单位	中外合资企业	外商独资企业	民营企业
最高值	5 000	6 000	4 000	2 320	4 500
最低值	1 350	1 200	2 230	1 600	1 400
中值	2 500	2 400	3 000	2 000	2 250
均值	2 536.42	2 819.15	3 076.67	1 973.33	2 542.5

图17-7　经管类应届毕业生平均起点薪酬在不同性质企业中的分布状况

（七）性别调查状况

1.性别比例（见表17-9）

表 17-9　　　　　　　　　　　　　性别比例

性别	男	女	总数
就业人数（人）	78	72	150

2.起点薪酬与期望薪酬的性别比例

如图17-8所示，就起点薪酬来看，男生高于女生5.98个百分点，就期望薪酬来看，男女生相差了12.23个百分点。这说明不管是男生还是女生，对自己的期望起薪都有着较高的期望，而不管是现实薪酬还是期望薪酬，男生都比女生要高。

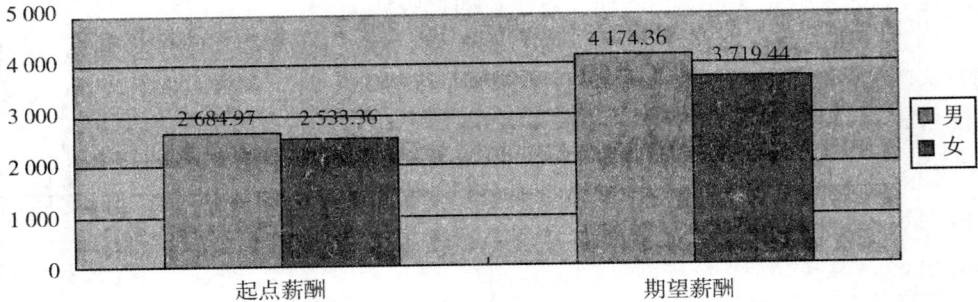

图17-8 经管类应届毕业生平均起点薪酬与平均期望薪酬的性别比例

3.在不同行业中不同性别的起点薪酬比较

如表17-10所示，从行业的总体来看，男生在各个行业的总体人数比女生多，尤其是生产制造业；女生主要集中在社会服务业，电子行业较少，调查范围内没有女生从事电子行业。而从行业平均起薪来看，男生普遍较女生高，最高的行业起薪是电子行业，其次是社会服务业、生产制造业；女生在生产制造业的起薪最高，其次是交通、仓储、邮电、通信业，社会服务业虽然就业人数多，但是起薪并不乐观，如图17-9所示。

表17-10 不同行业中的性别分布

行业 性别	生产制造业	交通、仓储、邮电、通信业	电子行业	社会服务业	其他行业
男（人）	35	10	4	23	6
女（人）	19	4	0	43	6

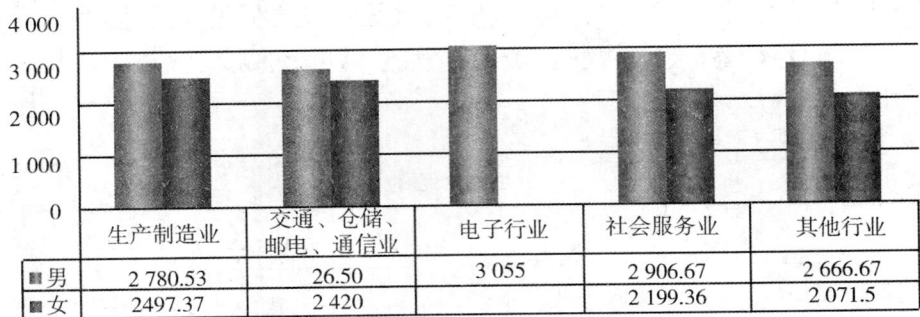

	生产制造业	交通、仓储、邮电、通信业	电子行业	社会服务业	其他行业
男	2 780.53	26.50	3 055	2 906.67	2 666.67
女	2497.37	2 420		2 199.36	2 071.5

图17-9 不同性别在不同行业中平均起点薪酬分布

4.在不同企业性质中不同性别的起点薪酬比较

从企业性质来看，男女生主要集中在国有企业和事业单位，见表17-11。男女生在起点薪酬上存在一定的差距，在国有企业和外商独资企业中，男生起薪高于女生，在民营企业中，女生起薪高于男生，而在事业单位和中外合资企业中，男女生起薪趋于平衡，但是男生起薪依然稍占优势，如图17-10所示。

表 17-11　　　　　　　　　　　不同性质企业中的性别分布

企业性质 性别	国有企业	事业单位	中外合资企业	外商独资企业	民营企业
男（人）	38	20	4	2	14
女（人）	28	20	2	4	18

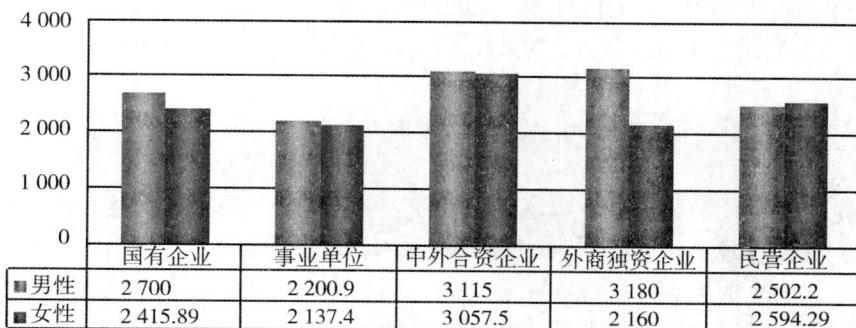

	国有企业	事业单位	中外合资企业	外商独资企业	民营企业
男性	2 700	2 200.9	3 115	3 180	2 502.2
女性	2 415.89	2 137.4	3 057.5	2 160	2 594.29

图 17-10　不同性别在不同性质企业中的起点薪酬分布

（八）不同专业的起薪情况

图 17-11 中调查的专业并不包括全部经管类专业，而是调查人数超过 10 人的专业。调查显示，经管类专业的起点薪酬基本在 2 200 ~ 3 100 元，其中，金融类专业的起薪均值最高，达到 3 000 元以上，其次是人力资源管理、审计、财务，而统计、物流与电子商务专业的起薪均值低于 2 500 元。

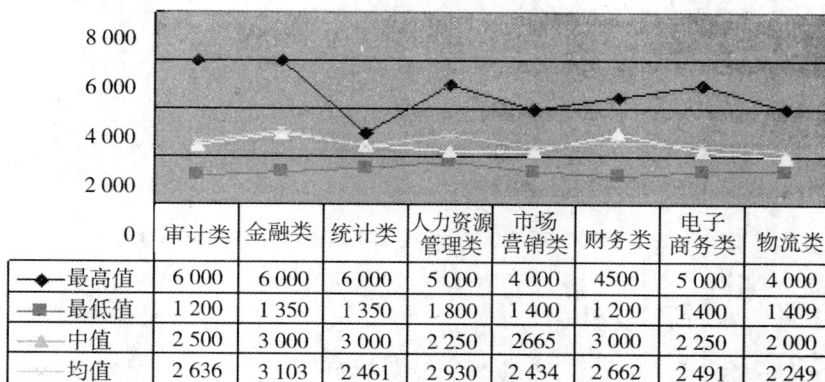

	审计类	金融类	统计类	人力资源 管理类	市场 营销类	财务类	电子 商务类	物流类
最高值	6 000	6 000	6 000	5 000	4 000	4500	5 000	4 000
最低值	1 200	1 350	1 350	1 800	1 400	1 200	1 400	1 409
中值	2 500	3 000	3 000	2 250	2665	3 000	2 250	2 000
均值	2 636	3 103	2 461	2 930	2 434	2 662	2 491	2 249

图 17-11　不同专业的起点薪酬分布

对于不同层次的专业，如一本专业、二本专业、三本专业，起点薪酬的均值基本一样，如图 17-12 所示。各个公司的规定各不相同，仅有少数公司承认，专业的层次在岗位薪资设置中占有一定的比例。例如，新疆新兴铸管公司在招聘人事专员时，一类本科与三类本科的薪资相差 20 ~ 100 元。

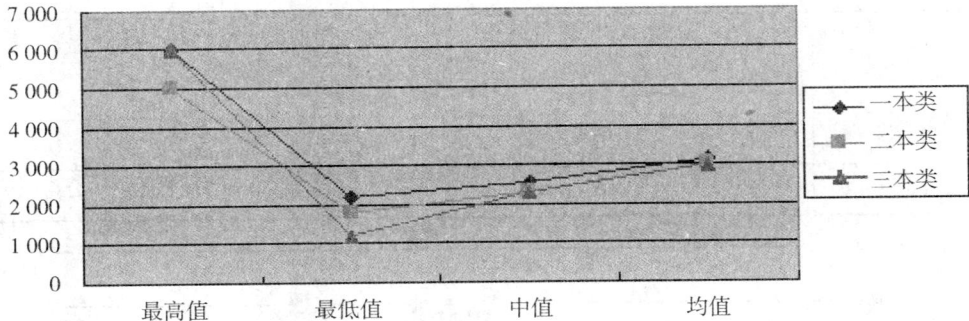

图17-12 不同层次专业的起点薪酬分布

（九）毕业学校调查状况

测量一个学校的知名度有以下几个方面：专业层次、社会赞誉度、往届毕业生成才率、学校称号、企业招聘率、高校排名、知名教授数、教学硬件等。这些对经管类应届毕业生的起点薪酬存在一定的相关性。根据麦可思薪酬咨询机构早年在中国高校的调查，认为名校毕业的大学生在总体上要比普通院校的毕业生起点薪酬高1～17个百分点。由图17-13可知，新疆地区的国家211重点工程院校的经管类应届毕业生的总体平均工资为2 336元，比普通院校的2 271.7元高2.8个百分点。

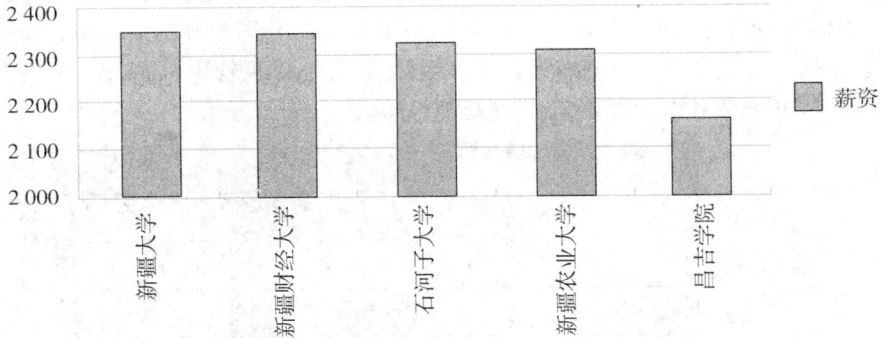

图17-13 所调查高校2011届经管类毕业生平均起点薪酬分布

（十）毕业生个人特征

本案例所调查的毕业生特征有学历、专业知识或技能、从业资格证书、所毕业的学校的名气、实习经历或社会实践经验、语言表达能力或沟通能力、个人形象、修养、个人兴趣、态度、创新能力、在校期间的表现（如是否担任班干部、获得奖学金、为中共党员或预备党员、荣获多种活动奖励等）。在图17-14中，高素质的应届毕业生指拥有211学校本科学历、在校期间成绩排名班级前10%、有实习经历、拥有良好的个人形象、具有较好的表达能力、在校期间担任过学生干部、为中共党员等"硬性"条件较好的经管类应届毕业生。一般素质的应届毕业生指的是不符合以上50%条件的应届毕业生。

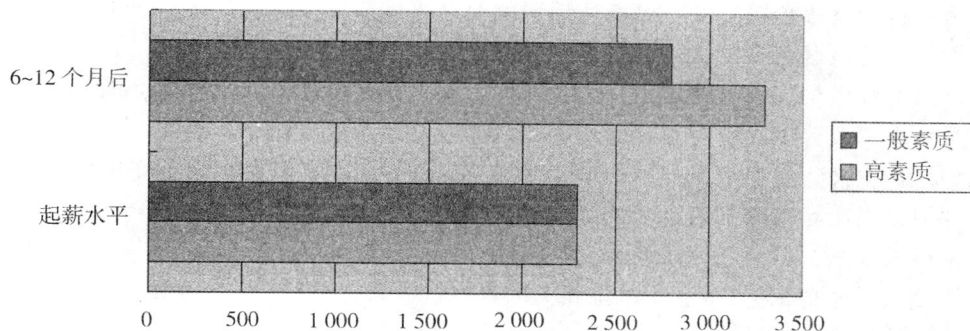

图 17-14　毕业生素质与起点薪酬的关系

　　企业在招聘应届毕业生入职时的标准基本是相同的，只不过是不同性质的企业侧重点不同。如国有企业相对重视学生党员，而外企则相对重视英语口语能力。应届毕业生的素质与起点薪酬之间的关系并不显著，也就是说并不是素质高的毕业生起薪就高。对于应届毕业生，公司基本上按岗定薪。只不过，据权威研究机构跟踪调查显示，毕业生毕业 6 个月至 1 年以后，其个人素质的高低便可以在薪酬上体现出来。

四、新疆经管类应届毕业生起点薪酬现状调查的启示

　　（一）地区经济、市场结构相关因素

　　1.地区经济发展水平

　　在新疆，很明显，北疆经济总体水平要高于南疆。乌昌地区毕业生就业区域集中在北疆地区（参见表 17-3）。起点薪酬调查（图 17-4）显示，北疆地区的起点薪酬要比南疆高出 1.9 个百分点。这表明，区域经济的发展（包括交通便利情况、生态环境等）都是毕业生选择企业的重要因素之一，而地区经济发展的不平衡，一定程度上决定了经管类毕业生的发展以及起点薪酬的高低。

　　要解决高校就业问题，政府要加强经济调控手段，对去西部地区和条件艰苦的一些重点单位和行业就业的大学生，在工资、待遇和生活条件上给予较大的优惠，采取措施鼓励大学生去那些地方就业。要提供充分的劳动力市场网络信息，不仅有助于减少大学生和用人单位双方的搜寻时间，也可以据此及时调整高等教育的专业和课程设置。劳动力市场的完善还包括户籍制度和城市公共福利制度改革、消除劳动力流动上的障碍、提高地区之间劳动力市场一体化的程度等。

　　2.市场供需结构性矛盾

　　经济较发达地区的教育机构较完备，大中专院校发展较为完善，对经管类人才需求较大。但是，近年来，这些地区的经管类专业人才需求基本呈饱和状态。经济较为落后的地区教育机构还不完善，对人才需求较大，但是本地生源较少，需要从其他地区引进，但是必须采用高薪才能留住人才，大部分的经管类毕业生出于多方

面考虑，最终很少选择留在欠发达地区就业。这就造成了一些地区毕业生找不到工作而另一些地区招不到人才的现象，出现地区供需结构性矛盾。

目前我国的高校就业工作由教育部门管理，户口由公安部门管理，而人才市场又是由人事及劳动部门管理，而这些部门相互之间沟通不够，再加上一些地区还有地方保护主义，对生源是本地的毕业生大开绿灯，而对一些外地毕业生则加上各种条件加以限制。一个真正公平、竞争、择优、有序的就业市场尚未建立，服务保障体系还未健全，体制性障碍还未真正消除。

（二）行业发展、企事业单位相关因素

1.行业的发展潜力

从前文图 17-5 中可以看出，就起点薪酬来看，平均薪酬最高的为电子行业，其次是社会服务业，生产制造业，交通、仓储、邮电、通信业，排名最后的是其他行业，即行业发展潜力较大的起点薪酬相对较高。如今是高科技主导的社会，电子产品升级较快，产品生命周期越来越短，产业发展潜力巨大，其薪酬相对较高，这个调查结果与智联招聘的毕业生薪酬调查结果一致；社会服务业属于第三产业，是创造社会价值较高的产业，其起薪自然不会低；生产制造业是每个国家必需的支柱产业之一，一直比较稳定。

2.用人单位方面

用人单位在招聘经管类大学生的过程中，应按照国家的法律法规来办事，不应当违规操作。例如，要求应届毕业生缴纳保证金、违约金；针对同一岗位，对男女大学生的薪酬设置不同的标准；试用期超过 6 个月，等等。这些违规操作，使得大学生就业成本增加，压力增加，就业形势趋于恶化。

（三）学校相关因素

1.学校知名度

从调查分析结果来看，学校的知名度对经管类应届毕业生的起薪有一定的影响。有 64% 的企业在选择毕业生时，会考虑学校的名气，或者说是学校的综合实力。比如，在调查中，综合类大学的毕业生较非综合类大学的毕业生在就业方面有一定的优势或优先权，薪酬在就业后的比较如图 17-13 所示，新疆地区的国家 211 重点工程院校的经管类应届毕业生的总体平均工资为 2 336 元，比普通院校高 2.8 个百分点。

为什么会有企业对毕业于高等知名院校或学校招牌专业的应届毕业生格外青睐呢？我们在企业的问卷追踪或采访中得知：综合类大学或重点工程院校的学生在资源享用方面具有一定的优势，如在社会实践、大学生科研训练项目、活动的组织或参与等方面；而有些专业仅仅在有些大学开设，或者某大学在某专业上享有较高的知名度，因而仅针对某些大学进行专场招聘。

这就表明，学校应当加强自身的综合实力，打造名牌专业，为学生提供更多的资源或机会，注重培养学生各方面的能力，努力提高学校的知名度，充分利用国家的优惠政策，有条件、有机会的一定要申报国家的项目或工程，以此缓解毕业生在就业期间因为此现象的存在而造成的事实上的不平等。

2.建立企业与学校的"互助"关系

作为经管类的大学生，其专业性质要求其在实践操作、专业应用方面要强，而专业素质的体现和培养需要长期的实习和操作才能磨砺出来，相对于企业需要"有经验"的经管类人员而言，学校的应届毕业生还是处在望其项背的阶段。如大学能与企业互助，在企业建立学生的"实习基地"或企业在大学建立"人才培养基地"，这对于经管类应届毕业生来说是一件极为有利的事情，可以达到事半功倍的"双赢"的效果。但是由于不可控因素太多等各方面的原因，很少有大学和企业实现"互助"的发展模式，这需要设置经管类专业的学校进行长期的探索和实践。

3.加强对大学生的专业性就业指导

就业指导工作的目的就是促进毕业生充分合理地就业。将就业指导贯穿于大学生活的全过程，将就业指导渗透到教学中去，强化学生自学成才的意识，也让学生了解所学领域的发展前景，从而提高学生的实践能力。同时，不要把就业指导课拘泥于课堂，要采用多种形式，如请一些优秀企事业人士做报告，开设模拟招聘活动，还应注意网络资源的利用，组建网上论坛，让师生可以在网上进行探讨。学校举办的模拟招聘会、相关知识讲座，提供的各类实习机会，在学生中具有很高的期望，很多同学表示希望学校应多举办一些此类活动。

（四）毕业生相关因素

1.大学生就业观念

就毕业生选择就业的企业性质来看，毕业生在就业去向上更关注国企、事业单位，说明经管类应届毕业生的就业观念有一些问题，从业方式单一，存在从业思维定式，而且就业期望值较高，理想与现实存在较大差距。部分毕业生不愿意在小企业工作，认为薪水比较低。其实这只是一种假象，并不是小企业就薪酬低，或者国企的薪酬一定高。

目前就业市场上的激烈竞争，实际上是能力与素质的竞争，大学生要把就业的主动权掌握在自己的手上。在大学生涯中，要全面提高自己的综合素质，要充分利用高校这一平台，不断地塑造自己、完善自己，在提高自己的学习成绩的同时，还要注意培养自己的动手能力。要使大学生认识到，到农村和基层工作是国家最需要的，大学生自己创造就业岗位是最能体现其能力和社会价值的。

2.大学生自身素质

大学毕业人数越来越多，素质良莠不齐亦很明显。在对企业的问卷调查中，企业对"是否有实习经历""是否担任学生干部""个人兴趣爱好"等比较重视，个别企业表示愿意招聘经管类"特长生"，这些都是毕业生能获得多少薪酬的影响因素。但是，大学生在入职前的素质高低并不能在起点薪酬上表现出来，只要在同一企业同一岗位，基本工资相同；只是在工作6个月至1年之后，素质高、表现积极的应届毕业生薪酬要比素质低、表现一般的应届毕业生高20%～50%。

专业知识是我们在课堂上学来的，但创新以及沟通能力只有在实践中才能体会并获得，这正是我们大学生的弱点，社会实践经验不够。大学生要学会利用自己的课余时间，走出课堂，在社会中磨炼自己，积极参加社会实践活动。大学生社会实践活动是按照学校的培养目标，有目的、有计划、有组织地使在校大学生参与社会政治、经济和文化活动的一系列教育活动的总称。

附录

2013届新疆经管类应届毕业生起点薪酬调查问卷

亲爱的2013届应届毕业生：

我们希望从此次调查研究中，掌握较为完整可靠的有关经管类应届毕业生起点薪酬薪资情况，分析影响起点薪酬的相关因素，得出对政府、学校和毕业生个人有意义的启示。

希望您认真填写，所涉及的个人信息我们一定严格保密；如果您愿意，请留下您的联系方式，我们将会为您提供一份最终的调查成果！谢谢支持与合作。

一、基本资料

1.性别：男_____　女_____

2.所在专业：_____　所签订的岗位：_____

3.您所在单位名称或所签约公司名称：_____

4.您的起点薪酬是_____元/月（请您填写具体数字，以方便统计，谢谢您的支持）

5.（多选）您在学校期间_____

A.担任过学生干部　　B.参加过社会实践　　C.获得过奖学金

D.是党员或预备党员　　E.积极参加活动，获得过多种奖励

二、选择题（公司部分）

1.您所在企业所属的行业为（　　）。

A.生产制造业　　B.交通、仓储、邮电、通信业　　　C.电子产业

D.社会服务业（包括金融、保险、证券服务业）　　　E.其他_____（填写）

2.您所在企业的性质是（　　）。

A.国有企业　　B.事业单位　　　C.中外合资企业

D.外商独资　　E.民营企业

3.您所在企业的员工数量为（　　）。

A.20名及以下　　B.21～99名　　　C.100～499名

D.500～999名　　E.1 000名以上

4.您所在企业的年营业额为（　　）。

A.50万元以下　　B.50万～300万元　　　C.301万～1 000万元

D.1 001万～3 000万元　　　　　　　E.3 000万元以上

5.您目前个人薪酬的组成部分有哪些？（多选）（　　）

A.基本工资　　B.绩效工资　　C.业务提成　　D.奖金　E.各种补贴及其他

6.您认为公司发放薪酬的标准有哪些?(多选)(　　　)

A.岗位　　B.绩效　　C.学历　　D.工龄　　E.工作年限　　F.其他

7.与当地的一般消费水平相比,您认为您的基本工资(　　　)。

A.基本合理　　B.不合理,较高　　C.不合理,较低　　D.不确定

8.据您所知,您公司每年的奖金占工资总额的百分比为(　　　)。

A.1%～3%　　B.3%～5%　　C.5%～10%　　D.10%以上

9.公司为您办理了哪些保险?(多选)(　　　)

A.医疗保险　　B.失业保险　　C.生育保险　　D.养老保险　　E.工伤保险

F.其他保险　　G.不知道

10.据您所知,您公司为您每个月提供的平均津贴为(　　　)。

A.50元以下　　B.50～100元　　C.101～300元　　D.300元以上

E.没有提供

三、选择题(毕业生部分)

1.对您而言,您认为寻找一份好工作最重要的影响因素有哪些?(多选)(　　　)

A.学历

B.专业知识或技能

C.所毕业的学校的名气

D.实习经历或社会实践经验

E.语言表达能力或沟通能力

F.个人形象、修养

G.个人兴趣、态度

H.创新能力

I.在校期间的表现(如是否担任班干部、获得奖学金、为中共党员或预备党员、荣获多种活动奖励等)

J.其他(填写)_____

2.您认为在寻找工作的过程中,政府发挥了什么样的作用?(　　　)

A.很重要,起着引导作用　　　　　　　　B.重要,政策优惠

C.不重要,找工作纯粹是学生自己的事情　　D.没有发挥作用

E.不知道

3.您所在的学校是否为毕业生提供就业指导?成效如何?(　　　)

A.有,成效显著　　　　　　　　　　　B.有,成效一般

C.有,成效较差　　　　　　　　　　　D.有,成效不知

E.无

4.您在寻找工作的过程中,是否询问过家庭的意见?您认为家庭意见很重要吗?(　　　)

A.询问过,完全听从家庭意见

B.询问过，但是决定权在自己

C.询问过，仅仅出于责任或者礼貌等原因，并未在意

D.个人认为家庭意见很无所谓

E.没有询问过

四、您的期望薪酬是_____元/月，什么因素让您认为您应该拿这么多薪酬？

新疆经管类应届毕业生起点薪酬现状调查问卷

尊敬的公司人力资源部负责人：

您好！我们是石河子大学人力资源管理专业的学生，在做关于《新疆经管类应届毕业生起点薪酬现状调查研究》的项目，为了数据的真实性、可靠性，迫切需要您的支持。谢谢您的配合，我们将保证此类信息仅作数据分析用，而非他用。

填写要求：请将您的选项用红色标出。再次感谢！

第一部分：企业的信息

1.贵公司的名称（全称）：_____

2.贵公司的地理位置：_____

3.贵公司的性质为（   ）。

A.国有企业   B.中外合资企业   C.外商独资企业

D.民营企业   E.事业单位

4.贵公司所在的行业为（   ）。

A.生产制造业   B.交通、仓储、邮电、通信业   C.电子行业

D.社会服务业（包括金融、保险、证券服务业）   E.其他（填写）_____

5.贵公司的员工数量为（   ）。

A.20名及以下   B.21～99名   C.100～499名   D.500～999名

E.1 000名以上

6.公司的年营业额为（   ）。

A.50万元以下   B.50万～300万元   C.301万～1 000万元

D.1 001万～3 000万元   E.3 000万元以上

第二部分：毕业生起薪

1.公司在制定毕业生薪酬时主要的参考指标有（   ）（多选）。

A.公司明年业绩发展目标，如预期销售收入、人员规模、结构

B.国家宏观经济数据，如GDP增长率、CPI、人才供给等指标

C.参考市场数据，如其他企业的薪酬

D.参考员工工作状况，如员工离职率和员工薪酬满意度

E.其他指标（填写）_____

2.公司设置应届毕业生起点薪酬时，优先考虑的因素有（   ）（多选）。

A.学历

B.专业知识或技能

C.所毕业的学校的名气

D.实习经历或社会实践经验

E.语言表达能力或沟通能力

F.个人形象、修养

G.个人兴趣、态度

H.创新能力

I.在校期间的表现（如是否担任班干部、获得奖学金、为中共党员或预备党员、荣获多种活动奖励等）

J.其他（填写）_____

3.贵公司目前应届毕业生员工个人薪酬的组成部分有（　　）（多选）。

A.基本工资　　　　B.绩效工资　　　　C.业务提成

D.奖金　　　　　　E.各种补贴及其他

4.您认为公司发放薪酬的标准是（　　）（多选）。

A.岗位　　　　　　B.绩效　　　　　　C.学历

D.工龄　　　　　　E.工作年限　　　　F.其他

5.与同行业的其他企业相比，贵公司的基本工资（　　）。

A.很高　　　　　　B.较高　　　　　　C.基本一致　　　　D.稍低

6.贵公司毕业生员工在公司工作一年内奖金占工资总额的百分比为（　　）。

A.1%～2.9%　　　B.3%～4.9%　　　C.5%～10%　　　D.10%以上

第三部分：开放题

贵公司最吸引、能留住应届毕业生员工的政策或者措施是什么？